中国法律丛书

中国
行政诉讼案例精读

王敬波 著

创于1897　商务印书馆
The Commercial Press

图书在版编目（CIP）数据

中国行政诉讼案例精读 / 王敬波著. —北京：商务印书馆，
2022

（中国法律丛书）

ISBN 978-7-100-20058-5

Ⅰ. ①中⋯　Ⅱ. ①王⋯　Ⅲ. ①行政诉讼—案例—中国
Ⅳ. ①D925.305

中国版本图书馆CIP数据核字（2021）第119501号

权利保留，侵权必究。

中国法律丛书

中国行政诉讼案例精读

王敬波　著

商　务　印　书　馆　出　版
（北京王府井大街36号　邮政编码100710）
商　务　印　书　馆　发　行
北京艺辉伊航图文有限公司印刷
ISBN 978 - 7 - 100 - 20058 - 5

2022年4月第1版　　　　开本710×1000　1/16
2022年4月北京第1次印刷　　印张18¼

定价：78.00元

目　　录

中国行政诉讼法概述

信息公开诉讼

行政协议诉讼

行政行为诉讼

行政公益诉讼

教育行政诉讼

―――――――

中国行政诉讼法概述

第一章　中国行政诉讼的历史发展

中国行政诉讼的发展，以 1949 年为界，可以划分为近代和当代两个阶段。

第一节　近代行政诉讼的发展

现代意义的行政法在中国产生于清末民初。清末开始筹备设立"行政审判院"，经历了八国联军占领北京的国难之后，清廷于光绪二十七年（1901 年）八月二十日发布《变法自强谕》，该上谕既反映了统治者在内忧外患的压力下不得不变法图强的心态："须知国势至此，断非苟且补苴所能挽回厄运。惟有变法自强，为国家安危之命脉，亦即中国民生之转机"；同时也向下属臣工示明了变法的方法："择西法之善者，不难舍己从人，救中法之弊者，统归实事求是。"① 以《变法自强谕》为起点，至 1906 年清政府的变法演化成以"预备立宪"为目标的全方位的法律改革。清政府在变法之初即采纳了日本的二元司法体制，② 首先于 1906 年将旧有的大理寺改组为大理院，掌理民事、刑事诉讼；并准备设立行政审判院专门负责行政诉

---

① 《变法自强谕》，《大清新法令·谕旨类》，商务印书馆 2010 年版，第 11 页。
② 日本在 1890 年先后颁行了《裁判所构成法》和《行政裁判法》，前法规定民事、刑事案件审判机关，后法确定行政诉讼管辖机关。日本二元司法体制继受于欧洲大陆法系模式，特别是德国法；同时又有所改动，例如，德国联邦行政法院采三级三审制，而日本则采取诉愿前置主义，行政审判实行一审制。

讼。光绪三十二年（1906 年）修订法律馆议订《大理院审判编制法》。光绪三十三年（1907 年），清政府又颁行《法院编制法》，该法第 2 条规定："审判衙门掌审判民事、刑事诉讼案件，但关于军法或行政诉讼等另有法令规定者，不在此限。"根据《法院编制法》的二元司法体制，需要另行制定行政审判机关的组织法。清政府创设行政审判院，并且拟定了《行政审判院官制草案》，主要仿照日本《行政裁判法》拟定而成，该法共 21 条，其中有关行政审判以一审为限，行政审判院长官、评事之设置、评事之资格、评事之处务规则几与日本行政裁判法相雷同；只是该草案对行政诉讼范围采概括规定，与日本法（采列举规定）有所出入。1911 年 10 月，由于辛亥革命的爆发，《行政审判院官制草案》未及颁布，行政审判院尚未设立，清政府已经覆亡。

1912 年 1 月南京临时政府（1912 年 1 月—1912 年 4 月）初建之际，宋教仁负责起草《中华民国临时政府组织法草案》，于该草案第 14 条规定：人民得诉讼于司法，求其审判。其对于行政官署违法损害权利之行为，则诉讼于平政院。宋氏拟订的《中华民国临时政府组织法草案》在审议过程中被参议院否定，但草案中设立平政院的构想，为后来的立法所采纳。

1912 年 3 月 11 日，南京政府临时大总统公布了《中华民国临时约法》，第 10 条规定"人民对于官吏违法损害权利之行为，有陈诉于平政院之权"；第 49 条规定"法院依法审判民事诉讼及刑事诉讼，但关于行政诉讼及其他特别诉讼，另以法律定之"。南京临时政府拟进一步制定平政院组织法，明确规定行政诉讼管辖机关。但由于政局的变化，有关平政院之专门法律未及制定，中央政府已由南京迁往北京。民国北洋政府（1912 年 3 月—1928 年 6 月）成立以后，于 1914 年 3 月 31 日公布《平政院组织令》，规定平政院之组织与职权，该组织令是中国近代第一部正式公布实施的行政审判机关组织法；1914 年 6 月平政院依照编制令创设于北京丰盛胡同。有法律史学者论曰："当时设平政院，以受理行政诉讼，与今之行政法院，名异而实同，其所以未仿英美等国由普通法院管辖者，在避免司法权侵犯行政权。"①大体说明了平政院之性质与设立缘由。

1914 年 5 月 1 日，北洋政府公布了《中华民国约法》。《中华民国约法》在政权组织方面对《中华民国临时约法》改动较大，却仍以根本法确认平政院的职权，该法第 8 条规定："人民有诉愿于行政官署，及陈诉于平政院之权。"1914 年 5 月以后，北洋政府先后颁行《平政院裁决执行条例》《平政院处务规则》《诉愿法》《行政诉讼法》，创建了有关平政院组织与运作的完备法律制度。

1927 年 4 月南京国民政府成立，依照孙中山"五权宪法"理论组织国家机关。中央政府分为立法、行政、司法、监察、考试五院，司法院为最高司法机关。1928 年 10 月，南京国民政府公布之《国民政府组织法》第 33 条规定："司法院为国民政府最高司法机关，掌理司法审判、司法行政、官吏惩戒及行政审判之职权。"确立了司法院中，普通诉讼与行政诉讼并立的二元司法体制。1931 年 5 月，南京国民政府公布的《训政时期约法》第 22 条规定："人民依法律有提起行政诉讼及诉愿之权。"再从人民基本权利的角度，确认了诉愿权和行政诉讼权。及至 1931 年 12 月，修正公布《国民政府组织法》，第 36 条规定："司法院设最高法院、行政法院及公务员惩戒委员会。"该法第一次在立法中使用了行政法院这一机构名称，同时表明行政法院遵循司法独立原则，以摆脱行政机关的控制。

1932 年 11 月，南京国民政府颁布《行政法院组织法》和《行

---

① 李模等编著：《中华民国史法律志》（初稿），编者刊行，1994 年版。

政诉讼法》，规定行政法院的组织与职权。至 1933 年 6 月，行政法院正式开始受理行政诉讼。根据南京国民政府时期的司法统计显示，1933 年至 1935 年 9 月两年间，行政法院共收到诉讼书 404 件，驳回 179 件，占起诉的 44%；行政法院正式受理行政诉讼 225 件，民告官胜诉者 43 件，占受理案件总数的 19%，占提起行政诉讼的 1%。[①] 而从 1933 年至 1946 年间，行政法院受理案件最多的一年是 1936 年，该年度旧有积案 119 件，新受理案件 307 件，合计 426 件，年终审结 219 件。一般年度新受理案件为 100 余件，案件审结率仅在百分之五十几。[②]

第二节　当代行政诉讼的发展

一、行政诉讼法实施之前

（一）1978 年之前

中华人民共和国成立初期，中央提出人民享有对国家机关违法行为的投诉控告权。1949 年 9 月 29 日公布的《中国人民政治协商会议共同纲领》第 19 条规定："人民和人民团体有权向人民监察机关或人民司法机关控告任何国家机关和任何公务人员的违法失职行为。"1949 年 12 月，《最高人民法院试行组织条例》规定在最高人民法院设置行政审判庭。1954 年《中华人民共和国宪法》第 97 条规定："中华人民共和国公民对于任何违法失职的国家机关工作人员，有向各级国家机关提出书面控告或者口头控告的权利。由于国家机关工作人员侵犯公民权利而受到损失的人，有取得赔偿的权利。"当

---

① 张庆军、孟国祥编著：《民国司法黑幕》，江苏古籍出版社 1997 年版，第 36 页。
② 参见《行政法院历年收结案件数表》，载汪楫宝编著：《民国司法志》，正中书局 1966 年版，第 97—98 页。

时，一些单行的规范性文件对行政诉讼作过一些规定，如1950年6月30日公布实施的《土地改革法》第31条规定，农民对区乡政府批准评定的成分，本人或者其他人有不同意见的，可以于批准后15日内向县人民法院申请，由其判决。1952年政务院《关于"五反"运动中成立人民法庭的规定》中规定，工商户对于节约检查委员会关于守法户、基本守法户和半守法半违法户的审定和处理不服时，可以请求市人民法庭或市县人民法庭处理之。1953年《输出输入商品检验暂行条例》、1954年《海港管理暂行条例》等都有类似规定。

（二）1978年之后

1982年《中华人民共和国宪法》第41条规定："中华人民共和国公民对于任何国家机关和国家工作人员，有提出批评和建议的权利；对于任何国家机关和国家工作人员的违法失职行为，有向有关国家机关提出申诉、控告或者检举的权利，但是不得捏造或者歪曲事实进行诬告陷害。对于公民的申诉、控告或者检举，有关国家机关必须查清事实，负责处理。任何人不得压制和打击报复。由于国家机关和国家工作人员侵犯公民权利而受到损失的人，有依照法律规定取得赔偿的权利。"由此可见，宪法为行政诉讼和国家赔偿制度奠定了良好的基础，但由于缺乏具体的法律作为依据，在改革开放前人民法院的行政审判机构并没有建立，行政诉讼的实践在中国也没有开展，其基本特点是有零星规定而基本没有实践。

1. 适用单行法律阶段

改革开放后，中国法制建设重新恢复，行政诉讼也逐渐开展起来，法律依据主要是一些单行的法律法规。如1979年7月1日《选举法》规定了人民法院受理选民名单案件；1980年《外国企业所得税法》和《经济合同法》、1982年的《国家建设征用土地条例》均规定人民法院可以受理行政案件。实践中有法院受理行政案件。

2. 适用民事诉讼法阶段

1982 年 3 月 8 日公布的《中华人民共和国民事诉讼法（试行）》第 3 条第 2 款规定："法律规定由人民法院审理的行政案件，适用本法。"新中国的行政案件审理有了具体的法律依据，为行政诉讼制度的建立奠定基础。越来越多的单行法律规定人民法院可以受理行政案件，截至 1989 年行政诉讼法颁布，大约有 130 多部单行法律和行政法规规定可以向人民法院提起行政诉讼。治安、土地等行政案件大量出现。1986 年 10 月，湖北省武汉市中级人民法院和湖南省汨罗县人民法院率先成立行政审判庭。1988 年 10 月，最高人民法院行政审判庭成立，各地人民法院相继建立行政审判庭。

3. 探索制定专门的行政诉讼法

20 世纪 80 年代开始，学术界开始探索建立专门行政诉讼制度的可能性。从我国现代化建设的需要出发，从改革开放的实际情况出发，在总结我国行政诉讼制度化、法律化的经验基础上，在吸取现代社会各国建立健全行政诉讼制度经验教训的基础上，制定一部符合中国实际的行政诉讼法已经成为一个基本共识。这样，制定一部系统的行政诉讼法也就自然成为了当时立法机关的一项重大任务，并专门成立行政立法研究组。1987 年，党的十三大报告提出："为了巩固机构改革的成果并使行政管理走上法制化的道路，必须加强行政立法，为行政活动提供基本的规范和程序。要完善行政机关组织法，制定行政机关编制法，用法律手段和预算手段控制机构设置和人员编制。要层层建立行政责任制，提高工作质量和工作效率。要制定行政诉讼法，加强对行政工作和行政人员的监察，追究一切行政人员的失职、渎职和其他违法违纪行为。"①由中共中央直接提议法律的制定，是非常鲜见的，在刑事、民事、行政三大诉讼法中，只有行政诉讼法是中国共产党全国代表大会报告中正式提出的。笔者认为一方面可以理解为这部法律具有特殊性，另一方面也说明在中国建立行政诉讼制度的艰难。颠覆了中国几千年来的司法传统与政府"父母官"观念，行政诉讼法从制定到实施，所受到的来自行政机关的阻力是可想而知的。据时任全国人大法工委副主任的顾昂然同志回忆："1989年1月19日，国务院法制局召开30多个省、市、自治区政府和部分较大市政府法制局、处同志开会，座谈行诉法草案，专门要我参加会听取意见。会上反映了不少不同意见，对是否搞行政诉讼法，有不同意见。有的说，如果公民可以告政府，政府还有什么权威，行政机关工作人员不敢管了，会增加政府与群众的矛盾，影响稳定。有的甚至提出，这样会助长'刁民'告状。认识很不统一，有些是颠覆性的意见。"②

二、行政诉讼法实施之后

（一）1989—2014年

1989年4月4日第七届全国人民代表大会第二次会议通过的《中华人民共和国行政诉讼法》以下简称《行政诉讼法》，是中国行政法治建设的里程碑，标志着行政诉讼制度在新中国的正式建立。与其

---

①　在此之前，中国共产党全国代表大会报告中已经提到制定诉讼法的紧迫性。1956年在中国共产党第八次全国代表大会上董必武所作的《进一步加强人民民主法制，保障社会主义建设事业》的报告中指出："现在的问题是，我们还缺乏一些急需的较完整的基本法规，如刑法、民法、诉讼法、劳动法、土地使用法等。"但是由于"文革"中法制建设完全停顿，直到1978年邓小平在中国共产党十一届三中全会上作《解放思想，实事求是，团结一致向前看》的报告中再次提出："应该集中力量制定刑法、民法、诉讼法和其他各种必要的法律，例如工厂法、人民公社法、森林法、草原法、环境保护法、劳动法、外国人投资法等等。"

②　张维：《行政诉讼法实施二十年回顾与展望》，http://news.sina.com.cn/c/sd/2010-11-22/195121514481.shtml，最后访问日期：2020年3月18日。

他法律相比，行政诉讼法实施中遭遇的尴尬是难以想象的。1990年8月，中共中央办公厅秘书局每日汇报反映，行政诉讼法即将实施，一个地方有2000多名乡村干部提出辞职。有人认为，"农村的各项工作更不好办了。对当前各项建设不利，自己搞乱自己的阵脚"。顾昂然说："这引起了中央领导同志的重视，8月24日，时任国务院总理李鹏批示：'各级党委要加强领导，保证基层干部能有效地执行党和政府的政策和法令。同时在遇到矛盾时要加强协调工作。政府的干部务必使自己的行为合乎法律。'为了更好地贯彻行政诉讼法，需要进行宣传，使干部、群众正确理解法的规定，以便统一认识。"①当时开展大范围的法制宣传活动，张艺谋拍摄的电影《秋菊打官司》也因被行政法学界视为行政诉讼的法制宣传片而受到关注。

　　虽然历经艰辛，但是行政诉讼制度的发展应该说是迅速的。人民法院行政审判的领域不断拓宽，几乎可以涵盖行政管理的全部领域，行政案件类型不断增加，案件种类达到50多种。行政诉讼法颁行后，最高人民法院先后制定了20多部重要的司法解释，发布了16件司法指导性文件和200余件针对法律适用问题的批复，对于正确实施行政诉讼法，指导行政审判实践具有重要意义。归纳起来主要有以下几个方面：第一，对行政诉讼受案范围、行政诉讼裁判方式、行政诉讼程序等进行更加详细和更具可操作性的规范，如《最高人民法院关于执行〈中华人民共和国行政诉讼法〉若干问题的解释》。第二，形成了系统的行政诉讼证据制度，包括行政诉讼证据种类、举证责任、质证规则等，如最高人民法院关于行政诉讼证据问题的若干规定。第三，明确了行政诉讼案件审理依据以及适用的法律规范

---

　　① 张维：《行政诉讼法实施二十年回顾与展望》，http://news.sina.com.cn/c/sd/2010-11-22/195121514481.shtml，最后访问日期：2020年3月18日。

等,如《最高人民法院关于审理国际贸易行政案件若干问题的规定》《最高人民法院关于审理反补贴行政案件应用法律若干问题的规定》等。

(二)2014年以来

2014年11月1日,十二届全国人大常委会第十一次会议表决通过了修改《行政诉讼法》的决定,这是《行政诉讼法》实施24年来作出的首次修改,明确了行政诉讼的目的,扩大了行政诉讼的受案范围,完善了行政诉讼管辖,加强了行政诉讼裁判的执行等等,标志着行政诉讼正式迈入一个全新的发展时期。2017年6月27日第十二届全国人大常委会第二十八次会议决定对《行政诉讼法》作出修改,在第二十五条增加一款,作为第四款:"人民检察院在履行职责中发现生态环境和资源保护、食品安全、国有财产保护、国有土地使用权出让等领域负有监督管理职责的行政机关违法行使职权或者不作为,致使国家利益或者社会公共利益受到侵害的,应当向行政机关提出检察建议,督促其依法履行职责。行政机关不依法履行职责的,人民检察院依法向人民法院提起诉讼。"行政公益诉讼由此确立。2017年11月13日最高人民法院审判委员会第1726次会议通过,自2018年2月8日起施行《最高人民法院关于适用〈中华人民共和国行政诉讼法〉的解释》,是对修订后的《行政诉讼法》的全面解释,之前发布的《最高人民法院关于执行〈中华人民共和国行政诉讼法〉若干问题的解释》(法释〔2000〕8号)、《最高人民法院关于适用〈中华人民共和国行政诉讼法〉若干问题的解释》(法释〔2015〕9号)被废止。最高人民法院以前发布的司法解释与该解释不一致的,不再适用。2019年11月12日由最高人民法院审判委员会第1781次会议讨论通过,并于12月10日正式发布的《最高人民法院关于审理行政协议案件若干问题的规定》(以下简称"行政协议司法解释")是专门针对行政协议的司法解释。

第二章　行政诉讼的主要制度

第一节　行政诉讼的受案范围

行政诉讼的受案范围是指人民法院对哪些行政行为拥有司法审查的权限。行政诉讼受案范围的大小受到各国行政诉讼制度、司法权和行政权的关系、行政活动的复杂性、行政法治进程等多种因素的影响，并不是所有的因行政行为引发的争议都适宜或者能够通过司法途径来解决。明确行政诉讼的受案范围是决定行政案件审理的基础。

一、概括规定和列举规定相结合

从各国行政诉讼实践情况来看，由于法律体系、法律传统、宪制等方面的差异，确立受案范围的依据和标准并不相同。以制定法来规定受案范围的方式有三种具体情形：（1）概括式，是由统一的行政诉讼法对行政诉讼受案范围作出原则性、概括性规定。（2）列举式，一般有肯定列举和否定列举两种方法。肯定列举是由行政诉讼法和其他单行法律规范对属于行政诉讼受案范围的行政案件逐条加以列举，但凡列举了的就属于行政诉讼的受案范围，没有列举的则不属于受案范围。否定列举是对不属于行政诉讼受案范围的事项进行列举，但凡被列举了的，就不属于受案范围，没有被列举的则属于受案范围。（3）混合式，采用概括式和列举式相结合的方式规定行政诉讼的受案范围，是世界上大多数制定法国家采用的方式。

　　我国行政诉讼受案范围的确定方式是混合式的。首先，概括规定体现在《行政诉讼法》第二条："公民、法人或者其他组织认为行政机关和行政机关工作人员的行政行为侵犯其合法权益，有权依照本法向人民法院提起诉讼。"以概括规定的形式确立了人民法院可以受理的行政案件的基本范围。其次，列举式包括肯定列举和否定列举。《行政诉讼法》第十二条第一款以肯定列举的方式列出了属于受案范围的十二种情形。第二款作了兜底规定，即"人民法院受理法律、法规规定可以提起诉讼的其他行政案件"。《行政诉讼法》第十三条以否定列举的方式列出了不属于受案范围的四种情形。

二、概括规定：从具体行政行为到行政行为

　　我国《行政诉讼法》第二条规定经历了显著的变化。1989 年的《行政诉讼法》第二条规定：公民、法人或者其他组织认为行政机关和行政机关工作人员的具体行政行为侵犯其合法权益，有权依照本法向人民法院提起诉讼。具体行政行为是与抽象行政行为相对应的，旧《行政诉讼法》将其作为受案范围的标准之后，司法实践中体现为"作为"的"单方行为"构成具体行政行为，才有提起行政诉讼的可能；而行政主体的"不作为""双方行为"则不在受案范围之内。为了解决司法实践中区分具体行政行为和抽象行政行为的需要，最高人民法院曾在 1991 年发布的《最高人民法院关于贯彻执行〈中华人民共和国行政诉讼法〉若干问题的意见》（以下简称 1991 年《若干问题意见》）对具体行政行为作了界定："具体行政行为是指国家行政机关和行政机关工作人员、法律法规授权的组织、行政机关委托的组织或者个人在行政管理活动中行使行政职权，针对特定的公民、法人或者其他组织，就特定的具体事项，作出的有关该公民、法人或者其他组织权利义务的单方行为。"

　　由于行政管理实践的复杂性和多样性，具体和抽象是相对的，

现实中无法对行政行为作何为具体、何为抽象的简单分割，具体行政行为和抽象行政行为二者之间总是存在模糊地带。由于具体行政行为概念会成为人为限缩受案范围的手段，2014 年《行政诉讼法》修改为"公民、法人或者其他组织认为行政机关和行政机关工作人员的行政行为侵犯其合法权益，有权依照本法向人民法院提起诉讼"。将"具体行政行为"修改为"行政行为"是本条修改的重点。从理论上说，行政行为范围非常广泛，既包括单方行为，也包括双方行为；既包括授益性行为，又包括负担性行为；既包括刚性行为，又包括柔性行为；既包括作为，又包括不作为。本次修订充分吸收了行政审判实践的经验和理论上扩大行政诉讼受案范围的呼吁，有助于在受案过程中避免具体和抽象之间的争议和分歧。

三、列举属于行政诉讼受案范围的行政行为

现行《行政诉讼法》第十二条第一款列举了属于行政诉讼受案范围的十二种行政行为：

（一）对行政处罚不服的。《行政诉讼法》第十二条第一款第（一）项规定："对行政拘留、暂扣或者吊销许可证和执照、责令停产停业、没收违法所得、没收非法财物、罚款、警告等行政处罚不服的"，可以提起行政诉讼。本项列举的仅是《行政处罚法》规定的处罚形式，其他法律、法规或规章中规定的，针对违反行政管理秩序但尚不构成犯罪的行政相对人所给予的法律制裁行为也都可以提起诉讼。

（二）对行政强制措施和行政强制执行不服的。《行政诉讼法》第十二条第一款第（二）项规定："对限制人身自由或者对财产的查封、扣押、冻结等行政强制措施和行政强制执行不服的"，可以提起行政诉讼。《行政强制法》第九条对行政强制措施种类作了规定，包括限制公民人身自由，查封场所、设施或者财物，扣押财物，冻结存款、汇款和其他行政强制措施也应纳入受案范围。行政强制执行是指行

政主体依职权或申请人民法院，对不履行行政决定的行政相对人依法强制其履行义务或达到与履行义务相同状态的行为。《行政强制法》第十二条规定了行政强制执行的方式，但《行政诉讼法》第十二条未作列举，在实践中应将本项行政强制执行的外延及于《行政强制法》第十二条规定的行政强制执行措施。

（三）对行政许可不服的。《行政诉讼法》第十二条第一款第（三）项规定："申请行政许可，行政机关拒绝或者在法定期限内不予答复，或者对行政机关作出的有关行政许可的其他决定不服的"，可以提起行政诉讼。《行政许可法》规定行政许可是指行政主体根据行政相对人的申请，按照法定的程序，赋予符合法定条件的行政相对人从事特定活动资格的行政行为。针对行政许可提起行政诉讼主要表现为三种情形：（1）行政主体拒绝行政相对人的许可申请，许可即禁止的解除，如果行政主体对符合条件的行政相对人拒绝颁发相应的许可证照，那么就限制或剥夺了行政相对人从事相应行为的资格，而这些资格直接与行政相对人的人身、财产等权益相关，所以，行政机关不予许可的行为在事实上侵害了行政相对人的人身权、财产权等合法权益。（2）行政主体对许可申请不予答复属于消极的不作为。（3）行政机关对行政许可作了准予、变更、撤销、延续、注销等影响了利害关系人利益的决定。

（四）对行政机关确认自然资源所有权和使用权的决定不服的。《行政诉讼法》第十二条第一款第（四）项规定："对行政机关作出的关于确认土地、矿藏、水流、森林、山岭、草原、荒地、滩涂、海域等自然资源的所有权或者使用权的决定不服的"，可以提起行政诉讼。本项内容是在《行政诉讼法》修改时新增加的内容。行政确认在《土地管理法》《森林法》《草原法》中都有规定，县级以上人民政府对土地、森林、草原等自然资源的所有权和使用权予以确认和核发相关证书。

（五）对征收、征用以及补偿决定不服的。《宪法》规定："国家为了公共利益的需要，可以依照法律规定对土地实行征收或者征用并给予补偿"；"国家为了公共利益的需要，可以依照法律规定对公民的私有财产实行征收或者征用并给予补偿"。《国有土地上房屋征收与补偿条例》则对房屋的征收及其补偿问题作了细致规定。因此，依据我国法律法规的规定，无论是征收还是征用，都应当给予相关权利人相应补偿。

（六）对不履行法定职责不服的。《行政诉讼法》第十二条第一款第（六）项规定，"申请行政机关履行保护人身权、财产权等合法权益的法定职责，行政机关拒绝履行或者不予答复的"，可以提起行政诉讼。当行政相对人在人身权、财产权受到侵害时，向有权机关请求保护，但是被拒绝或不予理睬的，则可以向法院起诉。如果申请的机关没有相应的处理职权，但负有转交或转办义务，如果其没有及时转交、转办，亦构成不依法履行法定职责。例如，《社会救助暂行办法》（2014 年第 649 号国务院令）第六十条规定："社会救助经办机构或者县级人民政府民政部门接到求助后，应当及时办理或者转交其他社会救助管理部门办理。"

（七）认为侵犯经营自主权或者农村土地承包经营权、农村土地经营权的。依照《农村土地承包法》的规定，农村土地承包人对其依法承包的土地享有占有、使用、收益和一定处分的权利。一般说来，农村土地承包是发生在作为农村集体经营组织的发包方和作为承包方的农户之间的，双方之间是一种民事上的权利义务关系，因此而产生的纠纷按照仲裁或民事诉讼的途径来解决。但是，有可能发生基层人民政府及其公务人员利用职权干涉农村土地承包，变更、解除承包合同，干涉承包方依法享有的生产经营自主权，或者强迫、阻碍承包方进行土地承包经营权流转等侵害土地承包经营权的行为，这类行为是相关行政主体行使行政权的体现，可以提起行政诉讼。

（八）认为侵犯公平竞争权的。《行政诉讼法》第十二条第一款第（八）项规定，只要相关行政主体实施了侵犯公平竞争权的行为，经营者便可以向人民法院提起诉讼。《反不正当竞争法》和《反垄断法》，均有对滥用行政权力排除或者限制竞争的规定。

（九）认为违法要求履行义务的。乱集资、乱摊派、乱收费是行政管理中广被诟病的"三乱现象"，受到侵害的行政相对人可以提起行政诉讼。

（十）认为行政机关没有依法支付抚恤金、最低生活保障待遇或社会保险待遇的。2014年修订的《行政诉讼法》将原来仅限于"行政机关没有依法发给抚恤金的"这种情形扩大到最低生活保障费和社会保险，扩大了行政诉讼的受案范围。其中抚恤金是指由国家民政部门或其他有关组织发给因公伤残的军人、国家机关工作人员、参战民兵、民工以及因公牺牲或病故家属的费用。我国《宪法》四十五条规定："中华人民共和国公民在年老、疾病或者丧失劳动能力的情况下，有从国家和社会获得物质帮助的权利。"社会保险是国家通过立法强制建立社会保险基金，对参加劳动的劳动者在年老、疾病、工伤、失业、生育等情况下，由国家和社会给予必要物质帮助的制度。

（十一）认为行政机关不依法履行、未按照约定履行或者违法变更、解除政府特许经营协议、土地房屋征收补偿协议等协议的。行政协议纳入行政诉讼受案范围是2014年修订《行政诉讼法》增加的内容。政府特许经营协议是政府根据法律、法规的规定，以招标等公开竞争的方式，授权特定经营者经营某项公共产品或提供某种公

17

共服务的协议，主要存在于城市供水、供电、供热、垃圾处理等公用事业领域。土地征收补偿协议是指政府因依法征收农村集体所有土地而与集体经济组织达成的补偿协议；房屋征收补偿协议是政府因依法征收国有或集体土地上房屋而与房屋所有者达成的补偿协议。最高人民法院在《关于审理行政协议案件若干问题的规定》将行政协议定义为"行政机关为了实现行政管理或者公共服务目标，与公民、法人或者其他组织协商订立的具有行政法上权利义务内容的协议，属于行政诉讼法第十二条第一款第十一项规定的行政协议"。该司法解释第二条列举了行政协议的类型，包括"（一）政府特许经营协议；（二）土地、房屋等征收征用补偿协议；（三）矿业权等国有自然资源使用权出让协议；（四）政府投资的保障性住房的租赁、买卖等协议；（五）符合本规定第一条规定的政府与社会资本合作协议；（六）其他行政协议。"第三条将两种情形排除在行政诉讼的受案范围之外：（一）行政机关之间因公务协助等事由而订立的协议；（二）行政机关与其工作人员订立的劳动人事协议。行政协议是政府实现公共管理或提供公共服务的一种手段，具有明显的行政性，特别是在协议的履行过程中，作为协议一方的行政机关享有对合同履行的监督权、指挥权、单方变更权和解除权等行政优益权，将上述协议纳入行政诉讼受案范围，便于人民法院监督行政权，也有利于合同对方当事人权益的保护。

（十二）认为行政机关侵犯其他人身权、财产权等合法权益的。本项为肯定列举中的兜底规定。旧《行政诉讼法》是这样规定的："认为行政机关侵犯其他人身权、财产权的"，2014 年修订增加了"等合法权益"，意味着行政相对方不限于只有人身权和财产权受到侵害时才可起诉，如果行政相对方受到侵害的是受教育权、劳动权等其他合法权益，亦同样可以纳入行政诉讼的受案范围，人民法院应当受理。

（十三）其他法律、法规规定可以起诉的行为。《行政诉讼法》第十二条第二款进一步规定，"除前款规定外，人民法院受理法律、法规规定可以提起诉讼的其他行政案件"。对于超出《行政诉讼法》规定之外的行政案件，只要其他法律、行政法规、地方性法规、自治条例、单行条例规定可以起诉的，属于人民法院受案范围。

四、列举不属于行政诉讼受案范围的行为

根据《行政诉讼法》第十三条的规定以及 2018 年《最高人民法院关于适用〈中华人民共和国行政诉讼法〉的解释》（以下简称"最高院 2018 年司法解释"），下列行为不属于人民法院的受案范围：

（一）国防、外交等国家行为。《行政诉讼法》第十三条第一项规定，国防、外交等国家行为不属于行政诉讼的受案范围。最高院 2018 年司法解释第二条规定"国家行为"是指国务院、中央军事委员会、国防部、外交部等根据宪法和法律的授权，以国家的名义实施的有关国防和外交事务的行为，以及经宪法和法律授权的国家机关宣布紧急状态等行为。当国家行为表现为国与国之间的行为时，遵循的是国际条约和国际惯例；当国家行为表现为国家内部的重大行为时，往往受紧急状态等特殊法律的调整。

（二）抽象行政行为。虽然 2014 年《行政诉讼法》用"行政行为"，取代了旧法的"具体行政行为"，但是并不能针对抽象行政行为直接诉讼。最高院 2018 年司法解释规定"具有普遍约束力的决定、命令"，是指行政机关针对不特定对象发布的能反复适用的规范性文件。依据《宪法》和《立法法》的规定，行政法规和规章由全国人大及其常委会和地方同级人大及其常委会或者国务院负责监督；行政规范性文件由上级人民政府或同级人大及其常委会监督。由于行政规范性文件制定主体的多层级性、程序的非严格性，违法情形多发，而且其侵犯行政相对人权益的后果往往比具体行政行为更为严

重。尽管抽象行政行为不能直接纳入行政诉讼受案范围，但是 2014 年《行政诉讼法》修改采取了"一并请求附带审查"的模式。该法第五十三条规定，公民、法人或者其他组织认为行政行为所依据的国务院部门和地方人民政府及其部门制定的规范性文件不合法，在对行政行为提起诉讼时，可以一并请求对该规范性文件进行审查。不仅如此，《行政诉讼法》还规定了人民法院在行政诉讼法律适用中，对违法行政规范性文件拒绝适用权。该法第六十四条规定，人民法院在审理行政案件中，经审查认为第五十三条规定的规范性文件不合法的，不作为认定行政行为合法的依据，并向制定机关提出处理建议。

（三）奖惩、任免等内部行政行为。《行政诉讼法》第十三条第三项规定，行政机关对其工作人员的奖惩、任免等决定不属于人民法院的受案范围。最高院 2018 年司法解释规定"对行政机关工作人员的奖惩、任免等决定"，是指行政机关作出的涉及行政机关工作人员公务员权利义务的决定。

（四）行政最终裁决行为。行政最终裁决行为是指行政机关依照法律规定作出的行政决定，具有终极效力，当事人不服不能再提起诉讼。2018 年最高院司法解释规定"法律规定由行政机关最终裁决的行政行为"中的"法律"，是指全国人民代表大会及其常务委员会制定、通过的规范性文件。由行政机关自己对行政事项作最后裁决，是与司法最终裁决原则的法治要求相背离的，应当严格限制，随着行政法治实践的推进，我国规定行政最终裁决事项越来越少，只剩下《行政复议法》了。

（五）刑事司法行为。最高院 2018 年司法解释规定：公安、国家安全等机关依照刑事诉讼法的明确授权实施的行为不在行政诉讼受案范围。刑事司法行为不属于行政诉讼受案范围的理由在于它本身不是行政行为，而是司法行为。

（六）行政调解和行政仲裁行为。最高院 2018 年司法解释规定：调解行为以及法律规定的仲裁行为不在行政诉讼受案范围。行政调解行为是行政机关对当事人之间的民事争议，在尊重当事人各方意愿的基础上所作的调停处理行为。调解行为的效力取决于当事人各方的意愿而不是行政机关的意志。行政仲裁行为是行政机关以第三人的身份对平等主体间的民事纠纷进行裁断的行为，主要是指劳动争议仲裁。因为当事人可以通过民事诉讼方式来解决彼此之间的争议，就没必要将之再纳入行政诉讼受案范围了。

（七）行政指导行为。最高院 2018 年司法解释规定的行政指导是行政机关在行政管理活动中，以倡议、示范、建议、咨询等方式，引导行政相对人自愿作出或不作出某种行为，以实现行政管理目标的非强制性行为。行政指导不具有强制性和拘束力，当事人可以选择听从或者拒绝，没有必要纳入受案范围。

（八）驳回当事人对行政行为提起申诉的重复处理行为。最高院 2018 年司法解释规定的重复处理行为是指行政机关依据行政相对人的申请，以原有行政行为为基础，作出的没有改变原行政行为及其所确认的权利义务关系的行为。行政机关驳回提起申诉的重复处理行为，没有形成新的权利义务关系，其本身不发生任何法律效果，没有必要提起行政诉讼。

（九）行政机关作出的不产生外部法律效力的行为。最高院 2018 年司法解释规定的不产生外部法律效力的行为，主要根据行为的法律效力进行判断，有些行政行为只在行政系统内部运行，并不对行政相对人权利义务产生影响，也就没有可以起诉的内容。

（十）行政机关为作出行政行为而实施的准备、论证、研究、层报、咨询等过程性行为。最高院 2018 年司法解释规定的过程性行为不具有最终的法律效力，附随于最终的行政行为，行政相对人可以对最终的行政行为提起诉讼，没有必要再对阶段性行为起诉，法院在对最终行政行为进行审查时，可以一并审查过程性行为。

（十一）行政机关根据人民法院的生效裁判、协助执行通知书作出的执行行为。最高院2018年司法解释规定的行政机关对法院生效裁判和协助执行通知书的执行行为，本质上是对司法裁判的执行，不具有独立性。但是如果行政机关在执行中扩大执行范围或者采取违法方式实施执行行为，造成当事人损害的，就构成新的行政行为，可以提起诉讼。

（十二）上级行政机关基于内部层级监督关系对下级行政机关作出的听取报告、执法检查、督促履责等行为。最高院2018年司法解释规定的层级监督行为是上级行政机关基于组织法对下级机关的行政监督，该行为只在行政系统内部产生影响，并不直接针对公民、法人和其他组织等行政相对人产生法律效果。

（十三）行政机关针对信访事项作出的登记、受理、交办、转送、复查、复核意见等行为。信访是具有中国特色的制度，依据《信访条例》，信访是指公民、法人或者其他组织采用书信、电子邮件、传真、电话、走访等形式，向各级人民政府、县级以上人民政府工作部门反映情况，提出建议、意见或者投诉请求，依法由有关行政机关处理的活动。最高院2018年司法解释规定的针对信访事项的登记、受理、交办、转送、复查、复核意见等行为只是程序性行为，并不对当事人的权利义务产生实质性影响，对于信访事项的监督和救济，根据《信访条例》的规定进行。

（十四）对公民、法人或者其他组织权利义务不产生实际影响的行为。最高院2018年司法解释规定的不产生实际影响的行为是兜底性条款，包括那些没有对行政相对人的权利义务产生实际影响的行为，也就不存在要求起诉救济的内容。

第二节 行政诉讼的参加人

一、行政诉讼的原告

（一）行政诉讼原告的范围

行政诉讼的原告是指认为自己的合法权益受到行政主体的行政行为侵犯或者实质影响而向人民法院提起诉讼的人，包括公民、法人或者其他组织。行政机关作为管理一方时，不享有原告资格，作为被管理一方的行政相对人时，具有原告资格。公民是指具有一国国籍并享有该国法律所规定的权利、履行该国法律所规定的义务的自然人。此处的公民应作广义理解，包括中国公民、外国公民、无国籍人和国籍不明的人。法人是具有民事权利能力和民事行为能力，依法独立享有民事权利和承担民事义务的组织。法人的民事权利能力和民事行为能力，从法人成立时产生，到法人终止时消灭。其他组织是指依法成立、有一定的组织机构和财产，但又不具备法人资格的组织，包括：（1）依法登记领取营业执照的私营独资企业、合伙组织；（2）依法登记领取营业执照的合伙型联营企业；（3）依法登记领取我国营业执照的中外合作经营企业、外资企业；（4）经民政部门核准登记领取社会团体登记证的社会团体；（5）法人依法设立并领取营业执照的分支机构；（6）中国人民银行、各专业银行设在各地的分支机构；（7）中国人民保险公司设在各地的分支机构；（8）经核准登记领取营业执照的乡镇、街道、村办企业；（9）符合本条规定条件的其他组织。

（二）原告资格认定的客观标准：与行政行为有利害关系

现行《行政诉讼法》规定："行政行为的相对人以及其他与行政行为有利害关系的公民、法人或者其他组织，有权提起诉讼。"根据这一规定，只要公民、法人或者其他组织与行政行为有利害关系，均可起诉。我们可以将"利害关系"的含义大致理解为"对公民、法人或者其他组织的权利义务产生实际影响"。因此，原告必须与被诉行政行为之间有利害关系，即承担该行政行为的法律后果或者合法权益受到实际影响。行政诉讼原告并不限于行政行为直接针对的公民、法人或其他组织，只要其权益受到行政行为的实际影响，公民、法人或者其他组织就可以成为原告。相反，如果仅仅是对某行政行为心怀不满，而没有产生任何实质影响，则无法获得原告资格。对利害关系标准认定的关键在于起诉请求中值得法律保护的利益，而不在于是对利益的直接损害或是间接损害。直接与间接的区分本来就模棱两可，如果坚持直接损害的标准，则不利于保护当事人的合法权益，因此只要当事人所受到的侵害与行政行为之间存在因果关系——即只要没有该行政行为的存在，就必然不会有该损害结果的发生，当事人就应当被认为与行政行为具有利害关系。

需要说明的是，根据修改前《行政诉讼法》第十一条有关受案范围的相关规定，合法权益主要是指人身权和财产权。在人身权和财产权之外的权利如果受到侵害，只有在法律、法规另行规定的情况下，才能起诉。而2014年修改的《行政诉讼法》在第十二条第一款第（十二）项中明确"认为行政机关侵犯其他人身权、财产权等合法权益的"亦属于受案范围，其中新添加的"等合法权益"预示着修改后的《行政诉讼法》已经突破了既有合法权益只限于人身权和财产权的框架，包含了其他权利。这里对合法权益的侵害仅仅是主观的判断标准，合法权益是否确实受到了侵害并非起诉的前提，而是诉讼开始以后决定原告是否可以胜诉的因素。只要公民、法人或者其他组织认为其合法权益受到行政行为的侵犯，就可以依据《行政诉讼法》提起诉讼。这种实际影响并不一定要求是现实的，即使损害没有实际发生，只要当事人能证明行政行为必然导致不利，就应当赋予其原告资格。

（三）行政诉讼原告的确认

由于"利害关系"标准属于不确定的法律概念，最高院 2018 年司法解释第十二条规定了几种特殊情形的原告的确认：有下列情形之一的，属于《行政诉讼法》第二十五条第一款规定的"与行政行为有利害关系"：（一）被诉的行政行为涉及其相邻权或者公平竞争权的；（二）在行政复议等行政程序中被追加为第三人的；（三）要求行政机关依法追究加害人法律责任的；（四）撤销或者变更行政行为涉及其合法权益的；（五）为维护自身合法权益向行政机关投诉，具有处理投诉职责的行政机关作出或者未作出处理的；（六）其他与行政行为有利害关系的情形。

1. 相邻权人和公平竞争权人的原告资格

相邻权是民事主体的一项权利。不动产的占有人在行使物权时，对相邻的他人不动产享有一定的权利，主要包括排水、通行、通风、采光等。民事主体侵犯他人相邻权的行为，很多时候是在获得行政机关批准、许可后实施的，例如规划局批准建房，但新建房屋侵害了相邻权人的采光权。公平竞争权是指经营者在市场竞争过程中，依据反不正当竞争法所享有的要求其他经营者及相关主体进行公平竞争，以保障和实现经营者合法竞争利益的权利。行政机关作出行政行为时，与行政行为的受益者处于公平竞争状态的其他人具有提起行政诉讼的资格。

2. 行政复议中第三人的原告资格

《中华人民共和国行政复议法实施条例》第九条规定：行政复议期间，行政复议机构认为申请人以外的公民、法人或者其他组织与被审查的具体行政行为有利害关系的，可以通知其作为第三人参加行政复议。行政复议期间，申请人以外的公民、法人或者其他组织与被审查的具体行政行为有利害关系的，可以向行政复议机构申请作为第三人参加行政复议。当事人对行政复议决定不服的，可以针对行政复议决定提起行政诉讼，在行政复议中被追加为第三人的，其权益可能受到行政复议决定的影响，因此赋予其行政诉讼的原告资格，有利于对其权益的保障。

3.受害人的原告资格

受害人要求主管行政机关依法追究加害人法律责任的，可以依法提起行政诉讼。这一项明确赋予了在认为行政机关对加害人的处罚过轻，或应当处罚而没有处罚时的原告资格，肯定了受害人与行政处罚之间的利害关系。

4.权益受到行政行为变更或者撤销影响的人

行政行为产生的影响并不限于行政相对人，有些主体也会因为行政行为而间接受到影响，例如规划行政许可的变更既影响房地产开发企业，同时对购买房屋的业主权益也产生影响，业主委员会或者部分业主可以作为原告。

5.投诉人的原告资格

公民、法人和其他组织为自身的合法权益，申请行政机关履行职责，但是有权机关作出的处理决定违法或者不作为的，投诉人可以提起诉讼。这里需要注意投诉人需要出于自身利益的维护，而非为了他人利益或者公共利益。

（四）特殊情形下原告的确定

为了解决现实中原告确定中存在的难题，最高院 2018 年司法解释第十四至十八条中针对几种特殊情形进行了明确：

1.合伙企业及合伙人原告资格

合伙企业向人民法院提起诉讼的，应当以核准登记的字号为原告。未依法登记领取营业执照的个人合伙的全体合伙人为共同原告；全体合伙人可以推选代表人，被推选的代表人，应当由全体合伙人出具推选书。个体工商户向人民法院提起诉讼的，以营业执照上登记的经营者为原告。有字号的，以营业执照上登记的字号为原告，并应当注明该字号经营者的基本信息。

2. 股份制企业、联营企业、中外合资或合作企业

股份制企业的股东大会、股东会、董事会等认为行政机关作出的行政行为侵犯企业经营自主权的，可以企业名义提起诉讼。联营企业、中外合资或者合作企业的联营、合资、合作各方，认为联营、合资、合作企业权益或者自己一方合法权益受行政行为侵害的，可以自己的名义提起诉讼。非国有企业被行政机关注销、撤销、合并、强令兼并、出售、分立或者改变企业隶属关系的，该企业或者其法定代表人可以提起诉讼。

3. 非营利法人的出资人、设立人

事业单位、社会团体、基金会、社会服务机构等非营利法人的出资人、设立人认为行政行为损害法人合法权益的，可以自己的名义提起诉讼。

4. 业主委员会和业主

业主委员会对于行政机关作出的涉及业主共有利益的行政行为，可以自己的名义提起诉讼。业主委员会不起诉的，专有部分占建筑物总面积过半数或者占总户数过半数的业主可以提起诉讼。

二、行政诉讼的被告

（一）行政诉讼被告的确认

1. 作出行政行为的行政机关为被告

行政诉讼被告是指由原告指控其行政行为违法，侵犯原告合法权益，并经人民法院通知应诉的具有国家行政职权的机关和组织。《行政诉讼法》第二十六条规定：公民、法人或者其他组织直接向人民法院提起诉讼的，作出行政行为的行政机关是被告。行政诉讼法明确了确定行政诉讼被告的基本原则是作出行政行为的行政机关。对于程序上需要经过上级批准的，或者法律地位特殊的几种行政机关做被告的情形，最高院 2018 年司法解释第十九条至第二十一条进行了专门规定。

（1）经过上级机关批准的行为

最高院 2018 年司法解释第十九条规定：当事人不服经上级行政机关批准的行政行为，向人民法院提起诉讼的，以在对外发生法律效力的文书上署名的机关为被告。

（2）行政机关组建的不具有独立地位的机构、内设机构

最高院 2018 年司法解释第二十条规定：行政机关组建并赋予行政管理职能但不具有独立承担法律责任能力的机构，以自己的名义作出行政行为，当事人不服提起诉讼的，应当以组建该机构的行政机关为被告。法律、法规或者规章授权行使行政职权的行政机关内设机构、派出机构或者其他组织，超出法定授权范围实施行政行为，当事人不服提起诉讼的，应当以实施该行为的机构或者组织为被告。没有法律、法规或者规章规定，行政机关授权其内设机构、派出机构或者其他组织行使行政职权的，属于行政诉讼法第二十六条规定的委托。当事人不服提起诉讼的，应当以该行政机关为被告。

（3）开发区管理委员会的被告资格

最高院 2018 年司法解释第二十一条规定：当事人对由国务院、省级人民政府批准设立的开发区管理机构作出的行政行为不服提起诉讼的，以该开发区管理机构为被告；对由国务院、省级人民政府批准设立的开发区管理机构所属职能部门作出的行政行为不服提起诉讼的，以其职能部门为被告；对其他开发区管理机构所属职能部

门作出的行政行为不服提起诉讼的，以开发区管理机构为被告；开发区管理机构没有行政主体资格的，以设立该机构的地方人民政府为被告。

2. 委托行政的被告确认

根据《行政诉讼法》第二十六条第五款的规定：行政机关委托的组织所作的行政行为，委托的行政机关是被告。最高院 2018 年司法解释第二十五条规定：市、县级人民政府确定的房屋征收部门组织实施房屋征收与补偿工作过程中作出行政行为，被征收人不服提起诉讼的，以房屋征收部门为被告。征收实施单位受房屋征收部门委托，在委托范围内从事的行为，被征收人不服提起诉讼的，应当以房屋征收部门为被告。

3. 经过行政复议案件的被告确认

行政复议案件的被告确认是 2014 年《行政诉讼法》修正案的重点，其中最重要的修改是作出维持决定的行政复议机关和作出原行政行为的行政机关作为共同被告。根据修正后的《行政诉讼法》第二十六条的规定，经过行政复议而起诉的案件，被告的确认分为以下三种情况：

（1）复议机关维持原行政行为的，由复议机关和作出原行政行为的行政机关作为共同被告。因为虽然维持原行政行为，表面上看仍然是原行政行为对相对人生效，但是事实上复议机关也作出了与原行政行为一样的决定。为了便于开展对原行政行为合法性的举证等各项诉讼工作，将两者共同列为被告。同时，行政复议机关作为被告也有利于行政复议制度的良好发展，行政复议机关不会再因为不愿意当被告，而在行政复议中作出维持决定了。而在《行政诉讼法》颁布之初，行政复议机关只有在改变了原行政行为时，才可能当被告。

（2）复议机关改变了原行政行为的，复议机关是被告。在改变原行政行为的情况下，在法律意义上行政复议机关撤销了原行政行为，又作出了新的行政行为。此时，如果行政相对人对新行政行为不服，则应当以复议机关作为被告。这里所讲的"改变"，根据最高院2018年司法解释第二十二条：《行政诉讼法》第二十六条第二款规定的"复议机关改变原行政行为"，是指复议机关改变原行政行为的处理结果。复议机关改变原行政行为所认定的主要事实和证据、改变原行政行为所适用的规范依据，但未改变原行政行为处理结果的，视为复议机关维持原行政行为。复议机关确认原行政行为无效，属于改变原行政行为。复议机关确认原行政行为违法，属于改变原行政行为，但复议机关以违反法定程序为由确认原行政行为违法的除外。

（3）复议机关在法定期间内不作复议决定，当事人对原行政行为不服提起诉讼的，应当以作出原行政行为的行政机关为被告；当事人对复议机关的复议不作为不服提起诉讼，则应当以行政复议机关为被告。根据《中华人民共和国行政复议法》（以下简称《行政复议法》）第三十一条的规定，行政复议机关应当自受理申请之日起六十日内作出行政复议决定；但是法律规定的行政复议期限少于六十日的除外。情况复杂，不能在规定期限内作出行政复议决定的，经行政复议机关的负责人批准，可以适当延长，并告知申请人和被申请人；但是延长期限最多不超过三十日。如果在法定期限内行政复议机关无正当理由拒绝作出复议决定的，即属于这种情况。此时，行政复议不作为和原行政行为属于两种相互独立的行为，当事人可对这两种行为同时分别提起诉讼或对任一行为起诉。

4. 行政机关被撤销或者职权变更的被告确认

最高院2018年司法解释第二十三条规定：行政机关被撤销或者职权变更，没有继续行使其职权的行政机关的，以其所属的人民政府为被告；实行垂直领导的，以垂直领导的上一级行政机关为被告。

5.法律、法规、规章授权的非政府组织作为被告

2014 年修正后的《行政诉讼法》第二条，将行政机关的概念扩大到包括法律、法规、规章授权作出行政行为的组织。结合以上条文看来，法律、法规、规章授权的组织以自己的名义作出行政行为的，行政诉讼的被告是该组织。

（1）村（居）民委员会作为被告

2018 年最高院司法解释第二十四条规定：当事人对村民委员会或者居民委员会依据法律、法规、规章的授权履行行政管理职责的行为不服提起诉讼的，以村民委员会或者居民委员会为被告。当事人对村民委员会、居民委员会受行政机关委托作出的行为不服提起诉讼的，以委托的行政机关为被告。

（2）事业单位和社会团体

最高院 2018 年司法解释第二十四条规定当事人对高等学校等事业单位以及律师协会、注册会计师协会等行业协会依据法律、法规、规章的授权实施的行政行为不服提起诉讼的，以该事业单位、行业协会为被告。当事人对高等学校等事业单位以及律师协会、注册会计师协会等行业协会受行政机关委托作出的行为不服提起诉讼的，以委托的行政机关为被告。

（二）行政诉讼被告资格的转移

行政机关被撤销或者职能变更属于行政机关的内部组织变化，不能因此影响了当事人的权利救济。在行政机关被撤销或职能变更后，会发生被告资格的承继或转移。《行政诉讼法》在 2014 年修改以前，规定仅在行政机关被撤销时发生被告资格转移，而修正案增加了职能变更的情形。在行政机关被撤销或者职能变更时，根据《行政诉讼法》第二十六条第六款的规定，由继续行使其职权的行政机关担任被告。由于被告行政机关应当具备承担诉讼结果的能力，因

此必须是具备相应职能的机关。

三、行政诉讼的第三人

《行政诉讼法》第二十九条规定：公民、法人或者其他组织同被诉行政行为有利害关系但没有提起诉讼，或者同案件处理结果有利害关系的，可以作为第三人申请参加诉讼，或者由人民法院通知参加诉讼。人民法院判决第三人承担义务或者减损第三人权益的，第三人有权依法提起上诉。根据《行政诉讼法》第二十九条的规定，行政诉讼第三人可以被分为两类，一类是与被诉行政行为有利害关系但没有提起诉讼的第三人；另一类是同案件处理结果有利害关系的第三人，可以申请参加诉讼，或者由人民法院通知其参加诉讼。从目前的司法实践和学理研究来看，比较常见的行政诉讼第三人有以下几种：

1.行政处罚案件中的受害人或加害人。在行政处罚案件中，加害人不服处罚作为原告起诉，未起诉的受害人则可以作为第三人参加诉讼。如果受害人对处罚不服而起诉，未起诉的加害人可以作为第三人参加诉讼。

2.行政处罚案件中的共同被处罚人。在一个行政处罚案件中，行政机关处罚了两个以上的违法行为人，其中一部分被处罚人向人民法院起诉，而另一部分被处罚人没有起诉的，可以作为第三人参加诉讼。

3.行政裁决、行政确权案件的当事人。公民、法人或者其他组织之间发生民事权益纠纷，由行政机关确权、裁决的，一部分当事人不服向人民法院起诉，而另一部分则可以第三人的名义参加诉讼。

4.两个以上行政机关作出相互矛盾的行政行为，非被告的行政机关可为第三人。

5.与行政机关共同署名作出处理决定的不具备被告资格的个人

或组织。这种个人或组织因不具备行政诉讼被告资格，因此无法以被告的身份参加诉讼。但是一旦该行为被判决违法，其责任不能被免除，因此可以第三人的身份参加诉讼，以维护自身权益，承担相应法律责任。

6.在行政许可案件中，与行政许可有利害关系但没有提起诉讼的其他公民、法人或其他组织可以作为第三人参加诉讼。

7.应当追加被告而原告不同意追加的，法院应当通知其作为第三人参加诉讼。如果只有一个适格被告而原告指控又不正确的，法院应要求原告将指控对象变更为适格的被告。原告不同意变更的，则驳回起诉。但是，如果应当有两个或两个以上的适格被告，而原告只起诉了其中部分被告，不同意追加其他具有被告资格的行政机关的，这些行政机关应当作为第三人参加诉讼。

第三节　行政诉讼的管辖

一、级别管辖

中国的四级法院——基层人民法院、中级人民法院、高级人民法院和最高人民法院都有权管辖一定范围内的第一审行政案件，级别管辖所要解决的问题就是具体规定哪一级人民法院应当管辖哪些第一审行政案件。

（一）基层人民法院的管辖

《行政诉讼法》第十四条规定，基层人民法院管辖第一审行政案件。基层人民法院的设置与县、市级行政区划相一致，一般是行政案件当事人所在地或行政争议发生地。由基层人民法院管辖第一审行政案件，既便于当事人起诉和参与诉讼，又便于人民法院调查取证，有效处理行政争议。

33

（二）中级人民法院的管辖

《行政诉讼法》第十五条对中级人民法院管辖的第一审行政案件作了明确规定。1．对国务院部门或者县级以上地方人民政府所作的行政行为提起诉讼的案件。国务院部委级别高，其行政案件往往政策性较强，审理结果有较大影响，由中级人民法院管辖，有助于排除干扰，实现公正审理。[1]2．海关处理的案件。本项是以案件发生的领域来确定管辖法院的，虽然我国设有海事法院，但海事法院不管辖行政案件。海关处理案件具有较强的专业性、技术性及政策性，基层人民法院一般不具备掌握相关专业技术的专家。此外海关行政机关并不是普遍设置的，其设立大都与中级人民法院的管辖相吻合。由中级人民法院管辖符合便于当事人诉讼原则。3．本辖区内重大、复杂案件。本项是以案件的重大、复杂程度来确定管辖法院的，一些社会影响重大的共同诉讼、集团诉讼案件，重大涉外或涉及港澳台的案件，纳入本项规定的范围。4．其他法律规定由中级人民法院管辖的案件。

（三）高级人民法院的管辖

《行政诉讼法》第十六条规定，高级人民法院管辖本辖区内重大、复杂的第一审行政案件。

（四）最高人民法院的管辖

《行政诉讼法》第十七条规定，最高人民法院管辖全国范围内重大、复杂的第一审行政案件。最高人民法院是我国最高审判机关，其主要职能是监督和指导全国地方各级人民法院和专门人民法院的审判工作，以及审理不服高级人民法院作出的一审裁判而提起上诉

---

[1]　袁杰主编:《中华人民共和国行政诉讼法解读》，中国法制出版社2014年版，第52页。

的案件。迄今为止，还没有一例由最高人民法院管辖的第一审行政案件。

二、地域管辖

（一）一般地域管辖

《行政诉讼法》第十八条规定："行政案件由最初作出行政行为的行政机关所在地人民法院管辖。"作为被告的行政机关一般是以地域界限为基础确定其管辖职权的，被告所在地，往往是违法行为发生地以及原告所在地。

（二）特殊地域管辖

1. 经复议的案件。《行政诉讼法》第十八条规定："经复议的案件，也可以由复议机关所在地人民法院管辖。"经过复议的行政案件，既可以由最初作出行政行为的行政机关所在地人民法院管辖，也可以由复议机关所在地人民法院管辖。

2. 限制人身自由强制措施的案件。《行政诉讼法》第十九条规定："对限制人身自由的行政强制措施不服提起的诉讼，由被告所在地或者原告所在地人民法院管辖。"公民因人身自由受到限制导致行使诉权极为不便，如果仍按照"原告就被告"原则来确定管辖法院，不利于行政相对人权益的保护，有违行政诉讼的宗旨。

3. 涉及不动产的案件。《行政诉讼法》第二十条规定"因不动产提起的行政诉讼，由不动产所在地人民法院管辖"，有利于对案件的调查取证和判决的执行。

三、管辖权的特殊规则

（一）选择管辖

根据《行政诉讼法》第二十一条的规定，两个以上人民法院都有管辖权的案件，原告可以选择其中一个法院提起诉讼，如果原告同时向两个以上法院提起了诉讼，由最先立案的法院管辖。

（二）移送管辖

《行政诉讼法》第二十二条对移送管辖作了规定："人民法院发现受理的案件不属于本院管辖的，应当移送有管辖权的人民法院，受移送的人民法院应当受理。受移送的人民法院认为受移送的案件按照规定不属于本院管辖的，应报请上级人民法院指定管辖，不得再自行移送。"

（三）指定管辖

指定管辖是指由于某些特殊原因致使有管辖权的人民法院不能行使管辖权，或者人民法院之间因管辖权发生争议，而由上级人民法院以指定的方式将案件交由某一人民法院管辖的制度。《行政诉讼法》第二十三条规定："有管辖权的人民法院由于特殊原因不能行使管辖权的，由上级人民法院指定管辖。人民法院对管辖权发生争议，由争议双方协商解决。协商不成的，报它们的共同上级人民法院指定管辖。"

（四）管辖转移

《行政诉讼法》第二十四条规定："上级人民法院有权审理下级人民法院管辖的第一审行政案件。下级人民法院对其管辖的第一审行政案件，认为需要由上级人民法院审理或者指定管辖的，可以报请上级人民法院决定。"

四、行政审判体制改革

行政诉讼法中确立了以级别管辖和一般地域管辖为基础的司法管辖制度，并辅以专属管辖、选择管辖、指定管辖等管辖制度。在原行政诉讼法中确定的管辖制度突出了就近诉讼、就地执行，尽量减轻当事人参加诉讼的负担、便利当事人诉讼的原则。但是地方各层级法院设置上与行政区划基本对应，形成司法管辖区与行政区划高度重叠的现状，在司法实践中形成了司法权地方化的弊端。2014年修订的《行政诉讼法》第十八条第二款规定："经最高人民法院批准，高级人民法院可以根据审判工作的实际情况，确定若干人民法院跨行政区域管辖行政案件。"最高人民法院为此制定《关于人民法院跨行政区域集中管辖行政案件的指导意见》（法发〔2015〕8号），指导部分高级人民法院根据本地实际，确定若干法院跨行政区划管辖行政案件。目前行政案件跨行政区域集中管辖改革已经在全国部分法院铺开试点。为了进一步推动跨区划法院改革走向深入，2015年2月26日，最高人民法院发布《最高人民法院关于全面深化人民法院改革的意见——人民法院第四个五年改革纲要（2014—2018）》（法发〔2015〕3号），明确提出："以科学、精简、高效和有利于实现司法公正为原则，探索设立跨行政区划法院，构建普通类型案件在行政区划法院受理、特殊类型案件在跨行政区划法院受理的诉讼格局。将铁路运输法院改造为跨行政区划法院，主要审理跨行政区划案件、重大行政案件、环境资源保护、企业破产、食品药品安全等易受地方因素影响的案件、跨行政区划人民检察院提起公诉的案件和原铁路运输法院受理的刑事、民事案件。"2019年2月，最高人民法院发布《关于深化人民法院司法体制综合配套改革的意见——人民法院第五个五年改革纲要（2019—2023）》，其中再次要求："推进行政诉讼制度改革。……规范行政案件管辖机制，完善案件管辖标准及类型，优化行政审判资源配置。"

在司法权的集中化配置方面，有学者曾建议通过设立行政法院、提级管辖以及异地和集中管辖三种方式进行审判体制改革，并将行政法院的设立作为终极目标。[①] 目前改革立足于当前行政审判体制的发展程度，主要采用了后两种模式即"提级＋异地＋集中"，并辅之

---

① 参见马怀德：《行政审判体制改革的目标：设立行政法院》，载《法律适用》2013年第7期。

以按案件类型进行集中受案管辖，部分省级法院根据本省实际情况采用了差异化的管辖模式。这种以集中为核心思路的管辖制度有利于减少行政干预，提高司法权威。由于国家司法体制改革还在不断发展中，行政诉讼体制也在向提高法院独立性、权威性的方向发展。

第四节 行政诉讼的证据

证据制度是行政诉讼制度的重要组成部分，同时也是行政机关执法的重要依据，直接决定着被诉行政行为是否合法。结合 2014 年修改的《行政诉讼法》以及行政机关执法、应诉的需要，主要讨论行政机关的举证责任和证据收集问题。

一、被告对被诉行政行为负有举证责任

被告（行政机关）对被诉行政行为负有举证责任，是行政诉讼特有的举证规则，是行政诉讼证据规则区别于民事诉讼"谁主张，谁举证"证据规则的核心之处。与 1989 年的《行政诉讼法》相比，2014 年修改的《行政诉讼法》对被告举证责任的条款有所变动：将其中的"具体行政行为"改为"行政行为"；增加"被告不提供或者无正当理由逾期提供证据，视为没有相应证据。但是，被诉行政行为涉及第三人合法权益，第三人提供证据的除外"条款。

被告的举证责任可从两方面理解：一是行为责任，即当事人就其诉讼主张向法院提供证据的责任，又称为主观的举证责任、形式意义上的举证责任，行为责任确立了被告对作出的行政行为负有提供证据进行证明的责任；二是结果责任，即不利后果的承担责任，又称为败诉风险责任、客观的举证责任等，是指负有举证责任的当事人在不能提供足够的证据证明其主张的案件事实时所要承担的败诉风险。行政诉讼被告负举证责任表明，若案件事实在行政诉讼程序结束时仍"真

伪不明"，行政机关应当承担不利的后果，即败诉责任。所以，行政机关在履行举证的义务，承担举证责任时，应当注意以下问题：

一是被告提供证据的期限。《行政诉讼法》第六十七条第一款规定：被告应当在收到起诉状副本之日起十五日内向人民法院提交作出行政行为的证据和所依据的规范性文件，并提出答辩状。《行政诉讼法》将行政诉讼被告的举证期限由原先的十日延长至十五日，主要考虑行政机关应诉程序复杂，从而使行政机关有更为充裕的时间来提供证据。

二是被告提供证据的范围和种类。被告应当提供其作出被诉行政行为的全部案卷证据，包括作出行政行为的所有事实证据和法律依据。根据《行政诉讼法》第三十三条，事实证据的种类包括：书证、物证、视听资料、电子数据、证人证言、当事人的陈述、鉴定意见、勘验笔录、现场笔录。其中"电子数据"是新增加的证据种类，是指与案件事实有关的以电子形式保存的证据。如电子邮件、网上聊天记录、电子签名、网络访问记录、通讯记录等；而作出行政行为的法律依据，应从广义上理解，不仅包括法律、行政法规、政府规章，还包括地方各级政府发布的行政规范性文件。

三是被告逾期举证的问题。《行政诉讼法》第三十四条第二款规定，被告不提供或者无正当理由逾期提供证据，视为没有相应证据，应当承担败诉的法律后果。这里的"逾期"是指被告未在收到起诉状副本之日起十五日内向法院提交证据，但是，若被诉行政行为涉及第三人合法权益，第三人提供的证据能证明被诉行政行为合法性的，也可以作为行政机关的证据使用。

二、被告对行政诉讼证据的收集

对于被告行政机关收集证据的特殊性，《行政诉讼法》在修改时专门作出了规定。其中第三十五条规定："在诉讼过程中，被告及其诉讼代理人不得自行向原告、第三人和证人收集证据。"

根据依法行政的要求，行政机关在行政管理活动中应遵循"先取证，后裁决"的规则，这是行政机关必须遵守的程序。若行政行为被诉到法院后，原告、第三人、证人、行政机关便从行政法律关系转入诉讼法律关系，行政机关就不得再自行向原告、第三人和证人收集证据，否则就意味着行政机关进行行政管理活动可以采用"先裁决，后取证"的程序。若允许行政机关及其诉讼代理人在诉讼过程中可以自行收集证据，就等于纵容行政机关的行政程序违法。

这里需要强调的是，"被告的诉讼代理人"在诉讼过程中也不得自行向原告、第三人和证人收集证据。由于实践中被告往往会采用各种方法、利用多种渠道为其诉讼代理人提供收集证据的便利，这些情况影响了人民法院对当事人诉讼权利的平等保护和审判效率的提高，妨碍行政审判的公正与效率。这里还需要特别指出的是，被告的诉讼代理人在诉讼过程中不得向第三人自行收集证据，以防止被告和第三人串通或者利用权力影响证据真实性。

第三章 行政诉讼的审理和裁判

第一节 行政诉讼的起诉和受理

一、起诉
（一）行政复议和行政诉讼的选择

对属于人民法院受案范围的行政案件，公民、法人或者其他组织有两种选择，既可以先向行政机关申请复议，对复议决定不服的，再向人民法院提起诉讼；也可以直接向人民法院提起诉讼。但是如果法律、法规规定应当先向行政机关申请复议，对复议决定不服再向人民法院提起诉讼的，依照法律、法规的规定。

（二）起诉期限

1.经过复议案件的起诉期限

经过行政复议和不经过行政复议的行政诉讼案件的起诉期限不同。经过行政复议的，公民、法人或者其他组织不服复议决定的，可以在收到复议决定书之日起十五日内向人民法院提起诉讼。复议机关逾期不作决定的，申请人可以在复议期满之日起十五日内向人民法院提起诉讼。法律另有规定的除外。

2.没有经过行政复议案件的起诉期限

公民、法人或者其他组织直接向人民法院提起诉讼的，应当自知道或者应当知道作出行政行为之日起六个月内提出。法律另有规定的除外。因不动产提起诉讼的案件自行政行为作出之日起超过二十年，其他案件自行政行为作出之日起超过五年提起诉讼的，人民法院不予受理。

3.不作为案件的起诉期限

公民、法人或者其他组织申请行政机关履行保护其人身权、财产权等合法权益的法定职责，行政机关在接到申请之日起两个月内不履行的，公民、法人或者其他组织可以向人民法院提起诉讼。法律、法规对行政机关履行职责的期限另有规定的，从其规定。公民、法人或者其他组织在紧急情况下请求行政机关履行保护其人身权、财产权等合法权益的法定职责，行政机关不履行的，提起诉讼不受前款规定期限的限制。

4.起诉期限的耽误和延长

公民、法人或者其他组织因不可抗力或者其他不属于其自身的原因耽误起诉期限的，被耽误的时间不计算在起诉期限内。公民、法人或者其他组织因前款规定以外的其他特殊情况耽误起诉期限的，在障碍消除后十日内，可以申请延长期限，是否准许由人民法院决定。

（三）起诉条件和形式

《行政诉讼法》第四十九条规定，公民、法人和其他组织提起行政诉讼应当符合下列条件：（一）原告是符合本法第二十五条规定的公民、法人或者其他组织；（二）有明确的被告；（三）有具体的诉讼请求和事实根据；（四）属于人民法院受案范围和受诉人民法院管辖。"有具体的诉讼请求"是指：（一）请求判决撤销或者变更行政行为；（二）请求判决行政机关履行特定法定职责或者给付义务；（三）请求判决确认行政行为违法；（四）请求判决确认行政行为无效；（五）请求判决行政机关予以赔偿或者补偿；（六）请求解决行政协议争议；（七）请求一并审查规章以下规范性文件；（八）请求一并解决相关民事争议；（九）其他诉讼请求。当事人单独或者一并提起行政赔偿、补偿诉讼的，应当有具体的赔偿、补偿事项以及数额；请求一并审查规章以下规范性文件的，应当提供明确的文件名称或者审查对象；请求一并解决相关民事争议的，应当有具体的民事诉讼请求。当事人未能正确表达诉讼请求的，人民法院应当要求其明确诉讼请求。起诉可以书面和口头进行。当事人起诉应当向人民法院递交起诉状，并按照被告人数提出副本。书写起诉状确有困难的，可以口头起诉，由人民法院记入笔录，出具注明日期的书面凭证，并告知对方当事人。

二、登记立案与裁定驳回起诉

人民法院在接到起诉状时对符合本法规定的起诉条件的，应当登记立案。对当场不能判定是否符合本法规定的起诉条件的，应当接收起诉状，出具注明收到日期的书面凭证，并在七日内决定是否立案。不符合起诉条件的，作出不予立案的裁定。裁定书应当载明不予立案的理由。原告对裁定不服的，可以提起上诉。起诉状内容欠缺或者有其他错误的，应当给予指导和释明，并一次性告知当事人需要补正的内容。不得未经指导和释明即以起诉不符合条件为由不接收起诉状。对于不接收起诉状、接收起诉状后不出具书面凭证，以及不一次性告知当事人需要补正的起诉状内容的，当事人可以向上级人民法院投诉，上级人民法院应当责令改正，并对直接负责的主管人员和其他直接责任人员依法给予处分。

对于有下列情形之一，已经立案的，应当裁定驳回起诉：（一）不符合行政诉讼法第四十九条规定的；（二）超过法定起诉期限且无行政诉讼法第四十八条规定情形的；（三）错列被告且拒绝变更的；（四）未按照法律规定由法定代理人、指定代理人、代表人为诉讼行为的；（五）未按照法律、法规规定先向行政机关申请复议的；（六）重复起诉的；（七）撤回起诉后无正当理由再行起诉的；（八）行政行为对其合法权益明显不产生实际影响的；（九）诉讼标的已为生效裁判或者调解书所羁束的；（十）其他不符合法定起诉条件的情形。前款所列情形可以补正或者更正的，人民法院应当指定期间责令补正或者更正；在指定期间已经补正或者更正的，应当依法审理。人民法院经过阅卷、调查或者询问当事人，认为不需要开庭审理的，可以径行裁定驳回起诉。

第二节　行政诉讼的审理和裁判

一、行政诉讼不停止执行

（一）行政诉讼不停止执行是原则

关于诉讼期间是否停止行政行为的执行，国外主要有两种立法例：一是诉讼期间停止执行为原则，不停止执行为例外，如德国《行政法院法》第八十条规定，针对行政行为提出的行政复议申请和撤销之诉原则上具有延缓效果，即请求撤销的行政诉讼以"诉讼停止执行"为原则。二是诉讼期间不停止执行为原则，停止执行为例外，如日本《行政案件诉讼法》第二十五条规定，处分撤销之诉的提起不妨碍处分的效力、处分的执行或者程序的续行，即具有处分性的行政行为在请求撤销的行政诉讼中以"诉讼不停止执行"为原则。新法继续采用诉讼不停止执行原则，主要基于以下几点考虑：一是行政行为的公定力原则。生效的行政行为具有确定权利义务关系的确定力、约束各方当事人的拘束力、具有可以付诸执行的执行力。即使进入诉讼期间，为了维持法律关系的稳定，原则上也不应停止执行。二是基于行政效率的需要。行政行为在合法的同时，还需兼顾行政管理效率。实践中也不排除一些相对人滥用诉讼停止执行原则，以阻碍行政管理目标的实现。三是基于保护社会公共利益的需要。行政行为具有公益性，是为了维护国家利益和社会公共利益；基于此，行政机关做出的行政行为应当被尊重和执行。

（二）停止执行的例外情形

新修改的行政诉讼法进一步完善了行政诉讼不停止执行原则的例外情形，增加了人民法院认为应当停止执行的情形，并进一步明确了当事人对停止执行或者不停止执行的裁定不服的救济。第五十六条规定：诉讼期间，不停止行政行为的执行。但有下列情形之一的，裁定停止执行：（一）被告认为需要停止执行的；（二）原告或者利害关系人申请停止执行，人民法院认为该行政行为的执行会造成难以弥补的损失，并且停止执行不损害国家利益、社会公共利益的；（三）人民法院认为该行政行为的执行会给国家利益、社会公共利益造成重大损害的；（四）法律、法规规定停止执行的。当事人对停止执行或者不停止执行的裁定不服的，可以申请复议一次。

（三）先予执行

通常情况下，被告行政机关的给付义务应当由判决加以确定，并在判决发生法律效力后予以执行。先予执行，是指人民法院在审理行政案件过程中，因为原告一方生活急需，在作出行政判决前，根据原告的申请，裁定被告行政机关给付原告一定数额的款项或者特定物，并立即执行的法律制度。先予执行是在尚未作出正式行政判决之前采取的临时救济措施，如果执行内容与日后判决不一致，且不能顺利执行回转，将会给被告行政机关造成一定的损失。因此，新《行政诉讼法》对能够适用先予执行的行政案件及其适用条件作出较为严格的限定。第五十七条规定：人民法院对起诉行政机关没有依法支付抚恤金、最低生活保障金和工伤、医疗社会保险金的案件，权利义务关系明确、不先予执行将严重影响原告生活的，可以根据原告的申请，裁定先予执行。

二、第一审程序

（一）第一审的裁判方式

1.驳回原告的诉讼请求

行政行为证据确凿，适用法律、法规正确，符合法定程序的，或者原告申请被告履行法定职责或者给付义务理由不成立的，人民法院判决驳回原告的诉讼请求。

2.撤销判决并责令重作

行政行为有下列情形之一的，人民法院判决撤销或者部分撤销，并可以判决被告重新作出行政行为：（一）主要证据不足的；（二）适用法律、法规错误的；（三）违反法定程序的；（四）超越职权的；（五）滥用职权的；（六）明显不当的。

人民法院判决被告重新作出行政行为的，被告不得以同一的事实和理由作出与原行政行为基本相同的行政行为。

3.履行判决

人民法院经过审理，查明被告不履行法定职责的，判决被告在一定期限内履行。查明被告依法负有给付义务的，判决被告履行给付义务。

4.确认违法

行政行为有下列情形之一的，人民法院判决确认违法，但不撤销行政行为：（一）行政行为依法应当撤销，但撤销会给国家利益、社会公共利益造成重大损害的；（二）行政行为程序轻微违法，但对原告权利不产生实际影响的。行政行为有下列情形之一，不需要撤销或者判决履行的，人民法院判决确认违法：（一）行政行为违法，但不具有可撤销内容的；（二）被告改变原违法行政行为，原告仍要求确认原行政行为违法的；（三）被告不履行或者拖延履行法定职责，判决履行没有意义的。

5.确认无效

行政行为有实施主体不具有行政主体资格或者没有依据等重大且明显违法情形，原告申请确认行政行为无效的，人民法院判决确认无效。人民法院判决确认违法或者无效的，可以同时判决责令被告采取补救措施；给原告造成损失的，依法判决被告承担赔偿责任。

6.变更判决

行政处罚明显不当，或者其他行政行为涉及对款额的确定、认定确有错误的，人民法院可以判决变更。人民法院判决变更，不得加重原告的义务或者减损原告的权益。但利害关系人同为原告，且诉讼请求相反的除外。

7.行政协议判决

对于被告不依法履行、未按照约定履行或者违法变更、解除行政协议的，人民法院判决被告承担继续履行、采取补救措施或者赔偿损失等责任。被告变更、解除行政协议合法,但未依法给予补偿的,人民法院判决给予补偿。

(二)行政诉讼的调解

行政诉讼原则上不适用调解,其理由主要有:行政机关的行政权力是法律赋予的国家公权,行政机关一般不得自行处分;人民法院审理行政案件应当对行政行为是否合法进行审查,并作出判决。这次修法坚持了这一原则。同时,也考虑到行政赔偿、补偿等案件中行政机关具有一定的裁量权,适用调解可以更好地解决行政争议,保护公民、法人和其他组织的合法权益,2014 年修法在沿用原法行政案件原则上不适用调解,进一步明确了可以适用调解的行政案件范围以及调解所应遵循的原则,可以适用调解的行政案件有三类:行政赔偿案件、行政补偿案件、行政机关行使法律法规规定的自由裁量权的案件。这三类案件的共同点是行政机关都有一定的裁量权。调解应当遵循自愿、合法原则,不得损害国家利益、社会公共利益和他人合法权益。自愿原则包括程序和实体两个方面。在程序方面,当事人有权决定是否调解、有权选择调解开始时间、有权选择调解方式。在实体方面,调解达成的协议内容必须反映双方当事人的真实意思;对有关实体权利进行处分,必须双方自愿,不能强迫。合法原则是指人民法院和双方当事人的调解活动及其协议内容,必须符合法律规定。一是人民法院主持双方当事人进行调解活动,必须按照法律法规规定的程序进行。二是当事人双方达成的协议内容,不得违反法律法规的规定,不得损害国家利益、社会公共利益和他人合法权益。

三、行政附带民事诉讼

在我国现行司法体制之下,由于不同性质的争议分别由同一法院内部不同的审判庭适用不同的规则来审理,因此必然会发生不同性质诉讼之间相互交织与关联的情况。在实践中，部分行政行为引起的争议，往往伴随着相关的民事争议。这两类争议分别依照行政诉讼法和民事诉讼法进行立案，分别审理，不仅浪费了司法资源，影响司法效率，也不利于保护当事人的合法权益，一揽子解决争议。行政诉讼与民事诉讼各有特点，相对独立，依靠任何一种诉讼程序都难以彻底解决行政争议与民事争议交织的案件。因此，2014 年修法中增设了行政诉讼中附带审理民事争议的规定，既是行政诉讼目的的要求，也是对现实司法实践的回应。在行政诉讼中一并审理民事争议，有利于减轻当事人的诉累，使争议得以迅速解决，当事人的权益得到及时、有效的保护，也有利于节约审判资源，提高审判效率，同时防止行政诉讼和民事诉讼的裁判结果相冲突。现行《行政诉讼法》第六十一条规定：在涉及行政许可、登记、征收、征用和行政机关对民事争议所作的裁决的行政诉讼中，当事人申请一并解决相关民事争议的，人民法院可以一并审理。在行政诉讼中，人民法院认为行政案件的审理需以民事诉讼的裁判为依据的，可以裁定中止行政诉讼。

四、简易程序

简易程序是指特定的人民法院在审理事实清楚、权利义务关系明确、争议不大的行政案件时适用的一种简便易行的诉讼程序。2014 年修订的《行政诉讼法》增加了简易程序的规定，并对作为建构简易程序的核心问题——如何确定简易程序的适用范围，作出了明确规定。第八十二条规定，适用简易程序的案件有三类：一是被诉行政行为是依法当场作出的；二是案件涉及款额二千元以下的；三是政府信息公开案件；此外，除了人民法院依职权可以适用简易程序外，当事人各方同意适用简易程序的，也可以适用简易程序。简易程序是与普通程序相对的程序，在起诉手续、传唤当事人方式、审理程序以及审理期限等方面都作了简化。由于简易程序具有办案手续简便、审理方式灵活、不受普通程序有关规定约束的特点，有利于及时审结案件，降低当事人的诉讼成本，保护当事人的合法权益。对于人民法院来说，通过简易程序解决好一些事实清楚、权利义务关系明确、争议不大的案件，有利于高效配置司法资源，提高行政诉讼的效率。

五、第二审程序

人民法院审理行政案件，依法实行两审终审制度，当事人对一审裁判不服的，有权向上一级人民法院提起上诉，启动第二审程序。二审法院审理上诉案件，应当对原审人民法院的判决、裁定和被诉行政行为进行全面审查。按照下列情形，分别处理：（一）原判决、裁定认定事实清楚，适用法律、法规正确的，判决或者裁定驳回上诉，维持原判决、裁定；（二）原判决、裁定认定事实错误或者适用法律、法规错误的，依法改判、撤销或者变更；（三）原判决认定基本事实不清、证据不足的，发回原审人民法院重审，或者查清事实后改判；（四）原判决遗漏当事人或者违法缺席判决等严重违反法定程序的，裁定撤销原判决，发回原审人民法院重审。原审人民法院对发回重审的案件作出判决后，当事人提起上诉的，第二审人民法院不得再次发回重审。人民法院审理上诉案件，需要改变原审判决的，应当同时对被诉行政行为作出判决。

六、审判监督程序

行政诉讼审判监督程序，又称再审程序，是指人民法院根据当事人的申请、检察机关的抗诉或原审法院自己发现已经发生法律效力的判决、裁定确有错误，依法对行政案件进行再审的程序。再审是人民法院依法为纠正已发生法律效力的判决、裁定的错误，对案件再次审理的活动。①

（一）当事人申请再审

当事人对已经发生法律效力的判决、裁定，认为确有错误的，可以向上一级人民法院申请再审，但判决、裁定不停止执行。

当事人的申请符合下列情形之一的，人民法院应当再审：（一）不予立案或者驳回起诉确有错误的；（二）有新的证据，足以推翻原判决、裁定的；（三）原判决、裁定认定事实的主要证据不足、未经质证或者系伪造的；（四）原判决、裁定适用法律、法规确有错误的；（五）违反法律规定的诉讼程序，可能影响公正审判的；（六）原判决、裁定遗漏诉讼请求的；（七）据以作出原判决、裁定的法律文书被撤销或者变更的；（八）审判人员在审理该案件时有贪污受贿、徇私舞弊、枉法裁判行为的。

（二）法院决定再审

《行政诉讼法》第九十二条规定，各级人民法院院长对本院已经发生法律效力的判决、裁定，发现有本法第九十一条规定情形之一，或者发现调解违反自愿原则或者调解书内容违法，认为需要再审的，应当提交审判委员会讨论决定。最高人民法院对地方各级人民法院已经发生法律效力的判决、裁定，上级人民法院对下级人民法院已经发生法律效力的判决、裁定，发现有本法第九十一条规定情形之一，或者发现调解违反自愿原则或者调解书内容违法的，有权提审或者指令下级人民法院再审。

（三）人民检察院的审判监督

《行政诉讼法》第九十三条规定，最高人民检察院对各级人民法院已经发生法律效力的判决、裁定，上级人民检察院对下级人民法

---

① 应松年主编：《中国行政诉讼法教程》，当代世界出版社2003年版，第188页。

院已经发生法律效力的判决、裁定，发现有本法第九十一条规定情形之一，或者发现调解书损害国家利益、社会公共利益的，应当提出抗诉。地方各级人民检察院对同级人民法院已经发生法律效力的判决、裁定，发现有本法第九十一条规定情形之一，或者发现调解书损害国家利益、社会公共利益的，可以向同级人民法院提出检察建议，并报上级人民检察院备案；也可以提请上级人民检察院向同级人民法院提出抗诉。各级人民检察院对审判监督程序以外的其他审判程序中审判人员的违法行为，有权向同级人民法院提出检察建议。

第三节　行政诉讼的法律适用和规范性文件的附带审查

一、行政诉讼的法律适用

《行政诉讼法》第六十三条规定，人民法院审理行政案件，以法律和行政法规、地方性法规为依据。地方性法规适用于本行政区域内发生的行政案件。人民法院审理民族自治地方的行政案件，并以该民族自治地方的自治条例和单行条例为依据。人民法院审理行政案件，参照规章。

（一）以法律、法规为依据

法律不仅包括全国人大及其常委会通过的以国家主席令形式公布的规范性文件，也包括不以国家主席令形式公布的有关法律问题的决定。行政法规是指国务院根据宪法和法律，就执行法律的规定需要制定行政法规的事项和《宪法》第八十九条规定的国务院行政管理职权的事项制定的并由总理签署国务院令公布的规范性文件。

地方性法规是指各省、自治区、直辖市和较大的市人大及其常委会根据本行政区域的具体情况和实际需要，在不同宪法、法律、

51

行政法规相抵触的前提下制定的规范性文件，同时也包括经济特区所在地的省、市的人民代表大会及其常务委员会根据全国人民代表大会的授权决定，制定的经济特区法规。自治条例和单行条例是指自治区、自治州、自治县的人民代表大会依照当地民族的政治、经济和文化的特点制定的规范性文件。自治区的自治条例和单行条例，报全国人民代表大会常务委员会批准后生效。自治州、自治县的自治条例和单行条例，报省、自治区、直辖市的人民代表大会常务委员会批准后生效。自治条例和单行条例可以依照当地民族的特点，对法律和行政法规的规定作出变通规定，但不得违背法律或者行政法规的基本原则，不得对宪法和民族区域自治法的规定以及其他有关法律、行政法规专门就民族自治地方所作的规定作出变通规定。

（二）参照规章

"人民法院审理行政案件，参照规章"，这意味着规章的地位与作为"依据"的法律、法规不同；人民法院在参照规章时，可以对规章的规定是否合法有效进行判断，但对于合法有效的规章应当适用。规章包括部门规章和地方政府规章。部门规章是指国务院各部、各委员会、中国人民银行、审计署和具有行政管理职能的直属机构，根据法律和国务院的行政法规、决定、命令，在本部门的权限范围内制定的规范性文件。地方政府规章是指省、自治区、直辖市和较大的市的人民政府，根据法律、行政法规和本省、自治区、直辖市的地方性法规，就执行法律、行政法规、地方性法规的规定需要制定规章的事项和属于本行政区域的具体行政管理事项制定的规范性文件。

关于人民法院审理行政案件时如何具体适用法律、法规、规章的问题，《行政诉讼法》没有作出规定，应当依照《立法法》的规定进行。

二、规范性文件的附带审查

在行政审判实践中，人民法院经常涉及有关部门为指导法律执行或者实施行政措施而制定的规范性文件。行政机关往往将这些规范性文件作为行政行为的直接依据。2004 年最高人民法院《关于审理行政案件适用法律规范问题的座谈会纪要》提出，这些规范性文件不是正式的法律渊源，对人民法院不具有法律规范意义上的约束力。但是，人民法院经审查认为被诉行政行为依据的具体应用解释和其他规范性文件合法、有效并合理、适当的，在认定被诉行政行为合法性时应承认其效力，并在裁判文书中引用；人民法院可以在裁判理由中对具体应用解释和其他规范性文件是否合法、有效、合理或适当进行评述。但同时，有些行政行为侵犯公民、法人或者其他组织的合法权益，就是地方政府及其部门制定的规范性文件中越权错位的规定造成的。为从根本上减少违法行政行为，在行政诉讼法中确立了规范性文件附带审查制度。《行政诉讼法》第六十四条规定：人民法院在审理行政案件中，经审查认为本法第五十三条规定的规范性文件不合法的，不作为认定行政行为合法的依据，并向制定机关提出处理建议。考虑到规范性文件是行政事务，属于行政权范围，法院不宜过度介入行政事务。根据宪法，县级以上地方各级人民代表大会常务委员会有权撤销本级人民政府不适当的决定和命令，县级以上地方各级人民政府有权改变或者撤销所属各工作部门和下级人民政府不适当的决定，因此，人民法院不宜直接判决撤销不合法的规范性文件，但可以不作为认定行政行为合法的依据。人民法院在审理行政案件中，经审查认为规章以外的规范性文件不合法的，不作为认定行政行为合法的依据，并向规范性文件的制定机关提出处理建议。人民法院可以在裁判理由中对规范性文件是否合法进行认定，并可以从以下几个方面审查规章以外的规范性文件是否合法：是否限制或者剥夺公民、法人和其他组织依法享有的权利；是否增加了义务等。需要注意，人民法院认定规范性文件不合法的，可以依法对行政行为作出判决，不需要中止案件的审理。

第四节　行政公益诉讼

行政公益诉讼是通过监督或司法介入的方式督促行政机关依法行政，更加积极主动地履行对公共利益的保护职责，这与为维护社会公益而设的行政权本身，具有本质上的同质性，行政公益诉讼是对行政权的补充和加强。

2005 年 12 月 3 日，《国务院关于落实科学发展观加强环境保护的决定》中明确提出"研究建立环境民事和行政公诉制度""推动环境公益诉讼"。此后，公益诉讼制度有所发展，但仍面临着缺乏法律规范保障的尴尬。2014 年《中共中央关于全面推进依法治国若干重大问题的决定》首次明确地提出"探索建立检察机关提起公益诉讼制度"。2015 年 7 月 1 日，《全国人民代表大会常务委员会关于授权最高人民检察院在部分地区开展公益诉讼试点工作的决定》出台。次日，最高人民检察院发布了《检察机关提起公益诉讼改革试点方案》。12 月 16 日，《人民检察院提起公益诉讼试点工作实施办法》正式开始实施。2016 年 2 月 25 日，最高人民法院印发《人民法院审理人民检察院提起公益诉讼案件试点工作实施办法》。

根据 2017 年 6 月 27 日第十二届全国人民代表大会常务委员会第二十八次会议《关于修改〈中华人民共和国民事诉讼法〉和〈中华人民共和国行政诉讼法〉的决定》第二次修正，在《行政诉讼法》第二十五条增加一款，作为第四款："人民检察院在履行职责中发现生态环境和资源保护、食品药品安全、国有财产保护、国有土地使用权出让等领域负有监督管理职责的行政机关违法行使职权或者不作为，致使国家利益或者社会公共利益受到侵害的，应当向行政机关提出检察建议，督促其依法履行职责。行政机关不依法履行职责的，人民检察院依法向人民法院提起诉讼。"

信息公开诉讼

1. 滥用政府信息公开申请权和诉权的治理

——陆红霞诉南通市发展改革委员会案

案件索引：江苏省南通市中级人民法院（2015）通中行终字第 00129 号；江苏省南通市港闸区人民法院（2015）港行初字第 00023 号

基本案情

2013 年 11 月 26 日，陆红霞向南通市发展改革委员会申请公开"长平路西延绿化工程的立项批文"。同年 11 月 28 日，被告作出通发改信复〔2013〕14 号《政府信息公开申请答复书》并提供了《市发改委关于长平路西延工程的批复》。陆红霞因不服南通市发改委政府信息公开答复，向南通市港闸区人民法院提起诉讼。

经法院查明，据不完全统计，2013 年至 2015 年 1 月期间，原告陆红霞及其父亲陆富国、伯母张兰三人以生活需要为由，分别向南通市人民政府、南通市城乡建设局、南通市发展和改革委员会、南通市住房保障和房产管理局、南通市规划局、南通市国土资源局、南通市公安局、南通市公安局港闸分局等共提起至少 94 次政府信息公开申请，要求公开以下政府信息：南通市人民政府财政预算报告，所拥有公车的数量、牌照号码及公车品牌，政府信息公开年度报告，南通市拘留所被拘留人员 2013 年度伙食费标准、拘留人员权利和义务告知书，城北大道工程征地的供地方案、农用地转用方案，城北大道拆迁工程是否由南通市港闸区人民政府出资，南通市港闸区城市建设开发总公司是否由南通市港闸区人民政府出资成立，港闸区人民政府 2007 年度财政预算决算报告，城北大道工程前期征地拆迁费用 1.5 亿元资金的来源、使用情况及资金列入哪一年财政预算，港闸区人民政府以何种形式授权南通市港闸区城市建设开发总公司实施城北大道工程中征地拆迁等前期工作，陆红霞通过短信、电话向南通市城乡建设局顾队长及举报平台举报违法施工后有无按照《建筑工程施工许可管理办法》的规定责令违法施工单位停止施工，拆迁安置房屋所有权人的认定依据，长平路西延绿化工程的建设项目规划选址意见书，南通市港闸区天生港镇街道国庆村 15 组登记在陆富（付）相名下的土地使用证所记载的地籍号地块是否征用，2014 年 3 月 8 日 21 时 44 分唐闸派出所调查过程中，具体是哪位天生港镇街道干部，多次用什么号码的电话要求派出所将哪些参与稳控的人员放回，唐闸派出所在该所询问室对弘祥拆迁公司员工刘彬进行询问的监控录像，2014 年 7 月 12 日收到陆红霞《刑事控告书》后是否受案等。

在以上提出的政府信息公开申请中，原告陆红霞、张兰分别向南通市人民政府、南通市港闸区人民政府申请公开南通市人民政府2013 年度政府信息公开工作年度报告、南通市港闸区人民政府 2007年度财政预算决算报告等内容相同的信息；陆富国、张兰分别向南通市人民政府、南通市发展和改革委员会、南通市住房保障和房产管理局、南通市港闸区审计局等单位申请公开城北大道工程征地的供地方案、农用地转用方案、征收土地方案、补充耕地方案、城北大道的立项批文、城北大道工程的拆迁计划和拆迁方案、房屋拆迁公告、房屋拆迁许可证、城北大道工程拆迁管理费的审计内容及该工程拆迁管理费的总额等内容相同的信息。原告陆红霞及其父亲陆富国、伯母张兰在收到行政机关作出的相关《政府信息公开申请答复》后，分别向江苏省人民政府、江苏省公安厅、江苏省国土资源厅、南通市人民政府、南通市审计局等复议机关共提起至少 39 次行政复议。在经过行政复议程序之后，三人又分别以政府信息公开答复"没有发文机关标志、标题不完整、发文字号形式错误，违反《党政机关公文处理工作条例》的规定，属形式违法；未注明救济途径，属程序违法"等为由向南通市中级人民法院、如东县人民法院、港闸区人民法院提起政府信息公开之诉至少 36 次。

判决与理由

一审法院南通市港闸区人民法院根据修改前的《行政诉讼法》第二条，最高人民法院《关于执行〈中华人民共和国行政诉讼法〉若干问题的解释》（法释〔2015〕9 号）第三十二条第二款、第四十四条第一款第（十一）项、第九十七条，参照《民事诉讼法》第十三条之规定，于 2015 年 2 月 27 日裁定驳回原告陆红霞的起诉。二审法院南通市中级人民法院依照修改前的《行政诉讼法》第六十一条第（一）项之规定，于 2015 年 7 月 6 日裁定驳回上诉，维持原裁定。

一审法院南通市港闸区人民法院认为：获取政府信息和提起诉讼是法律赋予公民的权利。为了保障公民知情权的实现，行政机关应当主动公开政府信息，以提高政府工作的透明度。《政府信息公开条例》第十三条还进一步明确，除行政机关主动公开的政府信息外，公民、法人或者其他组织还可以根据自身生产、生活、科研等特殊需要，向国务院部门、地方各级人民政府及县级以上地方人民政府部门申请获取相关政府信息。为了监督行政机关依法行政，切实保障公民依法获取政府信息，公民认为行政机关在政府信息公开工作中的行政行为侵犯其合法权益的，可以依法提起行政诉讼。而需要指出的是：任何公民享有宪法和法律规定的权利，同时必须履行宪法和法律规定的义务；公民在行使自由和权利的时候，不得损害国家的、社会的、集体的利益和其他公民的合法的自由和权利；公民在行使权利时，应当按照法律规定的方式和程序进行，接受法律及其内在价值的合理规制。

《政府信息公开条例》第一条规定，制定本条例的目的是为了"保障公民、法人和其他组织依法获取政府信息，提高政府工作的透明度，促进依法行政，充分发挥政府信息对人民群众生产、生活和经济社会活动的服务作用"。因此，保障社会公众获取政府信息的知情权是《政府信息公开条例》最主要的立法目的之一。而有关"依法获取政府信息"的规定，表明申请获取政府信息也必须在现行法律框架内行使，应当按照法律规定的条件、程序和方式进行，必须符合立法宗旨，能够实现立法目的。

原告陆红霞所提出的政府信息公开申请次数众多，由家庭成员分别提出相同或类似申请，内容多有重复，申请公开的内容包罗万象。由此表明，原告陆红霞不间断地向政府及其相关部门申请获取所谓政府信息，真实目的并非为了获取和了解所申请的信息，而是借此表达不满情绪，并向政府及其相关部门施加答复、行政复议和诉讼的压力，以实现拆迁补偿安置利益的最大化。对于拆迁利益和政府信息之间没有法律上关联性的问题，行政机关已经反复进行了释明和引导，且本案中被告南通市发改委已向原告提供了其所申请的政府信息。原告这种背离《政府信息公开条例》立法目的，任凭个人主观意愿执意不断提出申请的做法，显然已经构成了获取政府信息权利的滥用。

保障当事人的诉权与制约恶意诉讼、无理缠诉均是审判权的应有之义。对于个别当事人反复多次提起轻率的、相同的或者类似的诉讼请求，或者明知无正当理由而反复提起的诉讼，人民法院对其起诉应严格依法审查。原告陆红霞所提起的相关诉讼因明显缺乏诉的利益、目的不当、有悖诚信，违背了诉权行使的必要性，因而也就失去了权利行使的正当性，属于典型的滥用诉权行为，理由如下：首先，原告陆红霞的起诉明显缺乏诉的利益。诉的利益是原告存在司法救济的客观需要，没有诉讼利益或仅仅是为了借助诉讼攻击对方当事人的不应受到保护。本案原告的起诉源于政府信息公开申请，作为一项服务于实体权利的程序性权利，由于对获取政府信息权利的滥用，原告在客观上并不具有此类诉讼所值得保护的合法的、现实的利益。其次，原告陆红霞的起诉不具有正当性。《行政诉讼法》第二条明确规定："公民、法人或者其他组织认为行政机关和行政机关工作人员的行政行为侵犯其合法权益，有权依照本法向人民法院提起诉讼。"显然，行政诉讼是保护公民、法人和其他组织合法权益的制度，原告陆红霞不断将诉讼作为向政府及其相关部门施加压力、谋求私利的手段，此种起诉已经背离了对受到侵害的合法权益进行救济的诉讼本旨。再次，原告陆红霞起诉违背诚实信用原则。诚实信用原则要求当事人实施诉讼行为、行使诉讼权利必须遵守伦理道德，诚实守诺，并在不损害对方合法利益和公共利益的前提下维护自身利益。骚扰、泄愤、盲目、重复、琐碎性质的起诉显然不符合诚实信用原则的要求。原告本已滥用了政府信息公开申请权，所提起的数十起诉讼要么起诉理由高度雷同，要么是在已经获取、知悉所申请政府信息的情形下仍坚持提起诉讼，这种对诉讼权利任意行使的方式有违诚实信用原则。

针对原告陆红霞所提起的频繁诉讼，人民法院也多次向其释明《政府信息公开条例》的立法目的、政府信息的涵义，并多次未支持其不合法的申请和起诉，原告对法律的规定显然明知，也应当知道如何正确维护自身的合法权益。原告在明知其申请和诉讼不会得到支持，仍然一再申请政府信息公开，不论政府及相关部门如何答复，均执意提起行政复议和行政诉讼。行政资源和司法资源的有限性，决定了行政机关和人民法院只能满足当事人有效的行政和司法需求。原告的申请行为和诉讼行为，已经使行政和司法资源在维护个人利益与公共利益之间有所失衡，原告所为已经背离了权利正当行使的本旨，超越了权利不得损害他人的界限。纵观本案及相关联的一系列案件，无论是原告所提出的政府信息公开申请还是向该院所提起的诉讼均构成明显的权利滥用。

在现行法律规范尚未对滥用获取政府信息权、滥用诉权行为进行明确规制的情形下，该院根据审判权的应有之义，结合立法精神，决定对原告陆红霞的起诉不作实体审理。为了兼顾维护法律的严肃性，有效利用公共资源和保障原告依法获取政府信息、提起诉讼的权利，对于原告今后再次向行政机关申请类似的政府信息公开、向人民法院提起类似的行政诉讼，均应依据《政府信息公开条例》的现有规定进行严格审查，原告须举证说明其申请和诉讼是为了满足自身生产、生活、科研等特殊需要，否则将承担不利后果。

陆红霞不服一审裁定，向南通市中级人民法院提起上诉称：第一，一审法院审理本案违反法定程序。一审法院调查上诉人父亲陆富国、伯母张兰信息公开、行政复议、行政诉讼的行为超越法定职权；一审法院剥夺了上诉人陈述、辩论的权利，也剥夺了当庭举证、质证的权利。第二,一审法院认定上诉人滥用获取政府信息权和滥用诉权,裁定驳回上诉人起诉错误。上诉人与父亲陆富国、伯母张兰均为独立的民事主体,各自对自己的行为承担责任,一审法院将三人行为混同不当;上诉人与陆富国、张兰先后有五件行政案件胜诉,所提起的行政诉讼具有诉的利益、目的恰当,并不违背诚信原则;根据《行政诉讼法》《政府信息公开条例》等法律法规的规定,陆红霞的起诉符合行政诉讼的受理条件,法院应当实体审理。第三,一审法院超越职权,没有权力对陆红霞今后的信息公开申请提出限制,亦无权要求行政机关和其他人民法院对陆红霞的信息公开申请、行政诉讼进行严格审查。请求二审法院撤销一审裁定,责令一审法院继续审理该案。

南通市中级人民法院二审认为:

一、一审法院并未违反法定程序。

修改前的《行政诉讼法》第三十四条规定:人民法院有权向有关行政机关以及其他组织、公民调取证据。最高人民法院《关于行政诉讼证据若干问题的规定》第二十二条规定:对涉及国家利益、公共利益或者他人合法权益的事实认定的,人民法院有权向有关行政机关以及其他组织、公民调取证据。本案中,针对上诉人陆红霞是否存在滥用获取政府信息权、滥用诉权的行为,一审法院依职权调取陆红霞及其父亲、伯母有关信息公开申请、行政复议和行政诉讼的材料,符合相关法律、司法解释的规定。

一审法院在 2015 年 2 月 27 日庭审中,将调取的证据材料当庭向上诉人陆红霞出示,陆红霞亦发表了质证意见和诉讼主张,陆红霞认为一审法院剥夺其陈述、辩论的权利和当庭举证、质证的权利与事实不符。

二、一审法院认定陆红霞存在滥用获取政府信息权和滥用诉权行为依法有据,裁定驳回陆红霞的起诉并无不当。

　　上诉人陆红霞与陆富国是父女关系，陆富国申请信息公开、提起行政复议及行政诉讼均由陆红霞经手或作为委托代理人。张兰系陆红霞伯母，两人均住南通市港闸区怡园新苑，与港闸区政府均存在房屋补偿争议。陆红霞、张兰分别向南通市人民政府申请公开"南通市人民政府 2013 年度政府信息公开工作年度报告"申请表，以及陆富国、张兰分别向南通市人民政府、南通市住房保障和房产管理局申请公开"城北大道工程征地的供地方案""城北大道工程拆迁计划和方案、房屋拆迁公告、房屋拆迁许可证"的申请表内容完全一致。2014 年陆富国与张兰分别向法院提起的每起行政诉讼的诉状，除当事人不同外，其他内容高度雷同或者一致。三人基于共同目的，以各自名义分别实施申请信息公开、提起行政复议和行政诉讼的行为，可视为陆红霞等三人的共同行为。

　　2012 年底上诉人陆红霞与港闸区政府产生拆迁争议，2013 年开始，陆红霞三人先后提起至少 94 次政府信息公开申请，2014 年 1 月 2 日当天就向南通市人民政府提出 10 件申请。其中，所提申请多有相同或类似，如重复申请市、区两级人民政府年度财政预算报告、二十余次申请城北大道相关审批手续等信息。申请公开的内容繁多、形式各异，如政府公车数量、牌照及品牌，接处警电话号码及监控录像，拘留所伙食标准等信息，且很多系以信息公开的名义进行咨询询问。陆红霞持续申请公开众多政府信息，借此表达自己不满情绪，通过重复、大量提起信息公开的方式给有关部门施压，从而达到实现拆迁补偿安置利益最大化目的。这种行为已经明显偏离了公民依法、理性、正当行使知情权和监督权的正常轨道，超过了正当行使知情权的合理限度，悖离了政府信息公开制度的初衷与立法目的，故一审法院认定陆红霞滥用获取政府信息权是适当的。

公民在行使权利的时候，不得损害国家的、社会的、集体的利益和其他公民的合法权利。作为权利之一的获取政府信息公开权和诉权当然也不能滥用。上诉人陆红霞的起诉源于政府信息公开申请，其起诉多以被诉答复无发文机关标志、标题不完善、无发文字号、程序违法为由，反复多次提起相同或类似的诉讼请求。陆红霞不当的申请和起诉多次未获人民法院的支持，而其仍然频繁提起行政复议和行政诉讼，已经使有限的公共资源在维护个人利益与他人利益、公共利益之间有所失衡，超越了权利行使的界限，亦有违诚实信用原则，已构成诉讼权利的滥用，一审法院驳回其起诉并无不当。

三、一审法院对上诉人陆红霞今后的信息公开申请及行政诉讼进行适当限制是适当的。

《政府信息公开条例》第十三条规定：除行政机关主动公开的政府信息外，公民、法人或者其他组织还可以根据自身生产、生活、科研等特殊需要，向国务院部门、地方各级人民政府及县级以上地方人民政府部门申请获取相关政府信息。[①]《政府信息公开条例》第二十条[②]规定了政府信息公开申请应当包括申请人的姓名或者名称、联系方式；申请公开的政府信息的内容描述；申请公开的政府信息的形式要求。《政府信息公开条例》没有规定申请人在提出政府信息公开申请时要说明使用信息的用途、理由等，故政府信息主管部门和工作机构在实务中不得随意增设申请人的义务。但上诉人陆红霞

[①] 2019 年 5 月 15 日施行的修改后的《政府信息公开条例》取消了本条规定，修改为："第二十七条　除行政机关主动公开的政府信息外，公民、法人或者其他组织可以向地方各级人民政府、对外以自己名义履行行政管理职能的县级以上人民政府部门（含本条例第十条第二款规定的派出机构、内设机构）申请获取相关政府信息。"

[②] 修改后调整为第二十七条。

持续、琐碎、轻率甚至带有骚扰性质的滥用获取政府信息权、滥用诉权的行为，超越了权利行使界限，应当对其设定一个限制反复的约束。一审法院从维护法律的严肃性、促进公共资源的有效利用出发，同时也为了保障诉讼权利平衡、保障陆红霞依法获取政府信息，对其今后再次申请类似信息公开、提起行政诉讼设定了一定的条件，符合《政府信息公开条例》的立法精神和目的。

评　析

本案作为政府信息公开的典型案件引起社会的广泛关注，也是法院比较早地适用滥用信息公开申请权进行裁判的案例。对于政府信息公开案例的研讨，需要回顾一下中国政府信息公开制度的发展道路。

一、中国政府信息公开制度的发展历程

（一）公开制度的从无到有

公开制度早在 1987 年中国共产党的十三大报告中就提出，1987 年 12 月召开的中国共产党第十三次全国代表大会的政治报告中专门强调："要提高领导机关的开放程度，重大情况让人民知道，重大问题经人民讨论。""重大情况让人民知道"是一种非常朴素的表达，但是反映了对人民群众知情权的尊重，开创了我们国家公开制度的先河，奠定了实行政务公开与建立政府信息公开制度的思想和政策基础。1988 年 3 月，中央政府要求各级行政机关在廉政建设中要推行公开办事制度。随后，浙江、河北、山东等有关地市政府从公众意见最大、最关心的热点问题入手，从最容易发生腐败现象的环节抓起，着眼于行政管理行为的公开化，开始进行政务公开试点。一

些地方建立了公开办事制度、公开办事结果、接受群众监督的"两公开一监督"制度。政务公开制度初见端倪。

（二）公开制度的初步发展

1997 年中国共产党的十五大报告中提出"城乡基层政权机关和基层群众自治组织，都要健全民主选举制度，实行政务公开和财务公开"。1998 年，最高检率先实行检务公开，随后法院、公安、海关等重要司法和行政执法机关分别开始推行审判公开、警务公开和海关关务公开等措施。1999 年 1 月 22 日，由电信和国家经贸委信息中心牵头 40 多个部委（办、局）信息主管部门在北京发起"政府上网工程"，并将 1999 年作为"政府上网年"，从而为政务公开奠定了技术基础。驾着技术的翅膀，政务公开驶入了快车道，公开制度开始越来越多地向基层、向地方、向行业全面发展。2000 年，中共中央办公厅、国务院办公厅联合下发《关于在全国乡镇机关全面推行政务公开制度的通知》，对在乡镇政府全面推行政务公开作出部署，并对县（市）级以上政府的政务公开提出要求。除此之外，中国加入世贸组织也是对公开原则的一个极大地促进，世贸组织规则中有很多关于透明度的规定，在很大程度上改变了传统上公共权力运行的基本过程。2002 年，中央政府明确提出要建立"行为规范、运转协调、公正透明、廉洁高效"的行政管理体制，政务公开成为中国行政改革的重要内容，也成为新一届政府重要的施政原则。从 2002 年到 2008 年，公开开始进入制度化的阶段。从广州开始，接着是上海等多地政府通过立法的形式实现公开制度的法制化。

（三）政府信息公开条例的制定和实施

政府信息公开制度发展的标志性事件是 2008 年 5 月 1 日《政府信息公开条例》的正式实施，全方位地促进了国家各项制度的公开化，这个阶段的公开工作取得了巨大的成果，主要表现为以下几个方面：

第一，公权力的公开运行已经成为行政法律制度的一项基本原则。在很多法律制度中，公开、公平、公正原则已被广泛接受。除了国务院《政府信息公开条例》之外，很多部门、地方政府也都制定与公开有关的制度。第二，公开的功能走向多元化。公开的功能是从反腐开始，"公开是最好的防腐剂"已成为共识。政务公开的功能已经越来越多元化，推进信息公开，不仅有助于消除政府与公众之间的"信息不对称"，而且，"让权力在阳光下运行"是提高行政效率、实现依法行政的基本保障。第三，主动公开的信息越来越多，依申请公开信息渠道畅通。政府网站已经成为社会公众办事的一个重要平台，很多事项足不出户就可以通过网络办理，政务公开已经越来越多地和政务服务相结合。对于政府没有主动公开的信息，社会公众可以通过信息公开申请的方式向政府有关部门获取。

（四）走向数据开放和数据治理

2019 年修订后的《政府信息公开条例》实施，政府数据的开放和利用成为发展方向。在信息社会，信息就是生产力，如果没有信息，社会很难发展，而越来越多的信息汇集在一起就会形成一种非常有效的治理工具。由于它蕴含着巨大的经济价值和社会价值，政府数据在安全有序的条件下加大向社会开放的程度并在社会治理中得到更加广泛地应用成为重点。

二、信息公开申请人资格

信息公开是为了保障知情权，是和民主的理念相伴而生的，赋予人民知情权是实现民主的必然要求。知情权的理念也是伴随着早期的资产阶级革命过程产生的。17 世纪英国自由主义思想家洛克指出："无论国家采取什么形式，统治者都应该以正式公布的被接受的法律，而不是以临时的命令和未定的决议进行统治，因为只有这样，才能使人民知道他的责任，并在法律范围内得到安全和保障，并将统治者限制在适当的范围内。"洛克的这一思想包含着政府应当公开信息，民众有权获取政府信息的内容。18 世纪法国大革命的领导人罗伯斯庇尔也认为公民有权了解自己议员的行为，对公众公开议员的行为是政府的一项责任，并须使公开达到最大的程度。立法会议和一切法定政权机关的辩论要公开进行。宪法要求的对公众公开政府行为应当尽可能的广泛。知情权是一项基本人权。公共信息属于公共财产，获取公共信息对个体的生存发展而言至关重要。公共信息渠道闭塞或者不畅，在一定程度上也将影响个体其他权利的获取和实现。公共信息掌握在政府手中，如果政府不从法律上对公民知情权予以切实保障，个体人格以及实现自身价值的可能性就会出现障碍。知情权是参政权的基础。公民的知情权是国家民主政治建设的重要组成部分。

获得政府信息的渠道分为政府主动公开和依申请公开。哪些人可以向信息公开义务主体申请公开信息，即信息公开申请人资格，从各国信息公开法律的制度看，大致可以分为三种情形，第一种是不限身份，任何人均可。以墨西哥、美国、荷兰、泰国、乌克兰、瑞士、日本等国家为代表的大多数国家对于申请人资格不做限制，在立法中较多的表述是"任何人"（any person）。第二种，如马其顿、新西兰、以色列等国家规定本国人和符合法定条件的外国人可以申请政府信息公开。第三种是限于具有本国国籍的自然人和在本国注册的法人，如白俄罗斯、约旦。①

我国《政府信息公开条例》中关于申请人资格的规定是该条例中争议较大的条款之一。在 2008 年的版本中第十三条规定：公民、

---

① 王敬波：《政府信息公开：国际视野与中国发展》，法律出版社 2016 年版，第 135—137 页。

法人或者其他组织可以根据自身生产、生活、科研等特殊需要，向国务院部门、地方各级人民政府及县级以上地方人民政府部门申请获取相关政府信息。有人据此将申请人资格简化为"生产、生活、科研"的所谓"三需要"标准。从文字表述看，《政府信息公开条例》似乎给申请人利益贴上了生产、生活、科研的"三需要"作为标签，但是就一般意义而言，当申请人自身生产、生活、科研等特殊需要可解释到最大化时，"三需要"几乎可以涵盖申请人所有的需要，也就意味着申请人可以是任何人。这种限制似乎无法实现。实践当中，很多政府也不需要申请人说明自己为什么需要申请政府信息。但是，我们必须关注一个非常重要的现象，就是在现实中确实出现一些人并不是真的需要政府信息，而是借由申请政府信息，达到其他目的。例如本案中的陆红霞申请政府信息公开的目的并不是需要政府信息，而是因为对政府征收房屋的补偿不满，通过申请信息公开给政府施加压力。类似的情况在全国出现过多次，由此引发本案中的滥用信息公开申请权的治理问题。

三、过度使用信息公开申请权的治理

申请严重不合理构成搅扰，或者严重浪费行政资源的信息公开申请并不是中国独有的现象。泰国、开曼群岛规定对于过量申请信息、无合理理由而重复或者过于频繁申请信息的情况，可以拒绝受理。泰国《官方信息法》第一条规定，任何人都可以申请并未以其他方式要求公布的信息或申请查阅信息，只要申请足够详细可以查明被索取的信息，该信息就必须被提供。如果申请涉及过量信息或者无合理原因过于频繁提出申请，或者反复申请等情况，申请可能会被拒绝。开曼群岛《信息自由法》第九条规定，公共机关可以拒绝受理如下申请：无理的申请；与近期已经进行答复的同一申请人提出的实质相似的申请。澳大利亚《信息自由法》第二十四条规定：

行政机关可以所涉及的信息公开工作会实质性地和不合理地从其他活动中抽取资金为由，拒绝处理信息公开的请求。英国《信息自由法》第十二条规定，在下列两种情况下，公共机关可以不提供信息。（1）如果公共机关估计提供信息所支出费用超过了适当的限度，则可以选择不提供该信息，但是公共机关必须告知申请人，他所申请的信息是否存在。对于估计费用超过适当的限度的，公共机关可以收取为提供该信息可能支出的费用，并且该费用不得超过规章规定的最大限度。（2）如果公开信息的请求是重复的，也就是说公共机关以前已经向同一个人提供了相类似的信息，那么公共机关可以不提供申请者所申请的信息。[①] 由此可见，少数人的过度使用是很多国家需要面临的信息公开的"副产品"。

为平衡知情权和公共利益，既保障公众获取信息的权利，也减少滥用申请对于行政资源的浪费，笔者认为需要从两个方面着手：一方面，要关注当事人的真实诉求。在滥用信息公开申请权的事件中，大部分的申请人申请信息公开是手段，"醉翁之意不在酒"，因此，受理申请的行政机关应及时通报政府及相关部门，依法协助解决其真实诉求。另一方面，也要完善信息公开制度。第一，完善收费制度，由于目前收费制度不合理，甚至有些地区完全免费，给滥用申请权的人以可乘之机。未来需要构建更加科学、合理的收费制度，通过经济杠杆进行适当调节。第二，完善答复机制，针对多人申请同一信息，可以建立信息申请代表制度，由其选择代表提出申请，在答复中可以一并答复。对于一人或者多人向多个机关申请同一信息的，可以由政府协调统一答复。针对特定情况，规定信息公开义务机关可以驳回申请。例如，同一人反复提出已经公开的信息的，没有必

---

① 王敬波：《政府信息公开：国际视野与中国发展》，第156—160页。

要重复处理。第三，延长答复时间，同一人在短时间内申请公开的信息数量巨大，将严重影响正常的行政工作，经过特别审批程序，可以延长答复时间。这里的"巨大"应严格限制适用条件，以免滥用。总体来看，想要根本杜绝信息申请权的滥用，是不现实的，这也是推进民主进程的代价之一，需要我们接受并正视。在当前法律法规并没有条文对滥用信息公开申请权和诉权作出具体规定这一背景下，是否构成滥用，需要法官坚持具体问题具体分析的原则，在综合多方信息的基础上根据案情合理作出判断。本案法官在综合考虑陆红霞此前一系列行为的基础上，将其认定为滥用信息公开申请权和诉权，裁定驳回起诉并对陆红霞今后的信息公开申请及行政诉讼进行适当限制，法院对滥用信息公开申请权和诉权行为的认定提供了参考的标准。

2. 个人隐私权与知情权的利益衡量

——杨政权诉肥城市房产管理局信息公开案

案件索引：泰安高新技术产业开发区人民法院（2013）泰高新行初字第 3 号；泰安市中级人民法院（2013）泰行终字第 42 号

基本案情

原告杨政权向被告肥城市房管局等单位申请廉租住房，但因其家庭人均居住面积不符合标准，未能获得批准。杨政权于 2013 年 3 月 16 日向肥城市人民政府申请公开经济适用房、廉租房的分配信息并公开所有享受该住房住户的审查资料信息。2013 年 4 月 8 日，政府信息公开工作人员组织房管局分管领导就杨政权提出的问题进行了当面答复，并于 2013 年 4 月 15 日出具了《关于申请公开经适房、廉租住房分配信息的书面答复》（以下简称《答复》），内容为：2008 年以来，我市惠民小区共建设经济适用住房 1034 套（616 套在建）、廉租住房 72 套、公共租赁住房 358 套（308 套在建）；其中已分配经济适用住房 787 套、廉租住房 38 套、公共租赁住房 10 套。分别是 2009 年 12 月分配经济适用房 168 套；2011 年 12 月分配廉租住房 38 套、公租房 10 套，2012 年 1 月分配经济适用房 250 套；2013 年 1 月分配经济适用房 369 套（尚未建成，6 月份竣工）。审核通过待分配公租房 80 户、廉租住房 34 户。2009 年 12 月申请分配的 168 套经济适用房的申报家庭名单于 2009 年 6 月 25 日在肥城政务信息网、肥城市房管局网站予以公示。按照要求,公示期 10 天,已经于当年 7 月 5 日将公告撤下。2011 年 12 月 31 日分配的 38 套廉租房、10 套公租房和 2012 年 1 月 16 日分配的 250 套经济适用房申请保障性住房人员信息,2011 年 12 月 1 日在今日肥城网、肥城市政务信息网和肥城市房产管理局网站进行了公开,具体情况可到相关网站进行查询。2013 年 1 月 28 日分配的经济适用房 369 户申请保障性住房人员信息和待分配的廉租房 34 户、公租房 80 户的申请保障性住房人员信息,在 2013 年 11 月 23 日的肥城市政务信息网、肥城市房产管理局网站上和 2012 年 11 月 24 日的今日肥城网上进行了公开,具体情况到相关网站进行查询。市房管局按照《肥城市经济适用住房管理暂行办法》(肥政发 2009 第 12 号)、《肥城市城镇廉租住房保障办法》(肥城市人民政府令第 55 号)、《肥城市人民政府关于调整申请保障性住房申请标准的通知》(肥政发 2012 第 30 号)的文件精神,对经适房、廉租房、公租房的申请保障性住房人员进行了认真的审核,申请分配程序符合文件规定,所有获得居住使用权的人员都符合上级相关要求。原告杨政权对此《答复》不服,认为应当公开所有住户符合居住条件的审查资料信息,于 2013 年 7 月向法院起诉要求被告房管局予以公开。

判决与理由

一审法院依照《政府信息公开条例》第十四条第四款,《最高人民法院关于审理政府信息公开行政案件若干问题的规定》第四条第一款、第八条第一款、第十二条第（一）项之规定，判决驳回原告杨政权的诉讼请求。

二审法院采纳并支持上诉人的上诉理由，依据《行政诉讼法》第六十一条第（三）项、《政府信息公开条例》第二十四条第二款、《最高人民法院关于审理政府信息公开行政案件若干问题的规定》第九条第一款之规定，判决如下：

一、撤销泰安高新技术产业开发区人民法院（2013）泰高新行初字第3号行政判决。

二、撤销肥城市房产管理局于2013年4月15日作出的《关于申请公开经适房、廉租住房分配信息的书面答复》。

三、责令肥城市房产管理局自本判决发生法律效力之日起15个工作日内对上诉人杨政权的申请重新作出书面答复。

一、二审案件受理费各50元，由被上诉人肥城市房产管理局负担。

一审法院认为，被告房管局对原告杨政权要求公开保障性住房信息的申请进行了答复，且其掌握保障性住房的相关信息，具有公开此类信息的职权。原告杨政权要求公开肥城市已经享受经适房、廉租房全部入住户符合分配条件的审查信息资料，根据《肥城市民政局、房产管理局关于经济适用住房、廉租住房和公共租赁住房申报的联合公告》所载明的申报条件，原告杨政权要求公开的审查信息资料应当包括住户的户籍性质、人均住房面积、家庭人均实际收入等信息，此类信息应认为是涉及公民个人隐私，根据《政府信息公开条例》第十四条第四款的规定"行政机关不得公开涉及国家秘密、商业秘密、个人隐私的政府信息"，因此对于杨政权的诉讼请求本院不予支持。

上诉人杨政权对一审判决不服，提起上诉称：上诉人根据《政府信息公开条例》第十三条规定要求公开的是已经享受了保障房政策的公民的信息，这类信息均是享受保障房政策的最基本条件，不公开或不完全公开就会对公共利益造成重大影响，也是对其他公民权利的侵害和剥夺，此类信息也就不属于个人隐私的范畴，应予公开。因此，请求二审法院撤销原审判决并改判支持上诉人的诉讼请求，一、二审诉讼费用由被上诉人承担。被上诉人肥城市房产管理局请求二审法院驳回其上诉，维持一审判决。二审法院认为，原建设部等九部门联合发布的《廉租住房保障办法》第十七条、原建设部等七部门联合发布的《经济适用住房管理办法》第二十四条、《山东省廉租住房保障办法》第十七条均确立了保障房的公示制度，《肥城市民政局、房产管理局关于经济适用住房、廉租住房和公共租赁住房申报的联合公告》亦规定，"社区（单位），对每位申请保障性住房人的家庭收入和实际生活状况进行调查核实并张榜公示，接受群众监督，时间不少于 5 日"，申请保障性住房人据此申请保障房，应视为已经同意公开上述信息，对此类信息的公开应适用《政府信息公开条例》第十四条第四款"经权利人同意公开的涉及个人隐私的政府信息可以予以公开"的规定。且在二审庭审中，被上诉人亦自认对申请保障性住房人的上述信息进行了公示，经公示后，此类信息在一定范围内为公众所知晓，即不再属于个人隐私。另外，保障房制度是政府为解决低收入家庭的住房问题而运用公共资源实施的一项社会福利制度，直接涉及公共资源和公共利益，申请保障性住房人申报的户籍信息、家庭人均住房面积、家庭人均收入等情况均是其能否享受保障房的基本条件，申请保障房必然要向相关政府部门公开自己符合相应条件的信息，以接受相关政府部门的审核。在保障房制度中，当涉及公众利益的知情权和监督权与申请保障性住房人一定范围内的信息隐私相冲突时，应将保障房的公共属性放在首位，使获得这一公共资源的公民让渡部分个人信息，既符合比例原则，又利于社会的监督和保障房制度的健康发展。因此，被上诉人以保护个人隐私为由不予公开上诉人所申请公开的相关信息缺乏事实根据和法律依据，其在收到上诉人的公开申请后，只就部分申请内容进行的公开，未达到全面、具体的法定要求。一审判决认定申请保障性住房人的户籍性质、人均住房面积、家庭人均实际收入等信息属于公民个人隐私而支持被上诉人不予公开不当，依法应予纠正。综上，被上诉人肥城市房产管理局针对上诉人的政府信息公开申请作出《答复》时，未正确履行政府信息公开的法定职责，依法应予撤销。上诉人申请公开的信息属于依法应当公开的政府信息，被上诉人应将其掌握的相关信息以适当的方式向上诉人公开或提供。

评　析

一、个人隐私属于信息公开的例外

在政府信息公开过程中，有可能涉及公民、法人或其他组织的信息，此时就难免产生隐私权与公众知情权之间的冲突，也是个人利益与公共利益之间的冲突。《政府信息公开条例》第十四条第四款规定"行政机关不得公开涉及国家秘密、商业秘密、个人隐私的政府信息。但是，经权利人同意公开或者行政机关认为不公开可能对公共利益造成重大影响的涉及商业秘密、个人隐私的政府信息，可以予以公开"。该款设置两个制度，一是列举国家秘密、商业秘密、个人隐私作为信息公开的例外事项的制度；二是赋予行政机关公开可能对公共利益造成重大影响的涉及商业秘密、个人隐私的政府信息的权力。2019年修订的《政府信息公开条例》将第十五条修改为：涉及商业秘密、个人隐私等公开会对第三方合法权益造成损害的政府信息，行政机关不得公开。但是，第三方同意公开或者行政机关认为不公开会对公共利益造成重大影响的，予以公开。本案发生在2019年之前，因此适用当时的《政府信息公开条例》，具体实施中涉及三个阶段：第一，界定所涉信息是否属于个人隐私或者商业秘密；第二，确定公开有利于的公共利益；第三，在个人隐私或者商业秘密与公共利益之间进行利益权衡。

二、个人隐私的认定及公共利益衡量

隐私权已被《世界人权宣言》《公民权利和政治权利国际公约》等主要国际人权文件确认和保护。从我国对隐私的保护发展进度来看，在《侵权责任法》出台之前，我国立法上并没有"隐私权"这一概念，对其保护往往是通过对"名誉权"等权利进行保护，但是侵犯个人隐私一直为法律所不允许的。自《侵权责任法》颁布以来，立法明确规定了对隐私权的保护，在立法上可谓是巨大的进步。2020年10月13日，十三届全国人大常委会委员长会议提出了关于提请审议个人信息保护法草案的议案。《中华人民共和国民法典》第一千零三十四条规定："个人信息是以电子或者其他方式记录的能够单独或者与其他信息结合识别特定自然人的各种信息，包括自然人的姓名、出生日期、身份证件号码、生物识别信息、住址、电话号码、电子邮箱、健康信息、行踪信息等。个人信息中的私密信息，适用有关隐私权的规定。"

随着我国市场经济的不断向前发展，隐私权的发展呈现出新的特点，一方面，随着信息时代的到来与市场经济的繁荣，个人在市场中进行各种经济活动，如商品买卖、金融信贷等，个人隐私受到侵害的风险增大。另一方面，政府掌握者大量的个人信息和隐私，不当公开也会造成个人权益的损害。个人隐私作为政府信息公开的例外是世界范围的普遍原则，但是这种例外不是绝对的，而是相对的，也就是说当符合一定条件时，个人隐私是可以被公开的。

信息公开的例外总是与公共利益衡量相伴随的，世界上绝大部分国家在信息公开法中明确规定了信息公开的例外事项，而例外事项的多少直接决定信息公开的范围。其中有些国家在信息公开法案中设置的公共利益衡量条款，规定对于某些例外事项，虽然原则上不公开，但是如果公开的公共利益大于不公开的利益，则应当公开。信息公开的例外事项就像阳光下的阴影，公共利益衡量则像阴影下的一道裂缝，让阳光再次照入不公开的领域。如日本《行政机关拥有信息公开法》第七条规定了"申请公开包含非公开信息的档案，如果存在公共利益的特殊需要，行政机关可以酌情公开信息"。

是否公开个人隐私，需要考虑当事人的主观意愿。即对于涉及个人隐私的信息，当事人的个人意愿在隐私的认定过程中具有重要的地位，即便是按照客观标准认定属于个人隐私的信息，如果当事人明确表示愿意公开并承担不利后果，则该信息的公开也不会受到限制。在本案中，相关规范性文件明确表示会"对每位申请保障性住房人的家庭收入和实际生活状况进行调查核实并张榜公示"，申请人在根据相关文件申请保障性住房时，应视为其已经同意公开上述信息，则该信息不能再作为个人隐私加以保护。

在政府信息公开过程中，当公众知情权和监督权与个人隐私权之间发生冲突时，要想问题得到解决则不得不牺牲一方的利益。在作出利益选择时，必须坚持总体获利最大或损失最小的原则。在本案中，二审法院在裁判中指出："在保障房制度中，当涉及公众利益的知情权和监督权与申请保障性住房人一定范围内的信息隐私相冲突时，应将保障房的公共属性放在首位，使获得这一公共资源的公民让渡部分个人信息，既符合比例原则，又利于社会的监督和保障房制度的健康发展。"在法院进行利益权衡时，引入了比例原则，因此行政机关采取公开行为所获利益必须大于其所造成的损失，不能超过这一限度，即必须符合成本效益分析这一行政法上的基本原则，只有当个人隐私披露后所获利益大于所付出的成本，这一公开行为才是值得作出的。可以说，利益权衡是政府信息公开过程中最关键的环节，但却没有一个确定的标准。在不同的时代和环境下，判断标准也会随之改变，并且在判断过程中势必会加入裁判者的主观价值判断，因此不同的人可能也会得出不同的结论。这就要求，在进行利益权衡时，必须结合当下社会现实及所欲实现的社会目的，审慎地作出判断。公共利益作为无数个人利益的集合，其与个人利益之间并非水火不容的关系。也就是说，个人利益和公共利益的保障在一定程度上是可以同时实现的。就拿本案来说，公开保障房申请人的个人信息一方面在于使公众了解获得保障房资格的评选标准及评选过程，监督行政行为的实施过程。另一方面，公开透明的程序，有利于保障房制度的持续推进和健康发展。而获得资格的保障房申请人，虽然让渡了一部分隐私权利，但显然也是有效实施保障房制度的直接受益者。从这一角度出发，申请人的利益被吸收于公共利益之中，从而对公共利益优位作出解释。

3.政府对信息检索义务承担举证责任

—— 张良诉上海市规划和国土资源管理局案

案件索引：上海市黄浦区人民法院（2013）黄浦行初字第132号

基本案情

2013年2月19日，原告张良向被告上海市规划和国土资源管理局提出要求获取"上海市规划和国土资源管理局制作或者获取的上海市卢湾区116号地块（现黄浦区116地块）的项目土地出让金缴款凭证"的政府信息公开申请。被告于同日登记受理。同年3月12日，被告决定将答复期限延长至同年4月2日。嗣后，被告经其档案中心查询，以"缴费凭证"为关键词进行了检索，未查找到其保存有名为"缴款凭证"的原告申请获取的政府信息，遂认定原告申请获取的政府信息不存在。2013年3月28日，被告作出沪规土资信公（2013）第110号政府信息公开申请告知书，告知原告张良，"您当面申请的要求获取'上海市规划和国土资源管理局制作或者获取的上海市卢湾区116号地块（现黄浦区116地块）的项目土地出让金缴款凭证'的信息公开申请。依据《政府信息公开条例》第二十一条^①第（三）项的规定，答复如下：您要求获取的政府信息不存在。"张良不服，提起诉讼，要求撤销该政府信息公开答复。

判决与理由

一审上海市黄浦区人民法院判决撤销被告上海市规划和国土资源管理局于 2013 年 3 月 28 日作出沪规土资信公（2013）第 110 号政府信息公开申请答复的具体行政行为；被告上海市规划和国土资源管理局应对原告张良的政府信息公开申请依法重新作出具体行政行为。一审宣判后，当事人均未上诉，一审判决发生法律效力。

本案双方的争议焦点为，原告申请中提及的"缴款凭证"是对其申请获取的政府信息的特征描述用语，还是特指名为"缴款凭证"的相关政府信息。对此问题的回答，关系到被告是否尽到合理检索义务，以及认定原告申请获取的政府信息不存在的事实是否清楚。原告认为，其无法知晓被告收取土地使用权出让金形成的凭证的规范名称，故"缴款凭证"是对其申请获取的政府信息内容的描述用语。被告认为，"缴款凭证"应为原告申请获取的政府信息的名称。

法院认为，《政府信息公开条例》第二十条^②第二款规定了申请政府信息公开的实质要件："政府信息公开申请应当包括下列内容：（一）申请人的姓名或者名称、联系方式；（二）申请公开的政府信息的内容描述；（三）申请公开的政府信息的形式要求。"另外，《上

---

① 2019 年 5 月 15 日起修改后施行的《政府信息公开条例》将此条修改为第三十六条第（四）款："经检索没有所申请公开信息的，告知申请人该政府信息不存在。"

② 2019 年 5 月 15 日修改后施行的《政府信息公开条例》将此条修改为第二十九条。

海市政府信息公开规定》进一步明确："申请的政府信息内容，包括能够据以指向特定政府信息的文件名称、文号或者其他特征描述。"故一般情况下，申请人提出的政府信息公开申请应为能够指向特定政府信息的描述。在本案中，原告的申请内容为"上海市规划和国土资源管理局制作或者获取的上海市卢湾区 116 号地块（现黄浦区116 地块）的项目土地出让金缴款凭证"。该表述应能够清晰指向其申请获取的政府信息，系被告收取本市 116 号地块受让人缴纳的土地使用权出让金后，开具给土地使用权受让人的凭证。因此，原告申请公开的相关"缴款凭证"，应泛指被告收取土地使用权受让人缴纳本市 116 地块国有土地使用权出让金后形成的书面凭证。在日常生活中，这种证明缴纳款项凭证的名称或许为"缴款凭证"，或许为"收据""发票"等，并不局限于"缴款凭证"的表述。原告作为普通公民，认为其无法知晓相关"缴费凭证"的规范名称，仅以此"缴款凭证"描述其申请获取的政府信息内容的主张具有合理性。被告系土地行政管理部门，应知晓其收取土地使用权出让金后开具给土地使用权受让人的"凭证"的规范名称，但在未与原告确认的前提下，擅自认为原告仅要求获取名称为"缴款凭证"的相关政府信息，并仅以"缴款凭证"为关键词在其档案中心进行检索，显然检索方式失当，应为未能尽到检索义务，据此认定相关政府信息不存在的结论，属认定事实不清，证据不足。

评　析

一、政府负有信息公开检索义务

政府的信息浩如烟海，处理信息公开申请需要耗费行政资源。

因此，快速、准确找到申请人需要的信息，决定依申请公开信息的实际效果。公民、法人和其他组织向行政机关申请信息公开，需要对信息进行必要的描述。2008 年开始实施的《政府信息公开条例》第二十条对申请人如何申请公开政府信息作出了规定，即对申请人申请方式及申请书内容进行了说明，要求申请书应该包括三方面的内容：第一，申请人的姓名或名称、联系方式；第二，申请公开的政府信息的内容描述；第三，申请公开的政府信息的形式要求。2019 年修订的《政府信息公开条例》第二十九条规定：公民、法人或者其他组织申请获取政府信息的，应当向行政机关的政府信息公开工作机构提出，并采用包括信件、数据电文在内的书面形式；采用书面形式确有困难的，申请人可以口头提出，由受理该申请的政府信息公开工作机构代为填写政府信息公开申请。政府信息公开申请应当包括下列内容：（一）申请人的姓名或者名称、身份证明、联系方式；（二）申请公开的政府信息的名称、文号或者便于行政机关查询的其他特征性描述；（三）申请公开的政府信息的形式要求，包括获取信息的方式、途径。修订前后的《政府信息公开条例》都规定申请人在提交信息公开申请时，需要对信息进行必要的描述，包括名称、文号、内容或者其他特征性描述。但是政府的信息数量庞大、专业复杂，作为申请人的公民、法人和其他组织对专业的行政事务并不非常了解，如果要求申请人准确描述所希望申请公开的信息似乎强人所难。法律仅是原则性地要求申请人对申请公开的政府信息内容进行"描述"，至于需要什么形式的描述、采取什么方式的描述、描述至何种程度等，都没有作出详细规定。本案原告张良不知道或者不能确定其申请公开的政府信息的具体内容、性质、范围、名字、编号等情况，故其向被告市国土局提出的申请书中的"上海市 116 地块项目土地出让金缴款凭证"是对其申请公开的政府信息的特征描述用语，并不仅指名字即为"缴款凭证"的政府信息。上海市黄浦区人民法院指出，"申请人在提交政府信息公开申请的时候，应该尽可能详细地对政府信息的内容进行描述。但是，申请人对于申请公开的政府信息的内容描述，不能苛求其必须说出申请公开的政府信息的规范名称甚至具体的文号或者编号"，由此可认定申请人已经对申请公开的政府信息的内容进行有效的特征描述。

二、行政机关负有证明尽到合理检索义务的责任

行政机关在受理公民申请后，需要按照申请人的描述进行必要的检索，对于没有找到的信息，行政机关需要证明已经尽到合理的检索义务。法院对于合理检索的判断应当综合以下标准：第一，用以检索的数据库包含的信息资料是否全面，检索载体包含的信息数据或信息目录越多越有针对性，则检索结果就越具有合理性；第二，检索方法是否妥当，选用不同的检索关键词、采用不同的检索方法会产生不同的检索结果，行政机关选取的检索方法更有利于找寻到相关政府信息的，其检索结果更具有合理性；第三，检索人员是否尽职，若有证据证明检索工作人员尽职尽责，尽其可能检索申请人申请信息的，其检索结果更具有合理性，反之，若检索人员玩忽职守，显然使检索结果正确性和穷尽性降低。[①]根据本案详情，被告市国土局在进行信息检索过程中存在明显失误，最直观的体现即是对"缴款凭证"的表面性理解，将其作为关键词进行检索，直接导致信息不存在的搜索结果。作为上海市土地行政管理部门，市国土局具有绝对的专业性和程序化的业务流程，理应知道土地出让金的收据、票据或发票，甚至相关的文字证明都可以被统称为缴款凭证，法院

---

① 参见程琥：《〈政府信息公开条例〉的修改》，载《国家检察官学院学报》2016年第3期。

据此认定其没有尽到合理的检索义务。

三、政府信息管理的完善

信息公开申请的处理及其信息的检索，在一定程度上反映了在政府信息制作与保存当中存在的问题。从推动政府信息公开的持续良性发展角度看，只有形成完备的政府信息登记、编制、更新管理体系才能为信息公开制度提供基础性支撑。法院审理政府信息不存在案件时，最直接、有效的方法应当是对该行政机关所保存的所有相关信息的目录进行完整检索。例如，对于土地征收、拆迁补偿等相关信息公开申请，由于行政机关已经形成并保存了较为完整的卷宗材料，法院可以要求被告提供原告申请公开信息所涉及的全部卷宗目录，与原告的申请进行核对，进而判断被告作出政府信息不存在答复是否合法。[①]尤其近年来网络信息化技术在电子政务领域的深化应用，当"信息不存在"纠纷涉及比较成熟的电子政务系统应用时，基本上均能简单充分地查明信息是否存在的事实。有理由相信，电子政务和政府统一信息系统的发展，"信息不存在"争议将从根本上得到解决。

[①] 包蕾、何斐明、余韬:《政府信息公开诉讼中的信息不存在》，载《人民司法》2013 年第 7 期。

4. 高校信息公开的规则

——殷学强诉中国传媒大学信息公开案

案件索引：北京市朝阳区人民法院（2015）朝行初字第 340 号；北京市第三中级人民法院（2015）三中行终字第 1056 号

基本案情

2014 年 12 月 20 日至 2014 年 12 月 21 日，殷学强在中国传媒大学参加全国英语四级考试。2015 年 4 月 14 日，中国传媒大学以殷学强在大学英语四级考试（CET4）过程中找人替考属于考试作弊为由，对殷学强作出开除学籍的处分决定。殷学强认为该处分决定没有充分的证据支持，遂于 2015 年 4 月 20 日向中国传媒大学申请公开与此次违纪事件相关的三项重要信息，要求中国传媒大学履行信息给付法定义务，其中包括 2005—2014 年期间被告关于全国英语四、六级考试的考生违纪人员处分决定文件的复印件，该信息能够明确历年来中国传媒大学对参加全国英语四、六级的违纪考生是否均处以开除学籍这一最严重的处分决定（关于公开其他相关文件如 2014 年 12 月 20 日—21 日中国传媒大学英语四、六级考试的监考老师名单，考场违纪人员考生汇总表，考场考生入场核对单的申请及原告不服被告作出的《中国传媒大学学生处分决定书》等另案起诉，此处不再赘述）。中国传媒大学于 2015 年 4 月 27 日对殷学强作出《中国传媒大学信息公开申请告知书》（以下简称被诉告知书），内容为：考生违纪人员处分决定文件涉及他人隐私，根据《高等学校信息公开办法》第十条、《中国传媒大学信息公开工作实施办法》第十三条，不予公开。殷学强不服，诉至原审法院，请求撤销被诉告知书，责令中国传媒大学重新答复其提出的公开事项。

判决与理由

一审法院依据《最高人民法院关于审理政府信息公开行政案件若干问题的规定》第九条第一款之规定，判决如下：一、撤销被告中国传媒大学于 2015 年 4 月 27 日针对原告殷学强提出的公开 2005—2014 年期间中国传媒大学关于全国英语四、六级考试的考生违纪人员处分决定文件复印件的申请而作出的《中国传媒大学信息公开申请告知书》；二、责令被告中国传媒大学于本判决生效之日起十五个工作日内对原告殷学强的信息公开申请重新答复。

二审法院判决驳回上诉，维持原判。二审案件受理费 50 元，由上诉人中国传媒大学负担。

一审法院认为，本案的争议焦点有两个：一是被告应适用何种规范处理原告的信息公开申请，二是被告是否依法履行了信息公开的义务。

关于争议焦点一：《政府信息公开条例》第二条 ① 规定，《条例》

---

① 2019 年 5 月 15 日起修改后施行的《政府信息条例》第二条规定：政府信息是指行政机关在履行行政管理职能过程中制作或者获取的，以一定形式记录、保存的信息。

所称政府信息，是指行政机关在履行职责过程中制作或者获取的，以一定形式记录、保存的信息；第三十六条[①]规定，法律、法规授权的具有管理公共事务职能的组织公开政府信息的活动，适用本条例。以中华人民共和国主席令第四十五号公布、自1995年9月1日起施行的《中华人民共和国教育法》第二十八条第一款第（四）项规定，学校及其他教育机构行使对受教育者进行学籍管理，实施奖励或者处分的权利。根据上述规定，高等学校在对受教育者进行处分的过程中，所制作或获取的信息属于《政府信息公开条例》中所称的政府信息，其公开活动应受该条例的规范。原告向被告申请公开2005—2014年期间被告关于全国英语四、六级考试的考生违纪人员处分决定文件的复印件，该信息应属于政府信息的性质，因此对于该信息的公开活动，应该适用《政府信息公开条例》。

《政府信息公开条例》第三十七条[②]规定，教育、医疗卫生、计划生育、供水、供电、供气、供热、环保、公共交通等与人民群众利益密切相关的公共企事业单位在提供社会公共服务过程中制作、获取的信息的公开，参照本条例执行，具体办法由国务院有关主管部门或者机构制定。法院认为，上述条文所指向的信息一般意义上并不属于政府信息，而是公共企事业单位在提供社会公共服务过程中制作和获取的信息，关于该类信息的公开办法行政法规已授权国务院有关主管部门或者机构制定。《高等学校信息公开办法》第二条规定，高等学校在开展办学活动和提供社会公共服务过程中产生、制作、获取的以一定形式记录、保存的信息，应当按照有关法律法规和本办法的规定公开。在教育部公布的《高等学校信息公开事项

---

① 修改后调整为第五十四条。

② 修改后调整为第五十五条。

清单》中，规定了有关高等学校的基本信息、招生考试信息、财务、资产及收费信息、人事师资信息、教学质量信息、学生管理服务信息、学位、学科信息、对外交流与合作信息等十项信息应当予以公开。

法院认为，高等学校在信息公开活动中所涉及的信息应当包括政府信息和其他信息两种类型，前者应该受政府信息公开的法规约束，后者应该适用教育部制定的《高等学校信息公开办法》规范。故，被告主张本案应适用《高等学校信息公开办法》而不应适用《政府信息公开条例》的意见是错误的，不予采纳。同时，因《高等学校信息公开办法》中含有处理政府信息公开申请的内容，因此，被告在处理政府信息公开申请的过程中，可以适用与《政府信息公开条例》不相冲突的《高等学校信息公开办法》的有关规定。

关于争议焦点二：《政府信息公开条例》第二十二条[①]规定，申请公开的政府信息中含有不应当公开的内容，但是能够作区分处理的，行政机关应当向申请人提供可以公开的信息内容；第十四条[②]第四款规定，行政机关不得公开涉及国家秘密、商业秘密、个人隐私的政府信息。但是，经权利人同意公开或者行政机关认为不公开可能对公共利益造成重大影响的涉及商业秘密、个人隐私的政府信息，可以予以公开；第二十三条[③]规定，行政机关认为申请公开的政府信息涉及商业秘密、个人隐私，公开后可能损害第三方合法权益的，

---

① 修改后的《政府信息公开条例》调整为第三十六条。

② 修改后的《政府信息公开条例》调整为第十四条、十五条。第十四条：依法确定为国家秘密的政府信息，法律、行政法规禁止公开的政府信息，以及公开后可能危及国家安全、公共安全、经济安全、社会稳定的政府信息，不予公开。第十五条：涉及商业秘密、个人隐私等公开会对第三方合法权益造成损害的政府信息，行政机关不得公开。但是，第三方同意公开或者行政机关认为不公开对公共利益造成重大影响的，予以公开。

③ 修改后的《政府信息公开条例》调整为第三十二条。

应当书面征求第三方的意见；第三方不同意公开的，不得公开。但是，行政机关认为不公开可能对公共利益造成重大影响的，应当予以公开，并将决定公开的政府信息内容和理由书面通知第三方。《高等学校信息公开办法》第十条第一款第（三）项规定，高等学校对涉及个人隐私的信息不予公开；第二款中规定，其中第（三）项所列的信息，经权利人同意公开或者高校认为不公开可能对公共利益造成重大影响的，可以予以公开。根据上述法规并参照上述规章，行政主体接到申请人信息公开申请后，在判断涉案信息是否应当向申请人公开的过程中，应当首先对涉案信息能否进行区分进行判断，如果该信息能够被区分，则行政主体应当提供可以公开的信息内容。本案中，根据原告的当庭陈述，其所申请公开 2005—2014 年期间被告关于全国英语四、六级考试的考生违纪人员处分决定文件的复印件，其只想获得被告作出处分决定所认定的事实、依据的根据和处分结果的信息，并不想获得违纪考生的个人信息。但本案中，被告并未提供证据证明其对上述信息是否能予以区分进行了判断。同时，被告也未提供证据证明其履行了征求第三方意见的程序。综上，被告作出的被诉告知书主要证据不足、违反法定程序，应予撤销。撤销后，被告应对原告提出的信息公开申请重新予以处理。原告的诉讼请求成立，予以支持。

上诉人中国传媒大学不服，提起上诉称：一、原审法院认定事实有误，殷学强申请的信息无法区分隐私和非隐私部分，所以上诉人向被上诉人作出不予公开的决定。首先，被上诉人提交信息公开申请表时填写了"了解传媒大学以往违纪人员处分情况"，而违纪人员处分情况中当然包含违纪人员的身份信息，没有证据证明被上诉人当时告知了上诉人其"只想获得被告作出的处分决定所认定的事实、依据的根据和处分的结果信息，并不想获得违纪考生的个人信息",就被上诉人填写的理由理解,不能排除其存在收集违纪考生的个人信息、联系违纪考生的意图,也不能排除其最终目的是想获得隐私信息。其次,被上诉人申请公开的信息无法区分隐私和非隐私部分。违纪人员处分情况,包含违纪人员的个人身份,也包含违纪的事实、处分结果等信息。作为仅在具体某一个学校这样极小范围内的特定考试(大学英语四、六级考试)的处分决定,即使遮蔽违纪人员的个人信息,也极有可能从事实及结果中推测获知违纪人员的个人隐私,也是他们不愿公开透露的信息。所以,被上诉人申请公开的信息无法区分隐私和非隐私部分。再次,违纪人员的处分情况,包括处分决定所认定的事实、依据的根据和处分的结果等信息,对于该违纪人员来说就属于个人隐私。根据《普通高等学校学生管理规定》第六十六条"对学生的奖励、处分材料,学校应当真实完整地归入学校文书档案和本人档案"的规定,对学生的处分材料会归入学生本人档案,个人档案当然属于个人隐私。因此,上诉人接到被上诉人申请后,对申请内容进行了判断,认为其申请的内容涉及违纪人员的个人隐私,所以才作出不予公开的决定。二、原审法院认为上诉人未提供证据证明其履行了征求第三方意见的程序,上诉人认为征求第三方意见的程序目前已无实际履行的可能。2005年至2014年十年间的违纪人员联系方式,上诉人虽然能查询到当时违纪人员留有的联系方式,但已经无法实际联系上这些人,所以征求这十年间的违纪人员意见的程序已经无法实际操作。三、上诉人认为被上诉人申请公开的信息,与上诉人因被上诉人考试作弊被处以开除学籍之间不具有关联性。因为每位违纪考生的违纪情况不同,适用的处分依据不同,处分结果会有不同,每位考生违纪后的悔过情节也不同,都会影响最终的处分结果。因此,被上诉人申请的信息与其最终想要达到的目的之间无关联性。综上,原审法院认定事实有误，请求二审法院撤销原审判决，驳回被上诉人的全部诉讼请求。

殷学强同意原审判决，请求法院予以维持。另外二审法院对原审法院经审理查明的事实予以确认，且认为原审法院的认证意见正确，予以确认。

二审法院认为，《政府信息公开条例》第二十二条[①]规定，申请公开的政府信息中含有不应当公开的内容，但是能够作区分处理的，行政机关应当向申请人提供可以公开的信息内容；第十四条第四款规定，行政机关不得公开涉及国家秘密、商业秘密、个人隐私的政府信息。但是，经权利人同意公开或者行政机关认为不公开可能对公共利益造成重大影响的涉及商业秘密、个人隐私的政府信息，可以予以公开；第二十三条[②]规定，行政机关认为申请公开的政府信息涉及商业秘密、个人隐私，公开后可能损害第三方合法权益的，应当书面征求第三方的意见；第三方不同意公开的，不得公开。但是，行政机关认为不公开可能对公共利益造成重大影响的，应当予以公开，并将决定公开的政府信息内容和理由书面通知第三方。《高等学校信息公开办法》第十条第一款第（三）项规定，高等学校对涉及个人隐私的信息不予公开。该条第二款规定，其中第（三）项所列的信息，经权利人同意公开或者高校认为不公开可能对公共利益造

---

① 修改后的《政府信息公开条例》调整为第三十七条。申请公开的信息中含有不应当公开或者不属于政府信息的内容，但是能够作区分处理的，行政机关应当向申请人提供可以公开的政府信息内容，并对不予公开的内容说明理由。

② 修改后的《政府信息公开条例》调整为第三十二条。依申请公开的政府信息公开会损害第三方合法权益的，行政机关应当书面征求第三方的意见。第三方应当自收到征求意见书之日起 15 个工作日内提出意见。第三方逾期未提出意见的，由行政机关依照本条例的规定决定是否公开。第三方不同意公开且有合理理由的，行政机关不予公开。行政机关认为不公开可能对公共利益造成重大影响的，可以决定予以公开，并将决定公开的政府信息内容和理由书面告知第三方。

成重大影响的，可以予以公开。本案中，殷学强向中国传媒大学申请公开 2005—2014 年期间中国传媒大学关于全国英语四、六级考试的考生违纪人员处分决定文件的复印件，中国传媒大学在接到上述申请后，并未对上述信息是否能予以区分进行判断，亦未就其认定的涉及隐私的信息履行征求第三方意见的程序，故原审法院认定中国传媒大学作出被诉告知书主要证据不足、违反法定程序正确。此外，关于被诉告知书适用法律问题，二审法院同意原审法院的相关认定。

评　析

一、高校信息公开的法理基础

高校信息之所以需要公开，主要基于教育的公益性、高校的自主性和教育的开放性。首先，包括高等教育在内的教育是公益性事业，教育过程和结果对社会产生影响，教育产品具有公共产品的特点。高等教育既是公民提高个人智识与能力、促进自我发展的途径，也是推动社会发展，实现国家富强的前提。为了保障高等教育公益性和个人权利性的全面实施，世界各国无论教育体制如何，无论是对私立高校，还是公立高校，均确认高等教育系具有公共性质的事业。政府在不同程度上以直接投资或者财政补贴、税收优惠等形式给予扶持。高校资金来源渠道之一是公共财政投入，从国家资源和社会资源投入者的角度看，国民作为纳税人，享有公共信息的知情权。随着教育的普及，世界各国在推行大众化高等教育政策的过程中，高等学校在校人数持续增加，高等学校的管理难度也在不断上升，每个公民接受高等教育的机会增加了，但是公民高等教育权受保护的程度却存在降低的危险。在高等教育大众化的进程中，如何既为每个公民提供均等的接受高等教育的机会，又保障每个公民充分享有高等教育权，这是目前世界各国普遍面对的问题。从受教育者角度来说，充分的信息可以帮助他们更好地实现受教育权。高等学校向学生提供的国家学历教育服务属于行政性公共服务，[①]因此其制作或者获得的信息具有公共性，应当遵循公开原则。第二，信息公开有助于推动高校自主管理。落实办学自主权，实现大学自治，一直是中国高校孜孜以求的目标。但是在传统的行政管理体制下，政府和高校之间的关系始终在"一放就乱，一乱就收，一收就死"的怪圈中反复。这种反复一方面源于传统的、直接的、命令式的行政管理体制难以突破，另一方面，也与大学内部治理体制机制尚需完善有关。落实高校办学自主权和构建现代大学制度是相辅相成、互为因果的问题。高校没有自主权，现代大学制度无从建立；而民主、公平、公开、科学的内部管理机制是实现大学自治的前提。高校信息公开有利于厘清政校关系，强化政府法律监督，保障师生和社会公众的知情权和监督权，激发其参与权和表达权，优化大学内部治理结构，降低行政成本，提高学校运行效能，是推动高等教育改革的重要制度。第三，高校信息公开是社会参与高等教育的需要。随着高等教育经费由单一政府投入转变为社会多渠道筹措。扩大社会参与和监督，成为各级政府和各个社会阶层的共同要求。阳光是最好的防腐剂，高校信息公开对于防治教育腐败具有重要作用。

二、高校信息公开的法律适用

（一）高校信息的复杂性

高校信息与政府信息之间的共性和差异同时存在。共性在于

---

① 王敬波：《高等教育领域里的行政法问题研究》，中国法制出版社 2007 年版，第 11 页。

高校从事的教育事业和政府行为同样具有公共属性，高校招生、学籍管理、学位授予等都带有公共资源配置的特点，其行为具有行政性特点。政府信息和高校信息的属性和范围并不完全相同。从"政府无私事"的意义上来说，政府信息都是公共信息，政府信息是公共产品，其信息的所有者是全民，虽然并不意味着这些信息都应当向社会公开。与政府信息相比，公共企事业单位的信息并不都是公共信息，只有当公共企事业单位履行与公共服务职能相关的事务时，制作或者获取的信息才是公共信息，其他的都是非公共信息。高校具有培养人才、科学研究、服务社会等多种功能，所以高校信息比政府信息复杂得多。高校为培养人才所行使的国家教育权性质上属于公共权力，因公共权力产生的信息本应是公共信息，但是考试试卷、论文等同时又是学生的作品，属于个人所有。大学进行科研的资金中既有国家提供的供高校从事科学研究，也有企业、社会组织委托高校从事科学研究提供的，前者资金源于纳税人，公益性高，需要公开。社会组织提供资金给大学进行科学研究时，是否公开，关涉到公共利益、学校利益、研究者利益以及委托人利益之间的权衡。高校还可以运用知识产权、科研成果、人力资源等参与市场经营，成为市场主体，高校参与市场经营时产生的信息具有商业信息的特征。高校的信息既包括学校规划、课程设置、考试规则、学科发展、科研项目、财政预决算、校园服务等学校制作的教学、科研和管理信息，也有教师、学生、家长提供给学校的信息。同一主体基于不同的身份可能产生不同性质的信息。

（二）高校信息公开的立法模式

由于各国教育管理体制各异，大学在不同国家具有不同的法律地位，信息公开的法律体系也各有不同。考察美国、英国、日本、德国、法国、我国大陆和台湾地区关于高校信息公开的法律依据，大致存在四种立法模式：第一种，政府信息公开和高校信息公开适用不同的法律制度。例如，日本高校属于独立行政法人，日本针对行政机关和独立行政法人制定《行政机关信息公开法》和《独立行政法人信息公开法》，两者适用对象不同，但是在法律结构、立法原则、体例内容、信息的定义、申请人的资格、公开范围与除外事项等方面都具有高度相似性。大学信息公开直接的法律依据是《独立行政法人信息公开法》，规定了法人文件、公开申请权、法人文件的公开义务、授予第三人提出意见书的机会以及不服决定的异议申请等内容。第二种，高校直接适用政府信息公开的法律，以英国为代表，英国高校信息公开的法律依据包括两部分，英格兰、威尔士、北爱尔兰地区适用的是 2005 年实施的《信息自由法》，该法的适用范围上包括学校和其他教育机构。苏格兰地区适用的《苏格兰信息自由法》规定大学为公众提供所拥有的信息。第三种，以美国为代表的混合模式，美国绝大多数大学受州法管辖，州法通过信息自由法（Freedom Information Act）、公共记录法（Public Records Act）、公开会议法（Open Public Meeting Act）构建了公立高校信息公开的法律体系。例如，美国伊利诺伊州、密歇根州都将大学视为公共机构，适用该州的信息自由法。有的州没有信息公开法或者不适用于大学，但是 50 个州都制定《公共记录法》或者《公开会议法》，它们根据联邦信息自由法的基本原则而制定，虽然在对大学和大学有关记录的适用范围上千差万别，但总体而言，由州资助的大学一般被认为是这些公共记录法意义上的公共机构。第四种，以法国和德国为例，没有全面、系统的关于大学信息公开的立法，只在信息公开法或者高等教育法中有关于大学信息公开原则规定或者特别解释。

（三）我国高校信息公开的法律适用

我国高校信息公开经历三个发展阶段，第一阶段是 2008 年《政府信息公开条例》实施之前，高校校务公开开始初步探索。1999 年 3 月，中国教育工会全国委员会发布《全国教育工会关于推进校务公开工作的意见》。同年 12 月，教育部发布《关于加强教育法制建设的意见》进一步明确提出："建立校务公开制度，明确学校重大事务和涉及教职工切身利益事项的议事、决策与监督程序，发挥教职工代表大会在学校民主管理和监督中的重要作用。"教育部、中华全国总工会于 2002 年 2 月 6 日发布的《关于全面推进校务公开工作的意见》直接推动了校务公开制度的全面建立。校务公开和厂务公开①缘起于以教职工代表大会为主体的内部民主监督的需要，这也是为什么校务公开的文件是由工会参与发布的原因。校务公开的立足点是办事公开、结果公开和内部公开。2005 年 3 月，教育部发布《关于高等学校招生工作实施阳光工程的通知》，专门就高校招生信息公开进行规范，标志着从强调校内公开向社会公开的一个重要转变。

第二阶段是 2008 年至 2019 年参照《政府信息公开条例》全面推行高校信息公开。在 2008 年实施的《政府信息公开条例》第三十七条规定：教育、医疗卫生、计划生育、供水、供电、供气、环保、公共交通等与人民群众利益密切相关的公共企事业单位在提供社会公共服务过程中制作、获取的信息的公开，参照条例执行。《政府信息公开条例》规定"参照"，说明立法者认识到公共企事业信息和政

---

① 如中共中央纪委、国家经贸委和全国总工会于 1999 年发布《关于推行厂务公开制度的通知》《中央办公厅、国务院办公厅关于在国有企业、集体企业及其控股企业深入推行厂务公开制度的通知》中明确提出"本通知原则上适用于教育、科技、文化、卫生、体育等事业单位"。

府信息之间既有相同点也有差别，两者都是公共信息，但是公共性程度不同。教育部为落实《政府信息公开条例》的要求，2010 年发布了《高校信息公开办法》成为高校信息公开的主要依据。2010 年我国《国家中长期教育改革和发展规划纲要（2010—2020 年）》中提出"完善教育信息公开制度，保障公众对教育的知情权、参与权和监督权""完善考试招生信息发布制度，实现信息公开透明""建立民办学校办学风险防范机制和信息公开制度"等多项对高校信息公开的要求。《教育部办公厅关于深入落实高校信息公开清单做好高校信息公开年度报告工作的通知》（教办厅函〔2016〕74 号）强调，要进一步深化高校信息公开，提高教育透明度，坚持"以公开为常态、不公开为例外"的原则，深入推进招生、财务等重点领域信息公开，主动接受外部监督。尤其是招生信息公开方面，要深化录取程序、咨询及申诉渠道、重大事件违规处理结果、录取新生复查结果、考试加分考生资格公示等信息公开，特别列明强调因学校信息公开工作受到举报、复议、诉讼的情况要纳入信息公开年度报告中，可见教育行政部门也肯定了高等学校在对受教育者进行处分的过程中，所制作或获取的信息应予以公开。

第三阶段，2019 年至今高校信息公开开始相对独立于政府信息公开。2019 年修订的《政府信息公开条例》删除了原第三十七条的规定，修改为第五十五条：教育、卫生健康、供水、供电、供气、供热、环境保护、公共交通等与人民群众利益密切相关的公共企事业单位，公开在提供社会公共服务过程中制作、获取的信息，依照相关法律、法规和国务院有关主管部门或者机构的规定执行。全国政府信息公开工作主管部门根据实际需要可以制定专门的规定。新修订的《政府信息公开条例》采取了政府信息公开和企事业单位信息公开的双轨制，就是考虑到公共企事业单位和行政机关在社会属性和职能方面有着明显区别，尤其是企业通常不具有管理公共事务的职能，除非有法律的特别授权，因而对于公共企事业单位的信息公开应当遵循其实际情况和客观规律，另行制定具体实施规则。

三、个人隐私保护和利益衡量

虽然不同国家大学公开信息的范围不尽相同，但是一个共同的趋势是公开更多信息，并且在信息公开中强调用户导向，为服务学生提供更充分的信息。例如美国为便于学生了解学校状况，特别规定学校应设置学费计算器，对学生构成和毕业等信息详细公开，包括申请、录取、注册的学生总数以及从其他学校转来的学生数量，学生男女比例，来自学校所在州、其他州以及国际学生比例，不同种族背景学生比例，正常毕业、超期150%和200%毕业的学生比例，颁发学位数量，授予学位最多的学科，毕业率，学生获得资助的数量、比例、贷款信息等等。不公开的范围包括可能影响保护个人隐私、国家安全、商业秘密、职业秘密、知识产权、学校考试、犯罪调查、法律执行、第三人利益、意见的客观表达、其他法律、法规禁止公开的信息。日本和我国台湾地区对于不公开的信息进行了比较明确的排除性规定，除了国家秘密、犯罪侦查、法律执行、学校考试、学校监督检查等项目外，内部讨论信息、个人隐私、职业秘密等信息是否公开，还要根据公开的利益和不公开的利益再次进行衡量，如果公共利益更大，则公开信息。

虽然高校信息和政府信息之间存在一定的差异，但其基本逻辑还是存在共性的，即信息公开不得侵犯个人隐私、商业秘密、国家秘密。当信息公开的内容涉及他人隐私权时，可以采取三种方式处理，第一，因为信息涉及个人隐私，因此决定不公开。第二，对于个人隐私部分进行遮蔽处理，避免因公开侵害个人隐私权。对于可以公开的部分，进行公开。这种分割处理的方式可以更好地平衡信息公开和隐私保护的利益。第三，进行信息公开与否的利益衡量，在个人利益与公共利益之间进行权衡，从而作出进一步的决定，启动征求第三方意见的程序，如果第三方同意公开的，可以公开；如果第三人不同意公开的，再进行利益衡量，如果公开的公共利益更大，则选择公开信息，对于第三人因信息公开而受到的损害，应当进行合理的补偿。

行政协议诉讼

5.行政协议的判断标准

——萍乡市亚鹏房地产开发有限公司诉萍乡市国土资源局不履行行政协议案

案件索引：江西省萍乡市安源区人民法院（2014）安行初字第6号；江西省萍乡市中级人民法院（2014）萍行终字第10号

基本案情

2004年1月13日，萍乡市土地收购储备中心受萍乡市肉类联合加工厂委托，经被告萍乡市国土资源局（以下简称市国土局）批准，在萍乡日报上刊登了国有土地使用权公开挂牌出让公告，定于2004年1月30日至2004年2月12日在土地交易大厅公开挂牌出让TG-0403号国有土地使用权，地块位于萍乡市安源区后埠街万公塘，土地出让面积为23173.3平方米，开发用地为商住综合用地，冷藏车间维持现状，容积率2.6，土地使用年限为50年。萍乡市亚鹏房地产开发有限公司（以下简称亚鹏公司）于2006年2月12日以投标竞拍方式并以人民币768万元取得了TG-0403号国有土地使用权，并于2006年2月21日与被告市国土局签订了《国有土地使用权出让合同》。合同约定出让宗地的用途为商住综合用地，冷藏车间维持现状。土地使用权出让金为每平方米331.42元，总额计人民币768

万元。2006 年 3 月 2 日，市国土局向亚鹏公司颁发了萍国用（2006）第 43750 号和萍国用（2006）第 43751 号两本国有土地使用证，其中萍国用（2006）第 43750 号土地证地类（用途）为工业，使用权类为出让，使用权面积为 8359 平方米，萍国字（2006）第 43751 号土地证地类为商住综合用地。对此，亚鹏公司认为约定的"冷藏车间维持现状"是维持冷藏库的使用功能，并非维持地类性质，要求将其中一证地类由"工业"更正为"商住综合"；但市国土局认为维持现状是指冷藏车间保留工业用地性质出让，且该公司也是按照冷藏车间为工业出让地缴纳的土地使用权出让金，故不同意更正土地用途。2012 年 7 月 30 日，萍乡市规划局向萍乡市土地收购储备中心作出《关于要求解释〈关于萍乡市肉类联合加工厂地块的函〉》中有关问题的复函，主要内容是：我局在 2003 年 10 月 8 日出具规划条件中已明确了该地块用地性质为商住综合用地（冷藏车间约 7300 平方米，下同）但冷藏车间维持现状。根据该地块控规，其用地性质为居住（兼容商业），但由于地块内的食品冷藏车间是目前我市唯一的农产品储备保鲜库，也是我市重要的民生工程项目，因此，暂时保留地块内约 7300 平方米冷藏库的使用功能，未经政府或相关主管部门批准不得拆除。2013 年 2 月 21 日，市国土局向亚鹏书面答复：一、根据市规划局出具的规划条件和宗地实际情况，同意贵公司申请 TG-0403 号地块中冷藏车间用地的土地用途由工业用地变更为商住用地。二、由于贵公司取得该宗地中冷藏车间用地使用权是按工业用地价格出让的，根据《中华人民共和国城市房地产管理法》之规定，贵公司申请 TG-0403 号地块中冷藏车间用地的土地用途由工业用地变更为商住用地，应补交土地出让金。补交的土地出让金可按该宗地出让时的综合用地（住宅、办公）评估价值减去的同等比例计算，即 297.656 万元 ×70%=208.36 万元。三、冷藏车间用地的土地用途调整后，其使用功能未经市政府批准不得改变。亚鹏公司于 2013 年 3 月 10 日向法院提起行政诉讼，要求判令被告将萍国用（2006）第 43750 号国有土地使用证上的地类用途由"工业"更正为商住综合用地（冷藏车间维持现状）。撤销被告"关于对市亚鹏房地产有限公司 TG-0403 号地块有关土地用途问题的答复"中第二项关于补交土地出让金 208.36 万元的决定。

判决与理由

江西省萍乡市安源区人民法院于 2014 年 4 月 23 日作出（2014）安行初字第 6 号行政判决：一、被告萍乡市国土资源局在本判决生效之日起九十天内对萍国用（2006）第 43750 号国有土地使用证上的 8359.1 平方米的土地用途应依法予以更正。二、撤销被告萍乡市国土资源局于 2013 年 2 月 21 日作出的《关于对市亚鹏房地产开发有限公司 TG-0403 号地块有关土地用途的答复》中第二项补交土地出让金 208.36 万元的决定。宣判后，萍乡市国土资源局提出上诉。江西省萍乡市中级人民法院于 2014 年 8 月 15 日作出（2014）萍行终字第 10 号行政判决：驳回上诉，维持原判。

二审法院认为：行政协议是行政机关为实现公共利益或者行政管理目标，在法定职责范围内与公民、法人或者其他组织协商订立的具有行政法上权利义务内容的协议，本案行政协议即是市国土局代表国家与亚鹏公司签订的国有土地使用权出让合同。行政协议强调诚实信用、平等自愿，一经签订，各方当事人必须严格遵守，行政机关无正当理由不得在约定之外附加另一方当事人义务或单方变更解除。本案中，TG-0403 号地块出让时对外公布的土地用途是"开发用地为商住综合用地,冷藏车间维持现状",出让合同中约定为"出让宗地的用途为商住综合用地,冷藏车间维持现状"。但市国土局与亚鹏公司就该约定的理解产生分歧,而萍乡市规划局对原萍乡市肉类联合加工厂复函确认 TG-0403 号国有土地使用权面积 23173.3 平方米(含冷藏车间)的用地性质是商住综合用地。萍乡市规划局的解释与挂牌出让公告明确的用地性质一致,且该解释是萍乡市规划局在职权范围内作出的,符合法律规定和实际情况,有助于树立诚信政府形象,并无重大明显的违法情形,具有法律效力,并对市国土局关于土地使用性质的判断产生约束力。因此,对市国土局提出的冷藏车间占地为工业用地的主张不予支持。亚鹏公司要求市国土局对"萍国用(2006)第 43750 号"土地证(土地使用权面积 8359.1 平方米)地类更正为商住综合用地,具有正当理由,市国土局应予以更正。亚鹏公司作为土地受让方按约支付了全部价款,市国土局要求亚鹏公司如若变更土地用途则应补交土地出让金,缺乏事实依据和法律依据,且有违诚实信用原则。

<hr />

评　析

一、行政协议的界定

《行政诉讼法》第十二条第一款第(十一)项将有关行政协议的行政争议纳入了行政诉讼受案范围。根据法律规定,行政机关不依法履行、未按照约定履行或者违法变更、解除政府特许经营协议、土地房屋征收补偿协议等协议的,公民、法人或者其他组织都可以提起行政诉讼。法律采取列举的方式对行政协议进行规定,但是又有个"等"字,使得理论上和实践中对可以作为行政案件审理的协议的范围和类型产生争议。[①] 本案中的国有土地使用权出让合同就是一例。为实现公共利益或者行政管理目标，行政机关采取与公民、法人和其他组织签订协议的方式履行职能，故行政协议具有"行政性"与"协议性"双重特征，行政协议在形式上体现为一种合同、协议。行政协议的当事人对于是否订立行政协议、行政协议的内容等有一定的选择权，当事人可就协议有关事项进行协商。行政协议是行政机关为实现公共利益或者行政管理目标，在法定职责范围内与公民、法人或者其他组织协商订立的具有行政法上权利义务内容的协议，行政法上的权利义务是其不同于一般的民事合同的关键，其行政性特征主要表现为三个方面：第一，缔约的一方为行政机关；第二，行政协议的目的是为了实现公共利益；第三，行政机关享有协议履行的指挥权、单方解除权、制裁权等行政优益权。行政机关通过国有土地出让合同，实现国有土地利用的效益最大化，符合公共利益。土地管理部门出让国有土地使用权之前的拍卖行为、提前收回土地使用权处理决定、处罚决定、与竞得人签署成交确认书等行为，均是行政机关单方履行行政职权而实施的行政行为。而在民事合同中一般不承认一方当事人有单方解除合同的权利，承揽合同除外。本案中，萍乡市国土局代表国家与亚鹏公司签订的国有土地使用权出让合同，合同当事人为作为国有土地使用权出让方的萍乡市国土局和作为受让方的亚鹏公司，具备行政协议的一般特征。2019 年 11 月 12 日最高人民法院审判委员会第 1781 次会议通过，自 2020 年 1 月 1 日起施行的《关于审理行政协议案件若干问题的规定》中对于《行政诉讼法》进行了细化。第一条规定：行政机关为了实现行政管理或者公共服务目标，与公民、法人或者其他组织协商订立的具有行政法上权利义务内容的协议，属于《行政诉讼法》

---

① 王利明：《论行政协议的范围——兼评〈关于审理行政协议案件若干问题的规定〉第 1 条、第 2 条》，载《环球法律评论》2020 年第 1 期。

第十二条第一款第（十一）项规定的行政协议。第二条规定：公民、法人或者其他组织就下列行政协议提起行政诉讼的，人民法院应当依法受理：（一）政府特许经营协议；（二）土地、房屋等征收征用补偿协议；（三）矿业权等国有自然资源使用权出让协议；（四）政府投资的保障性住房的租赁、买卖等协议；（五）符合本规定第一条规定的政府与社会资本合作协议；（六）其他行政协议。第三条规定因行政机关订立的下列协议提起诉讼的，不属于人民法院行政诉讼的受案范围：（一）行政机关之间因公务协助等事由而订立的协议；（二）行政机关与其工作人员订立的劳动人事协议。虽然最高人民法院在司法解释中并没有明确列举国有土地使用权出让合同，但是列举了类似的矿业权等国有自然资源使用权出让协议，事实上为将国有土地使用权出让合同纳入行政协议提供了空间。

二、行政协议条款的解释权

本案中，亚鹏公司与市国土局签订的《国有土地使用权出让合同》约定：出让宗地的用途为商住综合用地，冷藏车间维持现状。但是，"维持现状"到底是指"维持原工业用地使用性质不变，还是维持地上建筑物及其原有使用功能不变"，双方存有分歧，土地管理部门认为是"冷藏车间的用地性质保持不变"，而亚鹏公司却认为是"保持冷藏车间的功能不变"，这成了本案一个焦点。行政协议双方当事人对合同条款产生不同理解，第三方行政机关在职权范围内进行解释，是否具有法律效力，对争议双方能否产生约束力，存在三种意见。第一种，民法学者一般认为是"以契约当事人意思为准"，对于民事合同上出现了条款规定不清或者歧义，中国社科院法学所梁慧星教授认为"解释契约时应探究缔约当事人的意思，而不拘于文字的字面意思"。[①] 清华大学崔建远教授也持基本相同观点，"解释系争合同

---

① 梁慧星：《论合同解释》，载《现代法学》1986 年第 1 期。

条款，应当探求已经表示出来的当事人的真意"。① 根据《合同法》②
第四十一条规定，"对格式条款有两种以上解释的，应当作出不利于
提供格式条款一方的解释。"土地出让合同是依据建设部的范本制定
的，由土地管理部门提供，因此，对争议条款应当解释为"保持冷
藏车间的功能不变"，对相对人才是有利的。市规划局的函件只是一
个佐证，有无皆可。第二种意见认为，市规划局的解释对市国土局
没有拘束力。因为市国土局核定的土地出让金价款之所以偏低，就
是考虑到冷藏车间为工业用地，工业用地的地价要低于商住综合用
地。第三种意见，也是本案法院的意见，认为市规划局的解释具有"权
威性和有效性"。第一，土地用途是规划部门确定的，市规划局是用
地规划设计的权威机关，其有关规划的解释符合职权法定原则。第二，
市国土局当初如何核定土地出让金，是出让方自己的事，竞买人无
从知晓。现在不能因为土地出让金收取过低而要求当事人补交。本
案中，萍乡市规划局对原萍乡市肉类联合加工厂复函确认 TG-0403
号国有土地使用权面积23173.3平方米（含冷藏车间）的用地性质
是商住综合用地。萍乡市规划局的解释与挂牌出让公告明确的用地
性质一致，且该解释是萍乡市规划局在职权范围内作出的，法院对
规划局出具的解释函进行合法性审查之后，判决该解释对协议双方
具有法律约束力，也就是认可了在行政协议中第三方可以享有解
释权。③

---

① 崔建远：《合同解释与法律解释的交织》，载《吉林大学社会科学学报》
2013年第1期。

② 本条规定现在《民法典》第四百九十八条："对格式条款的理解发生争议的，
应当按照通常理解予以解释。对格式条款有两种以上解释的，应当作出不利于提供
格式条款一方的解释。格式条款和非格式条款不一致的，应当采用非格式条款。"

③ 余凌云：《行政协议的判断标准——以"亚鹏公司案"为分析样本的展开》，
载《比较法研究》2019年第3期。

6. 行政协议的契约精神和信赖保护原则

—— 镇平县文涛摩托有限公司诉镇平国土资源局行政协议案

案件索引：河南省南阳市镇平县人民法院（2014）镇行初字第09号；河南省南阳市中级人民法院（2014）南行终字第00088号

基本案情

2001年5月23日，经河南省政府批准，镇平县人民政府允许镇平县文涛摩托销售大楼使用国有土地3.16亩，位于县城北校场路西。原告镇平县文涛摩托有限公司的前身镇平县文涛摩托销售大楼缴纳了各项费用后，被告镇平县人民政府将该宗地予以置换。2002年7月8日，河南省人民政府下发豫政土〔2002〕151号文件《河南省人民政府关于镇平县2002年度第一批城市建设用地的批复》，同意镇平县人民政府转用并征用城郊乡碾坊庄村等耕地共计3.4155公顷，作为镇平县2002年度第一批城市建设用地。2002年9月29日，镇平县建设局给原告镇平县文涛摩托有限公司颁发镇规建字〔2002〕014号建设用地规划许可证，该证载明用地位置镇平县城校场路北段东侧，用地面积3.3亩，用地项目为摩托大楼。2002年11月25日被告镇平县国土资源局与镇平县文涛摩托有限公司摩托

114

大楼签订镇土出让〔2002〕19号《国有土地使用权出让合同》，合同约定出让宗地位于镇平县城校场路北段东侧，出让面积3489平方米，用途商业用地，出让金每平方米24.4元，总额85128元，合同还约定镇平县文涛摩托有限公司摩托大楼在向镇平县国土资源局支付完全部土地使用权出让金后六十日内，依照规定申请办理土地使用权登记手续，领取国有土地使用证，取得土地使用权。合同签订后，原告缴纳了土地出让金，并缴纳了各项费用合计60余万元。随后又按规定期限建好房屋。2002年11月29日，被告镇平县国土资源局给原告镇平县文涛摩托有限公司颁发《建设用地批准书》，该证载明用地批准文号为豫政土〔2002〕151号，批准用地面积3489平方米，土地用途商业，建设性质新建。2002年12月6日，被告镇平县人民政府下发镇政土〔2002〕27号文件《关于镇平县文涛摩托有限公司建名优摩托车销售和服务基地用地请求的批复》，同意原告镇平县文涛摩托有限公司使用国有土地3489平方米。原告于2014年4月8日到镇平县行政审批服务中心被告镇平县国土资源局窗口申请办理土地登记手续，同日，被告镇平县国土资源局出具退回件通知书，不予审批理由及主要依据为：1.根据国土资源部2002年7月1日起施行的《招标拍卖挂牌出让国有土地使用权规定》第四条规定，对经营性用地没有按照拍卖、挂牌等方式出让的不予登记发证；2.该宗地所在区域的城区基准地价为商业用地土地登记二级，1998—2002年该宗地基准地价每平方米380元，而该宗地的土地出让金仅为每平方米24.4元，依据豫国土资发〔2008〕146号文件规定，协议出让价低于出让底价的，不予登记发证。原告镇平县文涛摩托有限公司不服，遂向镇平县人民法院提起行政诉讼。

一审法院判决镇平县人民政府败诉。镇平县人民政府不服该判决上诉称：被上诉人以协议出让方式所取得的该宗地使用权严重违背了《招标拍卖挂牌出让国有土地使用权规定》所规定的经营性用地必须以招标、拍卖、挂牌的方式出让。根据 2002 年度镇平县该地段的基准地价情况，该宗地价格明显低于基准地价标准，属合同约定存在瑕疵，按照豫国土资发〔2008〕146 号文件规定，对出让价低于出让底价以及不按招拍挂方式出让的，均不予登记发证。国土资源管理部门不是法定的发证机关，不是发证的主体，一审错列被告，认定国土资源管理部门是适格被告严重违背法律规定。上诉人对此不予登记是合法的，一审判决认定事实不清，程序违法，判决错误，请求二审法院依法撤销一审判决，驳回被上诉人的诉讼请求。

被上诉人镇平县文涛摩托有限公司答辩称：答辩人提交的证据均已证实答辩人的土地使用权是经人民政府批准，后经置换、批准后，签订了《国有土地出让合同》，颁发了建筑许可证书和用地批准证书，答辩人缴纳了 60 万元的费用，待去办理土地使用证，上诉人却以该土地没有挂牌出让，该宗地为二级土地，每平方米出让的基准底价为 380 元为由不予办理，认定该土地是二级土地没有充足的证据证实。答辩人的国有土地使用权在置换前，挂牌出让的规定没有出台，根据法不溯及既往的原则，该规定不能适用于该土地，政府不予办证的行为违反了禁止反言原则和诚实信用原则。答辩人没有能力自己去挂牌出让，完全听信于政府，政府没有挂牌出让，现完全怪罪于答辩人，让人难以接受。国土资源管理局是政府职能部门，是具体办证机关，且不予办证的单位就是国土资源局，镇平县国土资源局是适格的被告。一审判决正确，请求予以维持。

一审被告镇平县国土资源局庭审中称，土地登记发证是县级人民政府的职权，答辩人作为被告不适格。一审原告取得的土地使用权违背了招拍挂的相关规定。一审原告取得该地的价格明显低于标准地价，出让合同存在瑕疵，按照规定对于出让价低于出让地价，而且不按照招标、挂牌出让的，均不予登记。合同的双方是平等的民事主体，一审判决认定合同双方是领导与被领导的关系是错误的。镇平县人民政府的通知单事实清楚，合法有效，请求人民法院驳回一审原告的起诉。

判决与理由

河南省南阳市镇平县法院作为一审法院依照《行政诉讼法》第四十三条、第五十四条第（二）项（1）目、第五十四条第（三）项和《最高人民法院关于执行〈中华人民共和国行政诉讼法〉若干问题的解释》①第二十六条之规定，判决：一、撤销被告镇平县国土资源局于2014年4月8日下发的退回件通知书；二、限被告镇平县国土资源局、被告镇平县人民政府于判决生效后六十日内为原告镇平县文涛摩托有限公司办理、颁发国有土地使用证。案件受理费50元，由被告镇平县国土资源局负担。

河南省南阳市人民法院作为二审法院依照《行政诉讼法》第六十一条第（一）项之规定，判决驳回上诉，维持镇平县人民法院（2014）镇行初字第09号行政判决。

镇平县人民法院一审认为：一、原告镇平县文涛摩托有限公司申请办理国有土地使用证，被告镇平县国土资源局负有受理、审查、

---

① 根据2018年2月8日开始生效的《最高人民法院关于适用〈中华人民共和国行政诉讼法〉的解释》（法释〔2018〕1号）第163条之规定，《最高人民法院关于执行〈中华人民共和国行政诉讼法〉若干问题的解释》（法释〔2000〕8号）已被废止。

报请审批的职责，被告镇平县人民政府负有颁发国有土地使用证的职责，故本案镇平县国土资源局、镇平县人民政府是本案适格的被告；二、被告镇平县国土资源局作出的退回件通知书没有证据，《行政诉讼法》第四十三条规定："人民法院应当在立案之日起五日内，将起诉状副本发送被告。被告应当在收到起诉状副本之日起十日内向人民法院提交作出具体行政行为的有关材料，……"《最高人民法院关于执行〈中华人民共和国行政诉讼法〉若干问题的解释》第二十六条同时规定："在行政诉讼中，被告对其作出的具体行政行为承担举证责任。被告应当在收到诉状副本之日起十日内提交答辩状，并提供作出具体行政行为时的证据、依据；被告不提供或无正当理由逾期提供的，应当认定具体行政行为没有证据、依据。"本案被告镇平县人民政府及镇平县国土资源局均未向本院提交认定原告申请办理土地证的宗地系商业用地土地等级二级、1998—2002年基准出让地价每平方米380元的事实证据以及不予审批的法律依据，应当认定该退回件通知书没有证据；三、原告镇平县文涛摩托有限公司与被告镇平县国土资源局签订的《国有土地使用权出让合同》合法有效。国有土地使用权出让合同属行政合同，双方之间确立的是行政管理法律关系，所以原、被告签订《国有土地使用权出让合同》之前双方是处于领导与被领导地位，合同签订成立之后系管理与被管理关系，原告是根据被告单方确定的要约条件而在已拟好的格式合同上签字确认的，原告是不能改变要约的实质内容。虽然签订行政合同的当事人的地位不同，但合同签订后即发生法律效力，双方均应严格按照合同的约定履行各自的义务，本案中原告镇平县文涛摩托有限公司按照《国有土地使用权出让合同》的约定缴纳了土地出让金及各项税费，并根据《城乡规划法》第三十一条以及《土地管理法》第二十三条的规定，办理了《建设用地规划许可证》以及《建设用地批准书》，那么被告镇平县国土资源局应按照《国有土地使用权出让合同》第九条的约定，依法为原告镇平县文涛摩托有限公司办理土地使用权登记手续，办理《中华人民共和国国有土地使用证》。故原告镇平县文涛摩托有限公司持相关材料，依据《国有土地使用权出让合同》的约定，要求被告镇平县国土资源局，镇平县人民政府办理国有土地使用权登记符合法律规定，应予准许；四、被告镇平县国土资源局、被告镇平县人民政府不予登记发证的理由不能成立。首先行政合同的订立应遵循合法原则，也即行政机关的要约属于行政机关的职权范围，具有法律依据，而合同内容亦符合法律规定和要求，所以被告镇平县国土资源局根据职权范围与原告镇平县文涛摩托有限公司签订的《国有土地使用权合同》符合法律规定和要求；其次二被告辩称依据《招标拍卖挂牌出让国有土地使用权规定》，对原告的申请不予登记发证，但该规定第四条规定："商业、旅游、娱乐和商品住宅等各类经营性用地，必须以招标、拍卖或者挂牌方式出让……"，而对不采取招标、拍卖或者挂牌出让方式出让，仅规定对责任人员的行政处分，而无不予登记发证的相关规定，故二被告辩称不能成立；再次，二被告辩称依据豫国土资发〔2008〕146号文件规定，对出让价低于出让底价以及不按招拍挂方式出让，均不予登记发证，但结合本案实际上原告 2000 年底已取得 3.14 亩商业用途的国有土地使用权，并缴纳了部分费用后，又被二被告于 2002年 9 月份置换到新的宗地并签订了《国有土地使用权出让合同》，这些情节均发生在 2002 年以前，但二被告依据 2008 年豫国土资发〔2008〕146 号文件对原告的申请不予登记发证不符合法不溯及既往原则，该原则既包括制定机关不得制定具有溯及力的法律规范，同时也包括行政机关在执法中不得擅自将法律规范溯及适用，本案中二被告将 2008 年的规定来管理 2002 年的行为，显然违反该原则。

原告镇平县文涛摩托有限公司按照法律规定及合同约定持相关手续到二被告处申请办理国有土地使用证，但二被告却持不能归责于原告的原因不予登记发证，这既违背诚实守信的合同原则，也不符合法律规定，因此，原告请求二被告正确履行法定职责为其办理、颁发国有土地使用证的理由成立。

河南省南阳市中级人民法院认为：镇平县人民政府对颁发国有土地使用证是其法定职责，是本案适格的被告。镇平县国土资源局作为镇平县人民政府的土地管理职能部门，对颁发国有土地使用证依法享有受理、地籍调查、权属审核、报请审批的职责，也是本案适格的被告，镇平县人民政府、镇平县国土资源局称镇平县国土资源局不是适格被告的理由不能成立。一审被告没有提供作出《退回件通知书》关于该地为商业用地登记二级及宗地基准地价的证据依据，一审法院撤销被诉的《退回件通知书》并无不妥。同时被上诉人取得和使用该宗地时间在前，豫国土资发〔2008〕146号文件规定施行在后，根据法不溯及既往的原则，一审被告以此文件规定来约束之前的行为，于法无据。2001年5月23日，镇政土〔2001〕5号《批复》被上诉人使用的土地位于城北校场路西，期间，被上诉人缴纳有相关费用，当时国土资源部《招标拍卖挂牌出让国有土地使用权规定》尚未公布施行。现被上诉人使用的土地是从原批准使用的土地置换而来，是否要经过招拍挂，以及没有经过招拍挂就应该不予办理土地登记，国土资源部《招标拍卖挂牌出让国有土地使用权规定》对此并无规定。同时，镇平县国土资源局与被上诉人签订了《国有土地使用权出让合同》，并经镇政土〔2002〕27号《批复》用地许可，按照信赖利益保护原则，行政机关的行政行为一经作出，应该保持稳定性，让人信赖，非经正当程序不得随意撤销或变更。且事实上被上诉人已在该土地上建起楼房，对该土地进行实际利用，上诉人称该土地应经过招拍挂程序，已不符合实际。因此，上诉人称该土地没有经过招拍挂不应办理国有土地使用证的理由不足，终审法院不予采信。一审判决认为双方签订《国有土地使用权出让合同》之前是处于领导与被领导地位，此表述不当。

评　析

一、信赖保护原则的确立

信赖保护原则是基于维护法律秩序的安定性和保护社会成员正当利益考虑，当社会成员对行政过程中的某些因素的不变性形成合理信赖，并且这种信赖值得保护时，行政主体不得变动上述因素；或者变动上述因素后，必须补偿社会成员因信赖而遭受的损失。行政法上的信赖保护原则是在"二战"后的联邦德国发展起来的。最早涉及信赖保护的关键性案例是联邦德国1956年的"抚恤年金案"，在该案中联邦德国柏林民政局长向一居住在民主德国的寡妇说明，只要其迁入联邦德国，就可以得到一定的抚恤年金。该寡妇照做，可最后却没有得到相应的抚恤年金。该寡妇不服提起诉讼，联邦高等行政法院作出判决，支持了该妇人的诉讼主张，确立了信赖保护原则。信赖保护原则已经在部分国家和地区被确立为公法的基本原则并规定在法律中，例如德国《行政程序法》《租税通则》《联邦建设计划法》等法律中，均对该原则加以明文规定。德国《行政程序法》第四十八条至五十条对具体行政行为撤销和废止等作了明确的规定，信赖保护作为行政法上的一项重要原则在法典中得到正式确认。日本在20世纪60年代引入信赖保护原则并将其与诚信原则、禁止反言原则一起作为行政法的基本原则。韩国《行政程序法》第四条第

121

二款规定：法令的解释或行政机关的惯例，为国民普遍接受后，除对公益或第三者的正当利益有明显危害之虑以外，不得依新的解释和惯例溯及而为不利之处理。

信赖保护原则在我国的确立主要经历三个阶段，第一阶段是在行政诉讼中产生该原则的萌芽。2000 年 3 月 10 日开始实施的《关于执行〈中华人民共和国行政诉讼法〉若干问题的解释》第五十四条第（二）项规定：判决撤销的被诉具体行政行为将会给国家利益、公共利益或者他人利益造成损失的，人民法院在判决撤销的同时，可以分别采取以下方式处理：判决被告重新作出具体行政行为；责令被诉行政机关采取相应的补救措施……该司法解释通过明确撤销判决的处理措施，事实上保护了当事人的信赖利益。第二个阶段是在单行行政行为法中规定信赖保护，2004 年实施的《行政许可法》首次引入信赖保护原则，其中第八条：公民、法人或者其他组织依法取得的行政许可受法律保护，行政机关不得擅自改变已经生效的行政许可。行政许可所依据的法律、法规、规章修改或者废止，或者准予行政许可所依据的客观情况发生重大变化的，为了公共利益的需要，行政机关可以依法变更或者撤回已经生效的行政许可。由此给公民、法人或者其他组织造成财产损失的，行政机关应当依法给予补偿。第三个阶段是作为行政行为的基本原则进入政府的政策。2004 年 3 月 22 日国务院发布的《全面推进依法行政实施纲要》，将政府的诚信原则从行政许可推广到了全部行政领域，要求"行政机关公布的信息应当全面、准确、真实，非因法定事由并经法定程序，行政机关不得撤销、变更已经生效的行政决定；因国家利益、公共利益或者其他法定事由需要撤回或者变更行政决定的，应当依照法定权限和程序进行，并对行政管理相对人因此而受到的财产损失依法予以补偿"。一些地方政府规章中也规定了信赖保护原则，例如《湖南省行政程序规定》:"非因法定事由并经法定程序,行政机关不得撤销、变更已生效的行政决定;因国家利益、公共利益或者其他法定事由必须撤销或者变更的,应当依照法定权限和程序进行,并对公民、法人或者其他组织遭受的财产损失依法予以补偿。"

二、信赖保护原则的适用

现代行政法注重对相对人信赖利益的保护,但不意味着这种保护是无条件的,无条件的信赖保护会导致社会公共利益或他人的合法权益遭到损害。通常认为,信赖保护原则的适用需要具备以下要件:第一,要有信赖基础,作为公权力代表的行政机关作出授益性的行为、承诺或规则。第二,行政相对人基于对行政机关及其行为的善意信赖而对自己的生活作出一定的安排。第三,信赖保护原则所保护的应是正当的信赖,即是指行政相对人对行政行为或一定的法律状态深信不疑,且对于信赖基础的成立是基于善意,并无过失可言。如果行政行为的违法归责于受益人,则不能适用信赖保护原则,有以下事由的信赖利益不予保护:(1)相对人以欺诈、胁迫、贿赂等手段,使行政主体作出行政行为的;(2)相对人对重要事项进行不正确或不完整陈述的;(3)相对人明知行政行为违法或者因重大过失而不知的;(4)其他信赖基础明显错误的情形。

信赖保护原则主要涉及具体行政行为,但也会关联到抽象行政行为。即对于公民因行政立法以及行政机关制定的规范性文件所产生的正当信赖利益,也应当给予保护。

法不溯及既往原则系指法律文件的规定仅适用于法律文件生效以后的事件和行为,对于法律文件生效以前的事件和行为不适用。[1]

---

[1] 曹康泰主编:《中华人民共和国立法法释义》,中国法制出版社2000年版,第203页。

法不溯及既往意味着行政主体不能用当前制定的法律规范约束其生效前人们的行为，不能用当前的法律规范处罚人们过去从事的当时是合法而当前是违法的行为，以限制国家权力的扩张与滥用，维护社会秩序的稳定性，保护公民和组织对法律的合理期待。法不溯及既往是现代法治社会的基本要求。我国《立法法》第九十三条规定："法律、行政法规、地方性法规、自治条例和单行条例、规章不溯及既往，但为了更好地保护公民、法人和其他组织的权利和利益而作的特别规定除外。"可见，我国立法上明确要求法不溯及既往，只是在特殊情况下法才具有溯及既往的效力。行政规范性文件也应遵守法不溯及既往原则。

本案中是基于行政协议产生的争议。原告于2000年底取得3.14亩商业用途的国有土地使用权，并缴纳了部分费用后，又于2002年9月置换到新的宗地并签订了《国有土地使用权出让合同》，这些均发生在2002年以前，当时国土资源部《招标拍卖挂牌出让国有土地使用权规定》并没有实施。镇平县文涛摩托有限公司基于对行政协议的信赖，已经在涉案土地上建起楼房，形成正当利益，即使存在违法问题，也不应归责于行政相对人。镇平县人民政府、镇平县国土资源局不予登记发证的行为，既违背诚实守信的合同原则，也违背公法上的信赖保护原则。

三、信赖保护原则的制度化

信赖保护原则的确立推动了我国诚信政府的建设。诚信政府就是对信赖保护原则的落实和发展。在中共中央、国务院发布的《法治政府建设实施纲要（2015—2020年）》中将法治政府建设的目标确立为"职能科学、权责法定、执法严明、公开公正、廉洁高效、守法诚信"。为了加快诚信政府建设，避免因政府"朝令夕改"损害社会公众的合法利益，2016年12月30日，国务院发布《关于加强政务诚信建设的指导意见》（国发〔2016〕76号）提出：加强政务诚信建设，是深化简政放权、放管结合、优化服务改革和加快转变政府职能、提高政府效能的必然要求，是社会信用体系建设的重要组成部分。虽然信赖保护原则已经成为我国行政法的基本原则，但是该原则的具体应用仍然存在困难。因此，学界建议加快制定《行政程序法》并明确规定信赖保护原则，以防止行政主体随意变动行政行为，同时在调查、取证、听证等行政程序的各个环节充分体现该原则的意旨，并进一步明确有关信赖利益的补偿程序、补偿范围与标准。

7. 行政协议的被告确定与协议的相对性原则

——陈前生、张荣平诉安徽省金寨县人民政府房屋征收补偿协议案

案件索引：安徽省六安市中级人民法院（2015）六行初字第00121 号；安徽省高级人民法院（2016）皖行终233 号；最高人民法院（2016）最高法行申 2719 号

基本案情

2014 年 6 月，金寨县人民政府为实施该县 2014 年重点民生工程江店棚户区改造项目，对该项目规划范围内国有土地上的房屋予以征收。2014 年 7 月 23 日，原告陈前生、张荣平与金寨县人民政府确定的负责房屋征收补偿相关具体工作的金寨县国有土地房屋征收补偿办公室签订房屋征收补偿协议。2015 年 10 月，两原告以金寨县人民政府为被告提起行政诉讼，要求撤销房屋征收补偿协议，并要求被告补偿或恢复原告的房产，承担给原告造成的经济、名誉和精神损失。

判决与理由

一审法院安徽省六安市中级人民法院依照《最高人民法院关于适用〈中华人民共和国行政诉讼法〉若干问题的解释》第三条第一款第（三）项之规定，裁定驳回陈前生、张荣平的起诉。

二审法院安徽省高级人民法院据此作出（2016）皖行终 233 号行政裁定，驳回上诉，维持一审裁定。

再审法院最高人民法院依照《行政诉讼法》第一百零一条、《民事诉讼法》第二百零四条第一款之规定，裁定驳回再审申请人陈前生、张荣平的再审申请。

本案的争议焦点是案件的被告如何确定。金寨县国有土地房屋征收补偿办公室和金寨县人民政府，哪个作为本案适格被告。原告所强调的是，依照《国有土地上房屋征收与补偿条例》第四条第一款的规定，"市、县级人民政府负责本行政区域的房屋征收与补偿工作"，这无疑已确定金寨县政府的征收补偿主体资格，签订房屋征收补偿协议只是一种具体落实。因此，其以金寨县政府为被告提起诉讼，完全符合条例的原意。一审、二审和再审法院均认为，本案系针对原告与金寨县征补办签订的房屋征收补偿协议提起诉讼，请求人民法院判决撤销该协议，并判决被告予以补偿、赔偿。因此本案属于行政协议之诉。本案《国有土地上房屋征收与补偿条例》第四条第二款规定：市、县级人民政府确定的房屋征收部门组织实施本行政区域的房屋征收与补偿工作。第二十五条第一款规定：房屋征收部门与被征收人依照本条例的规定，就补偿方式、补偿金额和支付期限、用于产权调换房屋的地点和面积、搬迁费、临时安置费或者周转用房、停产停业损失、搬迁期限、过渡方式和过渡期限等事项，订立补偿协议。金寨县国有土地房屋征收办公室是金寨县人民政府确定的组织实施房屋征收补偿工作的房屋征收部门，与原告陈前生、张荣平签订房屋征收补偿协议，订立协议的主体合法。原告诉请撤销该协议，依据合同相对性原则，应当以订立协议的房屋征收部门为被告，故原告将金寨县人民政府作为被告系主体错误。在一审法院明确告知后原告拒绝变更，属于"错列被告且拒绝变更的"情形，故法院裁定驳回起诉并无不当。

评　析

一、确定行政诉讼被告的理论基础

行政诉讼的被告，是指被原告起诉侵犯其合法，而由人民法院通知应诉的具有国家行政职权的机关或者组织。《行政诉讼法》第二十六条第一款"公民、法人或者其他组织直接向人民法院提起诉讼的，作出行政行为的行政机关是被告"。我国行政诉讼被告资格的确定建立在行政行为和行政主体的双重标准之上。行政诉讼被告与行政行为有关，做出行政行为的机关是被告，这里的行政行为既包括作出了某项行政行为，也包括应当作为而未作为，即不作为。行为要件是确定行政诉讼被告首要的、最一般的因素。"谁行为，谁被告"，即行政行为的作出者是谁，谁就是行政诉讼的被告，但是这一原则还受到行政主体理论的影响。行政诉讼被告资格和行政主体理论关系密切，通常将行政主体资格作为认定行政诉讼被告的条件，即"谁主体，谁被告"，也就是说，并非全部作出行政行为的机关都具有被告资格。行政行为的主体不具有行政主体资格的情形下，应当由对该行政行为承担法律责任的行政主体作为被告。在我国，行政主体是指依法享有行政职权，独立对外进行管理的组织。作为行政主体，究竟应当具备哪些资格要件，法律没有明文规定。通说认为，行政主体的资格要件有组织要件和法律要件两类。由于行政机关和法律法规授权组织的设立依据和目的不同，因而其组织要件也不同。行政机关作为行政主体的组织要件包括以下内容：行政机关的设立有法律依据，属于国务院行政机构序列；行政机关的成立经有权机关批准；行政机关已被正式对外公告其成立；行政机关已有法定编制和人员；行政机关已有独立的行政经费预算；行政机关已具备必要的办公条件。法律法规授权组织或其他社会组织作为行政主体应具备法人资格。行政主体的法律要件是作为行政主体在法律上所具备的资格条件。行政主体的法律要件有三项，即依法享有行政职权、以自己的名义实施行政行为和独立承担法律后果。

二、我国行政诉讼被告的发展及改进

我国行政诉讼被告范围有一个扩展的过程。2014年修改前的《行政诉讼法》第二十五条第四款明确指出由法律、法规授权的组织所作的具体行政行为，该组织是被告，也就是在《行政诉讼法》颁布之初，是没有将规章授权的组织纳入被告范围的。然而，这一规定完全无法满足实践中的需求，大量事实上行使行政职能的内设机构或其他组织，是由规章予以授权，而非法律或行政法规。因此，《最高人民法院关于执行〈中华人民共和国行政诉讼法〉若干问题的解释》第二十条将行政诉讼被告的范围扩大为行政机关和法律、法规、规章授权的组织，实际上已经承认了由规章授权的行政机关内设机构、派出机构或者其他组织的被告资格。2014年新修正的《行政诉讼法》第二条第二款规定："前款所称行政行为，包括法律、法规、规章授权的组织作出的行政行为。"该规定以立法的形式正式承认了规章授权组织的被告资格。

我国行政诉讼被告资格的认定标准比较复杂，近年不断有学者提出，被告认定标准越复杂越不利于原告行使诉权以及维护自身的合法权益，应当建立相对简单的行政诉讼被告认定标准。[①]由于我国行政诉讼的被告确立了行政行为和行政主体的双重标准，而且行政主体是个理论概念，在纷繁复杂的行政管理实践中，行政主体资格存在不少争议。实践中设立大量的行政性临时机构，如按照《突发事件应对法》设立的突发事件应急指挥机构，如果按照现有的法学理论，属于法律授权的机构，应当具有行政主体资格。但是，这些机构都是临时性的，是由各部门抽调人员组成的，不可能有独立的编制，突发事件结束后，即宣告解散，客观上难以作为行政诉讼的被告从而承担所谓独立的法律责任，其经费和责任基本上仍然由组建临时机构的政府承担。这就造成如下悖论：按照理论，如果有法律法规的授权，临时性机构具有行政主体资格，但是并不符合理论通说中关于行政主体具有独立经费、编制、独立的法律责任等特征。司法实践中，有的直接以组建该机构的政府作为共同被告，来解决行为名义和责任归属分离的问题。繁复的行政主体认定标准及其确定过于复杂，对于只是希望通过确定行政诉讼被告，从而启动行政诉讼的原告来说，不仅毫无意义，甚至成为阻碍其行使诉讼权利的障碍。对于行政诉讼的原告来说，确定被告更宜采取便宜原则，笔者建议将行政诉讼被告的标准确立为行政行为的单一标准，按照"谁行为谁被告"的原则确定被告，不仅更明确，而且易于操作、简单，当事人容易理解。

[①] 王青斌：《行政诉讼被告认定标准的反思与重构》，载《法商研究》2018年第5期。

三、行政协议案件确定被告的原则

根据《行政诉讼法》第十二条第一款第（十一）项的规定，认为行政机关不依法履行、未按照约定履行或者违法变更、解除政府特许经营协议、土地房屋征收补偿协议等协议的，属于行政诉讼受案范围。理论上对于行政协议和行政行为的关系存在多种观点，主要取决于对行政行为的内涵和外延的界定。通说认为行政协议和行政行为还是存在差异的，尤其在法律规范的适用上，行政行为一般适用行政法律规范，行政协议既适用行政法律规范，也适用民事法律规范。与民事合同类似，行政协议同样是一种合同，同样基于双方或者多方当事人的合意，同样具有合同当事人地位平等以及非强制性等特点。正是基于这种类似性，《最高人民法院关于适用〈中华人民共和国行政诉讼法〉若干问题的解释》第十四条才规定，在行政协议诉讼中"可以适用不违反行政法和行政诉讼法强制性规定的民事法律规范"。在民事合同法律规范中，合同相对性原则具有基础地位。该原则是指，合同主要在特定的合同当事人之间发生法律约束力，只有合同当事人一方才能基于合同向合同的相对方提出请求或者提起诉讼，而不能向合同相对方以外的其他主体主张。以协议相对方以外的其他主体为被告，违背了合同相对性原则。为了防止行政机关借助合同的相对性原则逃避法律责任，例如在实践中有的行政机关专门设立一些国有公司按照政府的指令行事，与公民、法人和其他组织签署行政协议，从而达到政府的目标。由于政府并没有出现在行政协议中，也不是行政协议的当事人，如果按照合同相对性原则，将作为"傀儡"的公司作为被告，则一方面造成对类似行政协议属性的误判，将具有非常强的行政管理目的和公法特征的协议作为民事协议对待；另一方面，造成真正应当承担协议责任的政府因为"隐身幕后"而不承担法律责任。对于类似案件，可以利用《行政诉讼法》第二十九条①规定的第三人制度，要求政府以第三人的身份进入行政协议诉讼，从而有助于案件事实的调查和法律责任的分配。

四、本案被告的确定

本案涉及国有土地房屋征收补偿协议案件被告的确定。金寨县国有土地房屋征收补偿办公室和金寨县人民政府哪个机关更适合作为案件的被告，首先需要先理顺二者在房屋征收补偿中的工作职责。《国有土地上房屋征收与补偿条例》三个条文与此相关。其中第四条规定：市、县级人民政府负责本行政区域的房屋征收与补偿工作。市、县级人民政府确定的房屋征收部门（以下称房屋征收部门）组织实施本行政区域的房屋征收与补偿工作。市、县级人民政府有关部门应当依照本条例的规定和本级人民政府规定的职责分工，互相配合，保障房屋征收与补偿工作的顺利进行。房屋征收部门与市、县级人民政府在房屋征收与补偿工作中各有分工，各负其责。第四条第一款"市、县级人民政府负责本行政区域的房屋征收与补偿工作"中所谓的"负责"，只是明确一种主体责任，并非是指该行政区域房屋征收与补偿方面的所有工作都由市、县级人民政府负责。考虑到房屋征收与补偿工作量大面广，不可能都由人民政府具体实施，所以该条第二款紧接着规定："市、县级人民政府确定的房屋征收部门组织实施本行政区域的房屋征收与补偿工作。"关于签订征收补偿协议的主体，第二十五条规定：房屋征收部门与被征收人依照本条例的规定，就补偿方式、补偿金额和支付期限、用于产权调换房屋的地点和面积、搬迁费、临时安置费或者周转用房、停产停业损失、搬

---

① 本条规定，公民、法人或者其他组织同被诉行政行为有利害关系但没有提起诉讼，或者同案件处理结果有利害关系的，可以作为第三人申请参加诉讼，或者由人民法院通知参加诉讼。

迁期限、过渡方式和过渡期限等事项，订立补偿协议。补偿协议订立后，一方当事人不履行补偿协议约定的义务的，另一方当事人可以依法提起诉讼。第二十六条规定：房屋征收部门与被征收人在征收补偿方案确定的签约期限内达不成补偿协议，或者被征收房屋所有权人不明确的，由房屋征收部门报请作出房屋征收决定的市、县级人民政府依照本条例的规定，按照征收补偿方案作出补偿决定，并在房屋征收范围内予以公告。金寨县国有土地房屋征收补偿办公室就是依据《国有土地上房屋征收与补偿条例》第二十五条与原告订立房屋征收补偿协议。由此可见，依照第二十五条的规定，与被征收人订立补偿协议就由房屋征收部门以自己的名义进行；达不成补偿协议的，则依照该条例第二十六条的规定，由房屋征收部门报请市、县级人民政府作出补偿决定。房屋征收部门虽然是由"市、县级人民政府确定"，但其职责并非由市、县级人民政府授权，也非由市、县级人民政府委托，其和市、县级人民政府一样，都是在《国有土地上房屋征收与补偿条例》的授权之下以自己的名义履行职责，因此具有行政主体资格，可以作为行政诉讼的被告。基于"谁行为谁为被告"的原则，应以金寨县国有土地房屋征收补偿办公室为被告。同样，基于合同相对性原则，金寨县国有土地房屋征收补偿办公室是房屋征收补偿协议的另一方当事人，也应当作为行政协议诉讼的被告。金寨县国有土地房屋征收补偿办公室基于行政法规的明确授权取得了行政职权，以自己的名义作为拆迁补偿协议一方当事人，具备承担法律责任的能力，是该征收补偿协议的适格被告。金寨县人民政府不是房屋征收补偿协议的签订主体，不是本案的适格被告。在行政诉讼中，原告所起诉的被告有遗漏，或者不适格时，人民法院在第一审程序中，征得原告的同意后，可以依职权追加或变更被告。应当变更或追加被告，而原告不同意变更或追加的，裁定驳回起诉。

8.行政协议的无效

——宿迁汇龙实业有限公司诉泗洪县人民政府、泗洪经济开发区管委会、泗洪县国土资源局要求履行合作协议案

案件索引：江苏省宿迁市中级人民法院（2015）宿中行初字第00104号；江苏省高级人民法院（2016）苏行终1007号

基本案情

2003年9月5日，被告江苏省宿迁市泗洪开发区管委会（甲方，原为宿迁市经济技术开发区泗洪工业园区管委会办公室）与原告汇龙公司（乙方）签订《合作协议书》，主要内容为：一、甲方同意乙方在泗洪县工业园区投资兴建五金制造彩印项目。该项目总投资贰仟贰佰万元，其中固定资产投资约壹仟贰佰万元人民币。二、该项目选址定于纬三路南侧徐宁路东侧交界处，占地40亩（以现状实际丈量土地为准）。三、甲方出让现状土地给乙方，土地使用权出让年限为50年。按照招商引资政策，投资商投资超出壹仟万元的，免缴土地出让金，甲方在两个月内向乙方提交土地使用权证。四、乙方负责对该项目全额投资，并确保协议签订后两年内全部投资到位。甲方在乙方提供相关材料情况下一周内提供进园临时施工手续，并严格履行《泗洪县招商引资优惠政策》。乙方确保在本协议签字之日

起 30 天内开工建设。五、……根据实际丈量，该地块实际为 41.2 亩。
2010 年 11 月 11 日，原告取得了泗洪县政府颁发的洪国用（2010）
第 4639 号《国有土地使用权证》，该证记载土地使用权面积为 15
亩。原告认为根据双方签订的合作协议第三条的约定，在协议签订
两个月内，三被告应向其提供 41.2 亩土地的国有土地使用权证，现
在原告仅拿到了 15 亩土地的国有土地使用权证，提起诉讼，要求
三被告按照协议约定，向其提供尚欠的 26.2 亩土地的国有土地使用
权证。

判决与理由

一审法院依照《最高人民法院关于执行〈中华人民共和国行政
诉讼法〉若干问题的解释》第六十三条第一款第（二）项、《行政诉
讼法》第六十九条的规定，判决驳回汇龙公司对泗洪县政府和泗洪
县国土资源局的起诉；驳回汇龙公司的其他诉讼请求。

二审法院依照《行政诉讼法》第八十九条第一款第（一）项的规定，
判决驳回上诉，维持原判决。

一审法院认为，《行政诉讼法》第十二条第一款规定："人民法
院受理公民、法人或者其他组织提起的下列诉讼：……（十一）认
为行政机关不依法履行、未按照约定履行或者违法变更、解除政府
特许经营协议、土地房屋征收补偿协议等协议的；……"《最高人民
法院关于适用〈中华人民共和国行政诉讼法〉若干问题的解释》第
十一条第一款规定："行政机关为实现公共利益或者其他行政管理
目标，在法定职责范围内，与公民，法人或者其他组织协商订立的
具有行政法上权利义务内容的协议，属于行政诉讼法第十二条第一

款第十一项规定的行政协议。"本案中，根据洪招委发〔2002〕3 号文件的规定，泗洪开发区管委会具有招商引资的责任，其依据洪招委发〔2002〕3 号文件的精神，与汇龙公司经协商签订《合作协议书》具有招商引资促进当地经济发展的公益目的，该协议具有行政法上权利义务内容，属于行政协议，汇龙公司作为行政协议的相对方，对行政机关不依法履行协议约定不服，有权向法院提起行政诉讼。泗洪县政府和泗洪开发区管委会辩称该案不属于行政案件受案范围的意见不符合法律规定，不予采纳。

《行政诉讼法》第二十六条第一款规定："公民、法人或者其他组织直接向人民法院提起诉讼的，作出行政行为的行政机关是被告。"本案中，汇龙公司要求泗洪县政府、泗洪开发区管委会和泗洪国土局履行《合作协议书》，但该协议系泗洪开发区管委会与汇龙公司签订的行政协议，汇龙公司起诉泗洪县政府和泗洪国土局不符合法律规定，泗洪县政府和泗洪国土局不是本案的适格被告，应当驳回汇龙公司对泗洪县政府和泗洪国土局的起诉。

《合同法》①第五十二条规定："有下列情形之一的，合同无效：……（五）违反法律、行政法规的强制性规定。"《土地管理法》第五十四条规定："建设单位使用国有土地，应当以出让等有偿使用方式取得；但是，下列建设用地，经县级以上人民政府依法批准，可以以划拨方式取得：（一）国家机关用地和军事用地；（二）城市基础设施用地和公益事业用地；（三）国家重点扶持的能源、交通、水利等基础设施用地；（四）法律、行政法规规定的其他用地。"该法第五十五条第一款规定："以出让等有偿使用方式取得国有土地使

① 本条规定被《民法典》修改为第一百五十三条："违反法律、行政法规的强制性规定的民事法律行为无效。但是，该强制性规定不导致该民事法律行为无效的除外。违背公序良俗的民事法律行为无效。"

用权的建设单位，按照国务院规定的标准和办法，缴纳土地使用权出让金等土地有偿使用费和其他费用后，方可使用土地。"本案中，汇龙公司建设用地不属于以划拨方式取得土地的情形，其因建设使用土地应以出让方式取得，并按照法律规定缴纳土地使用权出让金等费用，但根据汇龙公司与泗洪开发区管委会签订的《合作协议书》第三条约定可知，汇龙公司在泗洪县工业园区投资兴建五金制造彩印项目，如果投资超过壹仟万元，免缴土地出让金，泗洪开发区管委会在两个月内向汇龙公司提交土地使用权证。该约定违反了《土地管理法》的强制性规定，属无效条款。汇龙公司要求根据《合作协议书》第三条约定取得 26.2 亩土地的国有土地使用权证无法律依据，对其主张不予支持。综上，泗洪县政府和泗洪国土局不是本案的适格被告。汇龙公司与泗洪开发区管委会签订的《合作协议书》第三条约定违反法律规定，汇龙公司要求根据该协议第三条的约定取得国有土地使用证的理由不成立。

汇龙公司不服一审判决，向江苏省高级人民法院提起上诉。

二审法院认为，依照《行政诉讼法》及《最高人民法院关于适用〈中华人民共和国行政诉讼法〉若干问题的解释》的规定，泗洪开发区管委会基于招商引资促进当地经济发展的公益目的，与汇龙公司经协商签订《合作协议书》，具有行政法上权利义务内容，属于行政协议。上诉人汇龙公司作为该行政协议的相对一方，对行政机关不依法履行协议约定不服，有权向法院提起行政诉讼。同时，《行政诉讼法》第二十六条第一款规定："公民、法人或者其他组织直接向人民法院提起诉讼的，作出行政行为的行政机关是被告。"本案中，被上诉人泗洪县政府和泗洪国土局不是该行政协议的相对方，汇龙公司以泗洪县政府和泗洪国土局为共同被告提起本案之诉，缺乏事实根据和法律依据。

本案中，上诉人汇龙公司涉案建设用地不属于以划拨方式取得土地的情形，其因建设使用土地应当以出让方式取得，并按照法律规定缴纳土地使用权出让金等费用。上诉人汇龙公司与被上诉人泗洪开发区管委会签订的《合作协议书》中第三条约定的内容违反了《土地管理法》的强制性规定，属无效条款。故上诉人汇龙公司要求根据《合作协议书》第三条约定取得 26.2 亩土地的国有土地使用权证无法律依据，依法不予支持。

《行政诉讼法》第三条第三款规定，"被诉行政机关负责人应当出庭应诉。不能出庭的，应当委托行政机关相应的工作人员出庭。"2016年 9 月 19 日，在参加本院确定的第一次开庭审理时，被上诉人泗洪县政府机关负责人未出庭应诉，亦未依法委托行政机关工作人员出庭。就被上诉人泗洪县政府未依法办理委托手续，导致上诉人汇龙公司增加的额外开支汽油费 500 元整，应由被上诉人泗洪县政府承担。综上，一审法院认定事实清楚，审判程序合法，裁判结果并无不当。

评　析

一、无效行政协议的法律适用

由于公私法元素并存于行政协议中，从公法而言，依法行政原则衍生出"合法－违法"的概念模型，针对的是行政行为与现行法律的一致性。从私法来说，意思自治衍生出意思表示决定法律效果"有效－无效"的概念模型，当事人之间的意思表示可以决定双方之间的法律关系。行为的合法性与合同的有效性具有不同的价值导向。前者是从积极的意义上"符合法律的规定"，后者则是从消极意义上"不逾越法律对当事人意思自治的容忍"。行政行为具有确定力、拘束力、执行力，一经作出就推定其有效，除非达到法律规定的条件，才会被认定为无效。民事合同基于当事人意思自治，经过合意形成的协议当然有效，除非符合法律规定的可撤销或者无效条件。差异的价值导向和构造模式造成行政协议适用规则的冲突，与此同时，这种冲突也提供了公私法规则在行政协议的场域中得以寻找共存的可能性。我国现行法律体系中，无效行政协议的认定标准在实定法上主要有《行政诉讼法》和《民法典》，二者之间的可融通性在多个角度存在。如从协议主体而言，《民法典》第一百四十四条规定：无民事行为能力人实施的民事法律行为无效。《行政诉讼法》第七十五条：行政行为有实施主体不具有行政主体资格……，原告申请确认行政行为无效的，人民法院判决确认无效。民法中强调合同主体的行为能力与行政法上注重行政主体适格，宽泛而言，都是强调协议当事人的缔约资格和权限。可见，无论是在公法还是私法规则中，缔约主体的资格和行为能力均被作为认定协议效力的条件之一。

从合同内容看，无效合同是指合同虽然成立，但因其违反法律、行政法规的强制性规定或社会公共利益而不发生法律效力的合同。[①] 合同是双方合意的结果，对其效力的否定是对双方签订并履行合同的共同意思表示的否定。公法原则上不能直接调整民事合同的内容，只能以外设的管道对行为人的行为进行效力评价。《民法典》第一百五十三条规定的无效条款就是公法介入的具体表现，该条规定：违反法律、行政法规的强制性规定的民事法律行为无效。但是，该强制性规定不导致该民事法律行为无效的除外。违背公序良俗的民事法律行为无效。依据法律和行政法规的规定，公法规范进入合同领域，从而影响合同的效力。无论是行政行为的无效条件还是民事合同的无

---

① 参见王利明：《论无效合同的判断标准》，载《法律适用》2012年第7期。

效标准，公法规范都是判断的依据之一。《行政诉讼法》中规定重大且明显违法情形导致行政行为无效。"重大且明显违法"因其抽象和弹性的表述提供了较高程度的包容性，可以兼容《民法典》的规定。

虽然如前所述，公私法在确定协议效力时，存在共通性，但是不可否认行政协议和民事协议在性质、功能等方面存在诸多差异。与民事合同相比，行政协议的订立和履行均有公共利益考量，较之只需要平衡当事人利益的民事合同，显然需要受到更多的强制性限定条件的约束。无论是认定行政协议有效还是无效，均需要进行公共利益之间、公共利益和私人利益之间的衡量，而不同于民事合同，主要考量的是合同当事人的私法利益之间、私人利益和公共利益之间的衡量。民事合同仅在限定范围内存在违法无效的标准，行政协议隐含的公共利益因素使得公法规则介入行政协议的空间大于民事合同，导致其无效的事由多于民事合同。因此，适用民事法律无效的行政协议当然无效，但是行政协议的无效事由并不限于此。另一方面，与单方行政行为相比，"合同性"则使得行政协议相比单方行政行为具有更多的自由空间。作为行政协议一方主体的当事人因其对行政权力行使的同意而产生对欠缺法定要件的容许，进而消减了因欠缺合法要件产生无效行为的可能性。"行政合同由于其合意性，其存续力应当比单方面作出的国家行为强。其理由不在瑕疵或者瑕疵后果层面，而是在相应的处理层面；因为行政合同借助公民同意而成立，可以包含在单方法律行为，特别是行政行为方面不适法的处理内容。行政合同的法律界限和瑕疵感染性因此要小一些，这一点——反过来看——也赋予其较强的存续力。"[1] 无效行政协议的认定

---

① 〔德〕哈特穆特·毛雷尔：《行政法学总论》，高家伟译，法律出版社 2000 年版，第 379 页。

标准不是选择法律适用顺位的结果，而是在单方行政行为和民事合同无效标准之间，创立独立的行政协议无效标准。正如日本学者田中二郎所言："公法上的契约以公法效果的发生为目的，其本身具有公共性质，因而，仅从当事人利益调整的角度规定的私法规定，不能原封不动地适用，必须从保护公共利益的角度予以特别的考虑。"①

二、无效行政协议的认定标准

结合行政行为和民事合同的无效情形，可以看到从内容上否定行政协议效力主要的考量因素包括是否严重违法，是否以合法形式掩盖非法目的，是否损害国家利益、公共利益以及第三人合法权益，以及是否有悖社会公序良俗。本案中争议的焦点问题就是宿迁市泗洪开发区管委会和汇龙公司签订的《合作协议书》是否违背《土地管理法》的强制性规定。《行政诉讼法》第七十五条将出现"重大且明显违法情形"作为判定行政行为无效的标准。《民法典》则将"违反法律、行政法规的强制性规定"作为无效合同的依据。公法规则将违法的严重程度作为考量因素，而私法规则将法理规范的层级和性质作为标准。二者的法理基础和行为逻辑显然不同，行政行为的无效标准中的"违法"的"法"显然是泛义上的"法"，不同于民事法律中按照法律位阶，并不必然限于"法律和行政法规"。"重大且明显"也是一个相对不确定法律概念，并不比"强制性效力规定"更为明确。因此，较之民事合同的无效，行政行为的无效标准具有更高的包容度。在行政行为和民事合同的两个无效坐标之间，行政协议的无效应当处于哪个位置，至少应当考虑以下因素：

（一）违反的法律规范的层级是否限于法律和行政法规

根据法律位阶的不同，其对于行政协议效力的判断规则也有

---

① 杨建顺：《日本行政法通论》，中国法制出版社1998年版，第523页。

所差别。可将其分为法律、行政法规、法律、行政法规、地方性法规、行政规章、地方政府规章、规范性文件。《民法典》基于尊重意思自治原则，将无效的规范层级限于法律和行政法规，没有提及地方性法规、部门规章和地方政府规章。但是我们需要关注到行政协议的特殊性，很多特许经营等事务都是在地方性法规中规定的，而地方性法规是地方人大制定的，是体现地方特殊性和公共利益的主要立法形式，因此，将地方性法规完全排除在判断协议效力的依据之外，并不符合《立法法》逐步扩大地方立法权的发展趋势。从行政诉讼法的角度看，以法律、法规为依据，该法规亦包括地方性法规。在行政协议的效力认定中，应将地方性法规作为依据。综合来看，对于行政协议效力进行认定法律依据应当包括法律、行政法规和地方性法规。

至于部门规章和地方政府规章，需要衡平的利益主要是合同的意思自治原则和公共利益的关系，现实中比较容易出现的情况是行政机关滥用立法权，造成行政协议另一方的损失。况且，行政诉讼中对于规章也是参照，并不当然作为依据。对于规章，则需要结合其立法目的和利益衡量再行判断。在行政协议案件中，不能简单以法律规范的层级作为判断协议效力的标准，更不能以"违反行政规章的合同并不当然无效"作出协议有效的评判，而是应当具体分析法律规范的主旨、立法目的以及对其中蕴含的国家利益和社会公共利益进行衡量，如果规章所确定的事项本就属于部门事务或者地方事务，上位阶的法律、行政法规并未作出规定，那就意味着在现行的法律规范体系中，部门规章和地方政府规章是关于该事项的最高层级的法律规范，且该事项构成行政协议的重要条件，则宜将其作为效力判定的依据。

（二）法律规范的内容是否限于强制性规定

强制性规定本身就是公法进入私法的"管道"，带有公法的属性。

"可认为非以为违法行为之法律行为为无效，不能达其立法目的者，为效力规定；可以认为仅在防止法律行为事实上之行为者，为取缔规定。"[①] 相对于民事协议趋向于严格限缩强制性规定为效力性规定，行政协议对于强制性规定的范围需要更为宽泛一些。现实中所谓强制性和管理性的区分并不清晰，需要再进一步判断成文法中关于强制性规定的立法目的和效力的语言表述。有些强制性规定的立法目的，就是以违反就必然带有否定其法律效力为目标，使得行政协议无效成为达成强制性规定蕴含的立法目的所必须的手段。如果法律、行政法规明确规定的禁止性行为，条文中表述为禁止性规定，并且明确说明违反该规定，协议无效，当然违反该规定即产生无效的法律后果。例如《民用航空法》第一百三十条规定：任何旨在免除本法规定的承运人责任或者降低本法规定的赔偿责任限额的条款，均属无效；但是，此种条款的无效，不影响整个航空运输合同的效力。类似这种直接指明效力的条款在我国现行法律制度体系中极其少见，绝大部分的法律条文中表述为"不得"等禁止性规定或者"应当、必须"等义务性规定，但是并没有规定法律效力或者违反的法律后果。对于这种情况，需要具体分析禁止性或者义务性规定的立法目的，并进行必要的利益衡量，才能进行效力判断。如果违反可能导致损害国家利益和社会公共利益的后果，也应当将其纳入行政协议无效的认定之中。例如《民法典》第二百四十四条规定："国家对耕地实行特殊保护，严格限制农用地转为建设用地，控制建设用地总量。不得违反法律规定的权限和程序征收集体所有的土地。"虽然法律并没有"违反即无效"的条文表述，但是从立法目的上，禁止耕地作为买卖和征收合同的标的，在于保障关系国计民生的粮食生产的安全，

---

① 史尚宽：《民法总论》，中国政法大学出版社 2000 年版，第 330 页。

违反该规定的权限和程序签署的征收补偿协议当然无效。综合考虑法律规范层级、法律条款的内容、违反所可能产生的法律后果等因素分析，笔者试图进行如下结论，对于法律和行政法规、地方性法规中的禁止性规定，违反该规定即达成重大且明显之法律后果，因此违反即无效。对于授权性规定，则应具体区分实体性规定还是程序性规定，对于实体性规定，应将其作为效力标准，对于程序性规定，则应具体考量违反该程序可能造成的后果是否达到影响法律效力的程度，例如有些批准程序直接决定行政协议所依赖的行政行为的生效，因此该程序规定的违反就应作为效力标准。对于部门规章和地方政府规章，应区分对待。部门规章中的禁止性规定一般并不过多受制于地方利益，将其作为效力性规定。对于地方政府规章则不能一概而论，而应当区分是否属于地方专属事务，如果属于地方专属事务中的禁止性规定和义务性规定，可以作为效力认定标准。对于其他授权性规定，则不需要作为效力标准。

（三）损害国家利益、集体利益或者社会公共利益

无论是行政行为，还是民事协议，利益衡量都是效力判断的一个重要标准，需要分析法律规定的义务性规定或者禁止性规定中的立法目的，协议的签订和履行带来的国家利益、集体利益或者社会公共利益，对不同利益的性质、和协议的关联度等因素进行必要的利益衡量。最高人民法院印发《关于当前形势下审理民商事合同纠纷案件若干问题的指导意见》也提出："人民法院应当综合法律法规的意旨，权衡相互冲突的权益，诸如权益的种类、交易安全以及其所规制的对象等，综合认定强制性规定的类型。如果强制性规范规制的是合同行为本身即只要该合同行为发生即绝对地损害国家利益或者社会公共利益的，人民法院应当认定合同无效。如果强制性规定规制的是当事人的'市场准入'资格而非某种类型的合同行为，

或者规制的是某种合同的履行行为而非某类合同行为，人民法院对于此类合同效力的认定，应当慎重把握，必要时应当征求相关立法部门的意见或者请示上级人民法院。"

从合同内容上看，否认合同的效力主要基于合同的恶劣程度以及与社会公共利益之间的关联程度。支持合同成立并履行的公共利益可以分为直接的公共利益和间接的公共利益。直接的公共利益来自于行政合同订立的目的，行政合同是行政机关为了实施行政管理，为履行行政职能而签订的，合同订立的目的中隐含着公共利益。必然与公共利益相关这是行政合同与民事合同不同的地方。合同的履行本身就是实现合同内在公共利益的途径。行政合同的间接的公共利益包括政府信誉，例如招商引资合同的签订和履行关涉本地营商环境，以及投资人的信赖利益等，这些是间接的公共利益。更加间接的公共利益则是行政协议所代表的新型行政行为的发展方向，公私合作以及共同治理也是公共利益。随意破坏行政协议当事人之间的合意，损害私人与政府合作的意愿，也是对公共利益的损害。并非只要出现了损害公共利益的情况，就必然否定合同的效力。否定合同效力的公共政策以及公共利益应当是重大的和直接的，一些轻微关涉公共利益的政策不应成为否定合同效力的依据。

从本案的裁判来看，两级法院均以《土地管理法》作为依据，否定协议的效力。土地作为有限的自然资源，对其使用不仅具有一般财产的独占属性，还具有一定的社会性、公共性。出让行为通过合同这一私法方式进行，国家也从公法和私法角度对其予以限制和管理，通过履行合同实现社会公共利益。签订出让合同是行政机关代表国家行使土地所有权人的权利，在土地上设置用益物权，收取土地出让金目的在于促进国有土地的有偿使用，最大限度提高国有土地的价值，这是公共利益。招商引资可以促进当地经济发展，提高当地就业率等，也是公共利益。从公共利益的关联度看，国有土地的有偿使用的出让金直接体现土地价值，是直接的公共利益，招商引资可能带来的就业、经济繁荣等间接的公共利益，二者无法在同一层级互换，直接的公共利益更现实，也更重要。

（四）违反法定程序

行政程序是行政行为合法的必要条件。行政协议所具有的合意性虽然在一定程度上加强合同双方意思表示一致的分量，但是并不能因此消减行政协议内在的行政属性。一方面，通过法定程序，保障行政权运用过程的公正性，避免滥用权力，造成国有资产和行政资源的浪费。另一方面，避免行政机关利用自身的优势侵害到另一方当事人的权益。《行政诉讼法》没有对行政协议签订程序做出规定，但如果有法律中做出了特别规定，则应严格执行相关法律中的有关规定。从行政协议订立和履行过程中，比较多见的程序问题主要有外部程序和内部程序两类，前者如行政协议订立之初，选择协议对方当事人的程序没有经过招投标等法定程序。后者如法律规定协议的签订需要经过必要的民主议决程序，但是没有经过集体讨论等民主程序。再如，协议订立应当经过上级机关的批准，现实中没有经过上级批准。我国《招标投标法》第三条和《政府采购法》第二十六条规定，选择行政协议的对象一般通过招投标等带有竞争性的程序。没有经过招投标等公平竞争程序选择的缔约对象，存在损害国家利益和社会公共利益的可能性。通过程序的设置限制行政权力的滥用和随意行政，减少因为地位失衡给行政协议中作为公民、法人和其他组织一方地位的失衡。因此，对于未经法定的招投标程序的行政协议应认定为无效。

三、行政协议的无效与诚信政府

我国诚信体系建设中最主要、最核心的应该是政府诚信，政府诚信应当成为整个社会诚信的示范者。因为政府行为对整个社会诚信体系具有基础性、决定性、导向性作用，诚信是政府存在的根本，政府诚信是社会诚信的基础。诚实信用原则要求政府运用行政职权须以维护公共利益作为出发点和归宿；平衡公益和私益，保证行政决定的公平合理；应恪守信用，保护相对人的正当信赖，并顾及相对人合法权益的维护；行政机关应保证意思表示的真实、准确、全面；行政机关应及时行使职权，超过合理期限行使职权构成违法。在行政协议签订和履行的过程中，行政机关往往占据主导地位，也应该成为遵守法律的模范。如果因为违反法律、行政法规的强制性规定而导致协议无效，行政机关难辞其咎，但在我国现行法律体系中，对于因为政府违法而造成行政协议无效的，政府应当如何承担赔偿或者补偿责任以及标准并不清晰，需要立法予以明确。本案中造成行政协议无效的原因是违反《土地管理法》的强制性规定，协议双方对该法均应了解并认识到违反法律的后果，作为行政机关的宿迁市泗洪开发区管理委员会显然责任更大，但是法院对于双方的法律责任没有进行处理，显然是个缺憾。

9.行政协议的内容应公平适当

——韶山市韶山乡俊强采石场诉韶山市政府关闭采石场协议案

案件索引：*湖南省湘潭市中级人民法院（2015）潭中行初字第41号；湖南省高级人民法院（2016）湘行终1214号*

基本案情

原告韶山市韶山乡俊强采石场系一家个人独资企业，成立于2012年11月28日，经营范围为石灰岩地下开采，其安全生产许可证有效期为2012年9月19日至2014年12月22日，采矿许可证有效期为2012年4月12日至2017年4月12日，开采方式为洞采，生产规模为每年5.00万吨，矿区面积为0.07平方公里。

2014年4月30日，韶山市人民政府召开关于非煤矿山专项整顿工作的会议，形成《关于非煤矿山专项整顿的会议纪要》，会议明确重点整顿外环线以内的四家非煤矿山（包括原告俊强采石场在内），并决定对拟关闭的四家非煤矿山给予适当的经济补偿，补偿金额由三部分构成："1.洞采的补偿50万元，露天开采的补偿20万元；2.从签订关闭协议算起，到采矿许可证有效期止，按月计算，每月补偿2万元；3.采矿权价款退还按采矿许可证有效期剩余年限比例计算。"2014年5月4日韶山市人民政府办公室向相关单位发布《韶

148

山市人民政府办公室关于印发〈韶山市非煤矿山专项整顿行动工作方案〉的通知》，明确针对停业整顿不到位的非煤矿山，各部门依据相关法律法规提请人民政府予以关闭。俊强采石场被列为重点整治对象。2014 年 5 月 26 日，被告韶山市人民政府与原告俊强采石场签订《矿山关闭补偿协议》，协议主要内容为："为推进韶山市两型社会和区域生态文明建设，进一步保护韶山风景名胜区自然风光，韶山市人民政府决定，2014 年年底前将关闭（关停）韶山市外环线内的四家非煤矿山。……韶山市人民政府一次性补偿韶山市韶山乡俊强采石场 135 万元，协议签订后三天内付款 75 万元，余款 60 万元在矿山关闭验收后一个星期内付清，韶山市韶山乡俊强采石场在签订协议半月内封闭洞井，拆除设施设备，遣散务工人员，消除安全隐患，没有任何遗留问题。……"协议签订后，韶山市人民政府于 2014 年 6 月支付俊强采石场补偿款 75 万元，2015 年 7 月再次支付 10 万元，总计已支付俊强采石场补偿款 85 万元。2015 年 5 月，原告俊强采石场委托四川天平资产评估事务所进行资产评估，四川天平资产评估事务所于 2015 年 5 月 15 日出具《资产评估报告书》，评估结果为俊强采石场资产总计 808.86 万元，其中固定资产评估价值 312.25 万元，无形资产（采矿权）价值引用四川立诚矿业权评估咨询有限公司的评估结果 496.61 万元。2015 年 6 月，原告俊强采石场以被告韶山市人民政府的关闭行为违法，补偿协议违背本人真实意思、显失公平为由向法院提起诉讼，提出前述诉讼请求。

判决与理由

一审法院根据《行政诉讼法》第七十条第（六）项之规定，判决如下：一、撤销被告韶山市人民政府与原告韶山市韶山乡俊强采石场签订的《矿山关闭补偿协议》中的第一条，由被告韶山市人民政府在三个月之内重新作出行政行为；二、驳回原告韶山市韶山乡俊强采石场的其他诉讼请求。

二审法院认为虽然一审存在说理欠妥之处，但判决结果正确。判决驳回上诉，维持原判。

一审法院认为，本案主要的争议焦点是：

一、原、被告之间签订的《矿山关闭补偿协议》属于民事协议还是行政协议，原告的起诉是否属于人民法院行政诉讼的受案范围。《行政诉讼法》第十二条第一款规定："人民法院受理公民、法人或者其他组织提起的下列诉讼：……（十一）认为行政机关不依法履行、未按照约定履行或者违法变更、解除政府特许经营协议、土地房屋征收补偿协议等协议的；……"《最高人民法院关于适用〈中华人民共和国行政诉讼法〉若干问题的解释》第十一条规定："行政机关为实现公共利益或者行政管理目标，在法定职责范围内，与公民、法人或者其他组织协商订立的具有行政法上权利义务内容的协议，属于行政诉讼法第十二条第一款第（十一）项规定的行政协议。"被告韶山市人民政府作为政府职能部门，为了推进韶山生态文明建设、保护风景名胜区自然风光，对采矿许可尚未到期的原告俊强采石场进行关闭，并与原告俊强采石场签订矿山关闭补偿协议，是以实现公共利益和行政管理职能目标为目的，并非基于平等主体之间的协商，双方签订的《矿山关闭补偿协议》属于上述解释第（十一）项所规定的行政协议，并非民事合同，原告的起诉属于人民法院行政诉讼的受案范围。

二、原告俊强采石场的起诉是否超过了法定起诉期限，是否需以先向行政机关提出赔偿请求为前提。原、被告签订的《矿山关闭补偿协议》发生在 2014 年 5 月 26 日，新修改的《行政诉讼法》尚未实施，关于起诉期限的规定应适用修改前的相关规定。《最高人民法院关于执行〈中华人民共和国行政诉讼法〉若干问题的解释》第四十一条规定："行政机关作出具体行政行为时，未告知公民、法人或者其他组织诉权或者起诉期限的，起诉期限从公民、法人或者其他组织知道或者应当知道诉权或者起诉期限之日起计算，但从知道或者应当知道具体行政行为内容之日起最长不得超过二年。"原、被告于2014年5月26日签订《矿山关闭补偿协议》，该协议未告知诉权，原告俊强采石场对协议不服提起行政诉讼应适用二年的规定。原告俊强采石场于2015年6月29日提起诉讼，没有超过上述法定起诉期限。另外，根据《国家赔偿法》第九条第二款"赔偿请求人要求赔偿，应当先向赔偿义务机关提出，也可以在申请行政复议或者提起行政诉讼时一并提出"之规定，原告俊强采石场在针对行政行为提起诉讼的同时一并提出赔偿请求，符合上述法律规定，被告韶山市人民政府提出原告应先向赔偿义务机关提出赔偿请求、直接起诉程序不当的理由不能成立，法院不予支持。

三、被告韶山市人民政府对俊强采石场是否实施了具体的关闭行为，双方签订的《矿山关闭补偿协议》是否应认定为无效。《行政许可法》第八条规定："公民、法人或者其他组织依法取得的行政许可受法律保护，行政机关不得擅自改变已经生效的行政许可。行政许可所依据的法律、法规、规章修改或者废止，或者准予行政许可所依据的客观情况发生重大变化的，为了公共利益的需要，行政机关可以依法变更或者撤回已经生效的行政许可。由此给公民、法人或者其他组织造成财产损失的，行政机关应当依法给予补偿。"韶山市人民政府为保护风景名胜资源，对采矿许可尚处于有效期内的俊强采石场进行关闭，可视为对俊强采石场已取得的行政许可进行单方撤回。本案中，韶山市人民政府虽未针对原告俊强采石场具体下达关闭的相关法律文书，也未作出法律意义上明确的关闭行为，但其与原告俊强采石场签订的《矿山关闭补偿协议》中载明："……韶山市人民政府决定，2014年年底前将关闭（关停）韶山市外环线内的四家非煤矿山。……韶山市人民政府一次性补偿韶山市韶山乡俊强采石场135万元，……"，对俊强采石场产生了事实上的关停后果，实质上韶山市人民政府是以与原告俊强采石场签订协议的方式对采石场进行了关闭，故本案的关闭行为即是该行政协议。因为行政协议既具有的行政性，同时又具有协议性，故对行政协议效力的审查应遵从行政法律规范，同时也要依据民事法律规范。《行政诉讼法》第七十五条规定："行政行为有实施主体不具有行政主体资格或者没有依据等重大且明显违法情形，原告申请确认行政行为无效的，人民法院判决确认无效。"《合同法》第五十二条①规定："有下列情形之一的，合同无效：（一）一方以欺诈、胁迫的手段订立合同，损害国家利益；（二）恶意串通，损害国家、集体或者第三人利益；（三）以合法形式掩盖非法目的；（四）损害社会公共利益；（五）违反法律、行政法规的强制性规定。"涉案的《矿山关闭补偿协议》并不符合上述法律所规定的无效情形，同时由于政策等客观原因发生变化，原告俊强采石场事实上已无继续经营的可能性，其在关闭补偿协议上签字确认并领取部分补偿款，应视为其对以协议方式关闭采石场的行为是认可的，故对于原告俊强采石场要求确认《矿山关闭补偿协议》无效的请求，法院不予支持。

---

① 《民法典》对《合同法》第五十二条改造为三个条款，第一百四十六条规定：行为人与相对人以虚假的意思表示实施的民事法律行为无效。以虚假的意思表示隐藏的民事法律行为的效力，依照有关法律规定处理。第一百五十三条规定：违反法律、行政法规的强制性规定的民事法律行为无效。但是，该强制性规定不导致该民事法律行为无效的除外。违背公序良俗的民事法律行为无效。第一百五十四条规定：行为人与相对人恶意串通，损害他人合法权益的民事法律行为无效。

四、双方签订的行政协议内容是否公平适当。行政协议作为行政行为的一种，同时兼有民事契约的性质，故协议内容是否适当、是否公平也是本案审查的对象。具体到本案，双方签订的《矿山关闭补偿协议》中第一条是关于补偿金额的确定，第二条是关于付款方式的约定，第三、四、五条是对协议签订后相关善后工作的处理，双方除对第一条即补偿金额的确定存在争议外，对其他条款并无实质性的异议，且不违背法律规定，故对该协议第二、三、四、五条的内容应当予以确认。对于补偿金额的确定，根据《最高人民法院关于审理行政许可案件若干问题的规定》第十五条"法律、法规、规章或者规范性文件对变更或者撤回行政许可的补偿标准未作规定的，一般在实际损失范围内确定补偿数额；行政许可属于行政许可法第十二条第（二）项规定情形的，一般按照实际投入的损失确定补偿数额"之规定，韶山人民政府作为行政协议主导一方，享有更多的行政优益权，其应当参照相关规定，在考虑俊强采石场的签约能力的基础上，通过鉴定评估等方式确定实际损失或者结合俊强采石场的实际情况及当地的经济水平等因素与原告协商确定补偿金额，在协商时，有义务将全部必要信息和法律风险如实告知俊强采石场。韶山市人民政府在对原告俊强采石场进行协议关闭时，并未组织相应评估或者采取其他方式确定损失，导致俊强采石场对自身实际资产及损失缺乏明确认知。韶山市人民政府的会议纪要虽未对外公布，但双方所签协议中的补偿金额实际就是根据会议纪要确定的，韶山市人民政府并未提供该补偿金额是与原告在协商一致的基础上形成的证据，可视为韶山市人民政府对原告的补偿金额采取的是行政单方确认的行为。原告为证实该补偿存在显失公平，向法庭提供了四川天平资产评估事务所出具的《资产评估报告书》，该报告书认定俊强采石场总资产价值为808.86万元（已扣除折旧，其中固定资产

312.25 万元，无形资产 496.61 万元），被告韶山市人民政府虽对原告俊强采石场单方委托形成的《资产评估报告书》的真实性、合法性、关联性均提出异议，但并未申请重新评估，也未提供相应证据否定该评估报告书的效力，故法院有权酌情进行认定。该评估报告由具备资产评估资格的四川天平资产评估事务所出具，其中无形资产（采矿权）的价值引用四川立诚矿业评估咨询有限公司的评估结果，评估机构的主体符合法律规定。该评估报告中确定的无形资产（即采矿权）496.61 万元属于预期可得利益，不属于直接的、实际的损失，法院不予认定。固定资产 312.25 万元中，房屋建筑物类价值 285.39 万元，因房屋属于不动产，且具有专属用途，采石场关闭后无法通过其他方式保值或者折现，再无利用价值，故该部分可以作为直接损失予以认定；资产设备类 26.86 万元，因相关机器设备尚可采取变卖或者在他处继续使用等方式进行处理，原告俊强采石并未提供该部分资产因关闭行为客观上已灭失毁损的证据，故不能认定为直接、实际的损失。综上，原告俊强采石场提供的《资产评估报告书》可以认定的直接损失共计为 285.39 万元，与被告单方确定补偿金额 135 万元之间存在明显悬殊，在韶山市人民政府不能就其单方确定的补偿标准符合相关法律规定作出合理说明的情况下，其以会议纪要的方式单方确定的金额作为原告俊强采石场的补偿标准明显不当。根据《行政诉讼法》第七十条第（六）项"行政行为有下列情形之一的，人民法院判决撤销或者部分撤销，并可以判决被告重新作出行政行为：……（六）明显不当的"之规定，原被告双方签订的《矿山关闭补偿协议》中的第一条因显失公平依法应当予以撤销。韶山市人民政府提出俊强采石场不符合安全生产条件、在停业整顿过程中自动关闭，但并未提供俊强采石场经整顿后经验收仍不符合安全生产条件、自动关闭的相关证据，也未提供俊强采石场主动申请关闭的相关证据，其主张俊强采石场自动关闭的理由法院不予采信。

韶山市人民政府不服，提起上诉。

二审法院认为：根据《最高人民法院关于适用〈中华人民共和国行政诉讼法〉若干问题的解释》第十一条的规定，行政机关为实现公共利益或者行政管理目标，在法定职责范围内，可以与公民、法人或者其他组织协商订立具有行政法上权利义务内容的协议。合法有效的行政协议应该既要满足合法性要求，又要满足合约性要求。行政协议的合法性要求需要行政机关作出的行政行为应该认定事实清楚、证据确凿充分、程序合法。本案中，韶山市人民政府与俊强采石场在 2014 年 5 月 26 日签订的《矿山关闭补偿协议》第一条内容（即韶山市人民政府一次性补偿韶山市韶山乡俊强采石场 135 万元）是否合法是双方当事人的主要争执点。结合《矿山关闭补偿协议》第一条内容和当事人在一审中提交的《韶山市人民政府关于非煤矿山专项整顿的会议纪要》《非煤矿山关闭补偿金额明细表》来分析，补偿标准是按照 2014 年 4 月 30 日的《韶山市人民政府关于非煤矿山专项整顿的会议纪要》决定的补偿标准进行计算的。该《会议纪要》对补偿金额构成和补偿标准以"会议决定"的形式进行了确定，但没有说明补偿金额构成和补偿标准的法律法规依据，也没有说明是否是经双方协商或经调查论证、专业评估的结果。在一、二审期间，韶山市人民政府没有提供能够证明补偿金额构成和补偿标准的法律法规依据，以及经双方协商或经调查论证、专业评估的证据材料。根据《行政诉讼法》第三十四条的规定，行政机关对作出的行政行为负有举证责任，应当提供作出该行政行为的证据和所依据的规范性文件；行政机关不提供或者无正当理由逾期提供证据的，视为没有相应证据。因此，韶山市人民政府属于单方面决定《矿山关闭补偿协议》的补偿标准且该补偿标准没有充足的依据来源。从韶山市人民政府办公室发布《韶山市人民政府办公室关于印发〈韶山市非煤矿山专项整顿行动工作方案〉的通知》，将俊强采石场列为重点整治对象来看，双方平等协商的环境亦值得考量。综上，《矿山关闭补偿协议》中的补偿标准既不满足行政协议的合法性要求，又不满足行政协议的合约性要求。韶山市人民政府上诉称《矿山关闭补偿协议》是经过双方协商一致形成的，证据不足，不予支持。依据《行政诉讼法》第七十条的规定，行政行为的主要证据不足的，人民法院判决撤销或者部分撤销，并可以判决行政机关重新作出行政行为。

本案中，韶山市人民政府与俊强采石场签订的《矿山关闭补偿协议》第一条合法性不足，韶山市人民政府应该和俊强采石场进行协商，依照法律法规的规定重新作出公平、合理的补偿。如果涉及资产评估，因评估事项涉及两方以上当事人，为公平公正起见，应由全体当事人协商依法委托评估机构。本案中，俊强采石场单方委托资产评估鉴定，剥夺了韶山市人民政府参与查勘、调查、选择评估鉴定机构并提出相关意见的权利，且一审庭审中韶山市人民政府明确提出异议。因此，本案中的《资产评估报告书》不宜作为本案裁判依据。

评　析

一、行政补偿的发展

本案因政府关闭矿山而起，其争议焦点在于行政补偿及其标准。世界上最早开始建立行政补偿制度的是法国，法国1789年的《人权宣言》第十七条规定："财产是神圣不可侵犯的权利，除非当合法认定的公共需要显系必要时，且在公平而预先补偿的条件下，任何人的财产不得受剥夺。"1799年法国颁布了第一个行政机关对因实施公共事业而受到损失的人给予补偿的法律，初步确立了以无过错责任为特征的损失补偿制度。德国《基本法》第十四条规定："征收唯有因公共福祉所需方得为之。征收需依法律或基于法律，而该法律亦规定补偿之种类及限度时，方得为之。征收之补偿，以公平地衡量公共参与人之利益后，决定之。"美国《宪法修正案》第五条规定："没有公正的补偿，私有财产不得为公共所收用。"日本国宪法第二十九条规定："因公用征收及公用限制对私人造成财产上的特别损失时，必须予以正当补偿，不允许国家或者公共团体不予补偿而收用私人的财产或者对私人的财产实行限制。"此外，还有很多国家在相关的法律法规中针对行政补偿作出具体规定。

中华人民共和国成立后，最早的关于行政补偿的规定出现在土地征收征用领域，1950 年 11 月政务院颁布的《城市郊区土地改革条例》第十四条规定："国家为市政建设和其他需要征用私人所有的农业土地时，须给予适当代价，或以相等之国有土地调换之。对耕种该项土地的农民亦给以适当的安置，并对其他该项土地上的生产、投资，如凿井、栽树等及其他损失，予以公平合理的补偿。"1953 年 11 月政务院颁布的《关于国家建设征用土地办法》具体规定了补偿的程序和范围。1982 年国务院发布的《城镇建房用地管理条例》和《国家建设征用土地条例》，分别就城镇建设用房和国家建设征用土地的标准、补偿条件和补偿额度等问题作出了规定。1986 年开始，我国行政补偿制度进入快速发展阶段，《矿产资源法》《外资企业法》《土地管理法》《草原法》《渔业法》《野生动物保护法》《戒严法》《城市房地产开发法》《水污染防治法》《文物保护法》《种子法》《海域使用管理法》《农业法》等分别制定了相关领域的行政补偿的范围、行政补偿的原则、行政补偿的标准等。2004 年修订的我国《宪法》第十三条规定："公民的合法的私有财产不受侵犯。国家依照法律规定保护公民的私有财产权和继承权。国家为了公共利益的需要，可以依照法律规定对公民的私有财产实行征收或者征用并给予补偿。"从宪法层面上确立了行政补偿制度。

二、行政补偿的类型

按照不同的原因，行政补偿及其法律规定可以分为不同的类型。第一种，行政征收的补偿，指行政机关基于公共利益的需要，依法强制取得行政相对人的财产权时进行的补偿。我国《土地管理法》第四十八条规定："征收土地应当给予公平、合理的补偿，保障被征地农民原有生活水平不降低、长远生计有保障。征收土地应当依法及时足额支付土地补偿费、安置补助费以及农村村民住宅、其他地上附着物和青苗等的补偿费用，并安排被征地农民的社会保障费用。征收农用地的土地补偿费、安置补助费标准由省、自治区、直辖市通过制定公布区片综合地价确定。制定区片综合地价应当综合考虑土地原用途、土地资源条件、土地产值、土地区位、土地供求关系、人口以及经济社会发展水平等因素，并至少每三年调整或者重新公布一次。征收农用地以外的其他土地、地上附着物和青苗等的补偿标准，由省、自治区、直辖市制定。对其中的农村村民住宅，应当按照先补偿后搬迁、居住条件有改善的原则，尊重农村村民意愿，采取重新安排宅基地建房、提供安置房或者货币补偿等方式给予公平、合理的补偿，并对因征收造成的搬迁、临时安置等费用予以补偿，保障农村村民居住的权利和合法的住房财产权益。县级以上地方人民政府应当将被征地农民纳入相应的养老等社会保障体系。被征地农民的社会保障费用主要用于符合条件的被征地农民的养老保险等社会保险缴费补贴。被征地农民社会保障费用的筹集、管理和使用办法，由省、自治区、直辖市制定。"

第二种，行政征用的补偿，指行政机关基于公共利益的需要，依法强制使用行政相对人的财产或者劳务时进行的补偿。如土地征用、房屋征用、车辆征用、劳务征用等。《突发事件应对法》第十二条规定："有关人民政府及其部门为应对突发事件，可以征用单位和个人的财产。被征用的财产在使用完毕或者突发事件应急处置工作结束后，应当及时返还。财产被征用或者征用后毁损、灭失的，应当给予补偿。"《防洪法》第四十五条规定："在紧急防汛期，防汛指挥机构根据防汛抗洪的需要，有权在其管辖范围内调用物资、设备、交通运输工具和人力，决定采取取土占地、砍伐林木、清除阻水障碍物和其他必要的紧急措施；必要时，公安、交通等有关部门按照防汛指挥机构的决定，依法实施陆地和水面交通管制。依照前款规定调用的物资、设备、交通运输工具等，在汛期结束后应当及时归还；造成损坏或者无法归还的，按照国务院有关规定给予适当补偿或者作其他处理。取土占地、砍伐林木的，在汛期结束后依法向有关部门补办手续；有关地方人民政府对取土后的土地组织复垦，对砍伐的林木组织补种。"

第三种，行政行为调整引起的补偿，指行政机关依法调整行政行为，公民、法人或者其他组织因信赖公权力而产生损害的补偿。《行政许可法》第八条规定："公民、法人或者其他组织依法取得的行政许可受法律保护，行政机关不得擅自改变已经生效的行政许可。行政许可所依据的法律、法规、规章修改或者废止，或者准予行政许可所依据的客观情况发生重大变化的，为了公共利益的需要，行政机关可以依法变更或者撤回已经生效的行政许可。由此给公民、法人或者其他组织造成财产损失的，行政机关应当依法给予补偿。"

第四种，协助公务受损的补偿，公民、法人或者其他组织主动协助行政机关执行公务，致使合法权益受到损失，国家应当给予补偿。《人民警察法》第三十四条："人民警察依法执行职务，公民和组织应当给予支持和协助。公民和组织协助人民警察依法执行职务的行为受法律保护。对协助人民警察执行职务有显著成绩的，给予表彰和奖励。公民和组织因协助人民警察执行职务，造成人身伤亡或者财产损失的，应当按照国家有关规定给予抚恤或者补偿。"再如《消防法》第四十九条规定："国家综合性消防救援队、专职消防队扑救火灾、应急救援，不得收取任何费用。单位专职消防队、志愿消防队参加扑救外单位火灾所损耗的燃料、灭火剂和器材、装备等，由火灾发生地的人民政府给予补偿。"

第五种，行政行为附随效果的补偿，指行政主体在实施行政活动中，给公民、法人或者其他组织造成不可预见的附带效果时的补偿，例如《野生动物保护法》第十九条规定："因保护本法规定保护的野生动物，造成人员伤亡、农作物或者其他财产损失的，由当地人民政府给予补偿。具体办法由省、自治区、直辖市人民政府制定。有关地方人民政府可以推动保险机构开展野生动物致害赔偿保险业务。有关地方人民政府采取预防、控制国家重点保护野生动物造成危害的措施以及实行补偿所需经费，由中央财政按照国家有关规定予以补助。"此外，一些危险行为也可能引起损害补偿，如军事训练、军事演习导致公民、法人或者其他组织合法权益遭受损失的，国家应当给予补偿。

本案中关闭俊强采石场是出于保护生态环境的需要，在政府决定关闭时，俊强采石场的安全生产许可证和采矿许可证都在有效期内。该关闭行为属于《行政许可法》规定的基于公共利益的需要而提前收回行政许可，应当进行补偿。

三、行政补偿的标准

行政补偿的方式是多样的，包括直接补偿和间接补偿两种。直接补偿的方式包括金钱补偿，返还财产和恢复原状，其中金钱补偿方式应用较广泛，能够返还财产或者恢复原状的，应返还财产或者恢复原状。间接补偿的方式多种多样，常见的有：1.减免税费，如一些传染病流行期间，政府限制某些行业的经营，这些行业因经营权受到限制而损失利润，政府可以在事后采取减免税费等方式进行补偿。2.给予入学、就业、生活、疗养、休假、晋级等方面的特殊优惠。

我国没有统一的行政补偿法，关于行政补偿通常由各单行立法分别规定。[①] 有学者总结我国现行的法律制度中关于行政补偿的多种多样的标准，包括适当补偿原则、合理补偿原则、相应补偿原则、一定补偿原则、公平补偿原则。[②] 关于金钱补偿的标准，我国实践中有两种情况：一种是相关单行法律法规中比较明确地规定了补偿的范围和标准的制定；如《国有土地上房屋征收与补偿条例》第十七条规定：作出房屋征收决定的市、县级人民政府对被征收人给予的补偿包括：（一）被征收房屋价值的补偿；（二）因征收房屋造成的搬迁、临时安置的补偿；（三）因征收房屋造成的停产停业损失的补偿。市、县级人民政府应当制定补助和奖励办法，对被征收人给予补助和奖励。另一种情况是法律没有明确规定补偿标准，只是规定了适当补偿或者相应补偿等原则。如《归侨侨眷权益保护法》第十三条规定："国家依法保护归侨、侨眷在国内私有房屋的所有权。依法征用、拆迁归侨、侨眷私有房屋的，建设单位应当按照国家有关规定给予合理补偿和妥善安置。"

行政赔偿是基于政府的违法行为，行政补偿的对象通常是合法行为，二者存在本质区别，但是由于现行法律制度中对于行政补偿的标准并不清晰，与之相对应的只有行政赔偿的标准。依据《国家赔偿法》第三十六条规定了行政赔偿财产权的范围，该条规定：侵

[①] 王克稳：《论变更、撤回行政许可的限制与补偿》，载《南京社会科学》2014年第1期。

[②] 郑全新：《论我国实定法行政补偿的基本原则》，载《国家行政学院学报》2014年第2期。

犯公民、法人和其他组织的财产权造成损害的，按照下列规定处理：（一）处罚款、罚金、追缴、没收财产或者违法征收、征用财产的，返还财产；（二）查封、扣押、冻结财产的，解除对财产的查封、扣押、冻结，造成财产损坏或者灭失的，依照本条第三项、第四项的规定赔偿；（三）应当返还的财产损坏的，能够恢复原状的恢复原状，不能恢复原状的，按照损害程度给付相应的赔偿金；（四）应当返还的财产灭失的，给付相应的赔偿金；（五）财产已经拍卖或者变卖的，给付拍卖或者变卖所得的价款；变卖的价款明显低于财产价值的，应当支付相应的赔偿金；（六）吊销许可证和执照、责令停产停业的，赔偿停产停业期间必要的经常性费用开支；（七）返还执行的罚款或者罚金、追缴或者没收的金钱，解除冻结的存款或者汇款的，应当支付银行同期存款利息；（八）对财产权造成其他损害的，按照直接损失给予赔偿。由此可见，我国行政赔偿财产损失的范围主要限于直接损失。

对于变更或者撤回行政许可的补偿标准，最高人民法院于2010年发布的《关于审理行政许可案件若干问题的规定》第十五条进行了规定：法律、法规、规章或者规范性文件对变更或者撤回行政许可的补偿标准未作规定的，一般在实际损失范围内确定补偿数额；行政许可属于行政许可法第十二条第（二）项规定情形的，[①] 一般按

---

① 《行政许可法》第十二条：下列事项可以设定行政许可：（一）直接涉及国家安全、公共安全、经济宏观调控、生态环境保护以及直接关系人身健康、生命财产安全等特定活动，需要按照法定条件予以批准的事项；（二）有限自然资源开发利用、公共资源配置以及直接关系公共利益的特定行业的市场准入等，需要赋予特定权利的事项；（三）提供公众服务并且直接关系公共利益的职业、行业，需要确定具备特殊信誉、特殊条件或者特殊技能等资格、资质的事项；（四）直接关系公共安全、人身健康、生命财产安全的重要设备、设施、产品、物品，需要按照技术标准、技术规范，通过检验、检测、检疫等方式进行审定的事项；（五）企业或者其他组织的设立等，需要确定主体资格的事项；（六）法律、行政法规规定可以设定行政许可的其他事项。

照实际投入的损失确定补偿数额。该司法解释明确，如果法律、法规、规章或者规范性文件对于补偿标准有规定的，按照其规定执行。如果没有规定的，按照实际损失进行补偿。如果属于特许经营的，按照实际投入进行补偿。从目前司法解释的规则看，行政补偿的标准过低，在司法实践中，对于行政补偿的标准判断通常有三种方式，方式一是完全依照政府规定的补偿标准计算损失；方式二是在政府确定的补偿标准上酌情上浮，上浮幅度由人民法院根据具体案情酌定；方式三是不采纳政府确定的补偿标准，通过评估或价格认定，引入第三方机构确定补偿数额。本案中韶山人民政府作为行政协议主导一方，根据《关于非煤矿山专项整顿的会议纪要》单方面作出补偿决定，既没有与原告共同协商，也没有进行资产评估，违反法定程序。为了进一步规范行政补偿行为，将来需要制定行政补偿法或在行政程序法中进一步明确行政补偿的原则、范围和标准等事项。

行政行为诉讼

10. 行政不作为的认定

—— 张恩琪诉天津市人力资源和社会保障局、天津市社会保险基金行政不作为案

案件索引：天津市和平区人民法院（2014）和行初字第81号

基本案情

张恩琪于 2013 年 3 月 13 日、10 月 16 日向天津市人力资源和社会保障局（以下简称市社保局），9 月 25 日向天津市社会保险基金管理中心（以下简称市社保基金中心）邮寄信函，要求履行法定职责，对其社会保险缴费基数偏低和少缴、漏缴问题进行强制征缴。市社保局于 2013 年 10 月 26 日收到信函后，认为其所述问题不属于该局职责，属于市社保基金中心职责，遂将信件转至该中心办理。该中心于 2013 年 11 月 29 日向张恩琪出具《关于张恩琪信访反映问题的答复》，认为其已经办理退休手续，退休待遇均由其参保所在区的社保局审批确定，且在审批之前本人已经对缴费基数、缴费年限等事项进行了确认，该中心作为社保经办机构，负责依据区县社保局审批结果及有关政策规定按时足额发放退休待遇。张恩琪先是针对市社保局、市社保基金中心分别提起诉讼，因各自答辩不具备相应职责而申请撤诉，后将两单位作为共同被告诉至法院，请求确认

167

市社保局向市社保基金中心转交信件行为违法，撤销市社保基金中心上述答复，判令二被告履行法定职责，对其诉求予以答复。

判决与理由

一审法院依照《行政诉讼法》第五十四条第（三）项、第六十五条第三款第（二）项之规定，判决如下：

一、本判决生效之日起三十日内被告天津市社会保险基金管理中心对原告请求作出处理并将结果书面告知原告，被告天津市社会保险基金管理中心在规定期限内不履行的，从期满之日起，对其按日处 70 元罚款；

二、驳回原告其他诉讼请求。

案件受理费 50 元，由被告天津市社会保险基金管理中心负担（本判决生效之日起五日内给付原告）。

一审宣判后，各方当事人均未上诉。

一审法院认为：根据《社会保险费征缴暂行条例》第五条，国务院劳动保障行政部门负责全国的社会保险费征缴管理和监督检查工作。县级以上地方各级人民政府劳动保障行政部门负责本行政区域内的社会保险费征缴管理和监督检查工作。被告天津市人力资源和社会保障局具有负责社会保险费征缴管理和监督检查工作的行政职能，其于 2011 年 10 月 19 日向与其存在隶属关系的被告天津市社会保险基金管理中心下达文件《关于社会保险举报投诉案件受理查处职责分工的通知》，其内容第二项明确规定"对用人单位未按时足额缴纳社会保险费的举报、投诉，由社会保险经办机构受理查处，逾期仍不缴纳的，由社会保险经办机构提请有管辖权的劳动监察机构实行行政处罚，具体程序由市劳动监察机构与市社会保险经办机构制定"，据此，对于用人单位未按时足额缴纳社会保险费的举报、投诉应当先行由被告天津市社会保险基金管理中心受理查处，逾期仍不缴纳的，再由社会保险经办机构提请有管辖权的劳动监察机构实行行政处罚权。

原告张恩琪于 2013 年 10 月 16 日向被告天津市人力资源和社会保障局邮寄信函要求被告履行法定职责，被告天津市人力资源和社会保障局将信件转送到具备相应职责的被告天津市社会保险基金管理中心办理，并无不当。根据 2011 年 10 月 19 日被告天津市人力资源和社会保障局下达的文件《关于社会保险举报投诉案件受理查处职责分工的通知》，被告天津市社会保险基金管理中心应对原告 2013 年 9 月 25 日向其邮寄送达的要求被告履行法定职责，对于原告社会保险缴费基数偏低和少缴、漏缴问题进行强制征缴的请求，作出明确处理，但其未在 60 天内作出答复，且在原告于 2013 年 10 月 16 日在法院起诉该中心不履行法定职责一案中，隐瞒天津市人力资源和社会保障局下达的文件《关于社会保险举报投诉案件受理查处职责分工的通知》的情况，在答辩状中否认其具备相应职责，导致原告认为起诉被告主体有误，并由此作出撤诉的决定，系未履行法定职责并进行推诿。关于其于 2013 年 11 月 29 日向原告张恩琪出具《关于张恩琪信访反映问题的答复》，因原告明确要求被告履行法定职责，而其在未对原告提出的请求作出明确处理的情况下，直接以信访形式对原告予以答复，显系不妥。被告天津市社会保险基金管理中心应对原告要求被告履行法定职责，对于原告社会保险缴费基数偏低和少缴、漏缴问题进行强制征缴的请求作出明确行政处理。

评　析

本案的争议焦点是天津社保基金中心是否构成行政不作为。

一、行政不作为的构成要件

行政不作为是指行政主体负有某种作为的法定义务，并且具有作为的可能性而在程序上逾期有所不为的行为。[①] 行政不作为的构成要件主要包括有作为义务、有作为可能和逾期未作为。

有作为义务。作为行政不作为构成要件的"作为义务"，通常是指行政主体在进行行政管理活动中，基于特定的事实和条件而产生的依法应为一定行政行为的具体法律义务。这种义务具有法定性，来源于法律规范的规定，属于一种法定义务，换句话说，行政机关依据法律有进行作为的职责，不履行该义务，将引起行政法律责任，受到行政法律制裁。除此之外，这种作为义务必须是一种现实的特定的行政作为义务，即在特定时间和空间条件下，基于行政相对人的合法申请而产生的义务。举例说明，根据《治安管理处罚法》，公安机关具有保护公民人身安全的职责，这是其法定义务。甲在大街上被乙无故追打，周围没有警察，但是甲只顾着向街对面一家快餐店跑去，并未报警，后经快餐店服务员出手，吓退了乙，此时，甲才想起公安机关有保护自己人身安全的法定职责，这时甲是否可以起诉公安机关行政不作为呢？答案是否定的，因为甲在奔跑躲避过程中并未报警，并未申请公安机关出警保护自己，公安机关在此只有抽象的法律义务而无现实特定的行政作为义务。

---

① 周佑勇：《行政不作为构成要件的展开》，载《中国法学》2001 年第 5 期。

有作为可能。构成行政不作为，不仅须行政机关及其工作人员负有作为义务，而且还须有履行该义务的可能性。在某些特定情况下，行政机关即使有某一项法定义务，但是囿于客观环境的限制，其主观意志受到阻却，比如某些自然现象（如地震、台风、洪水、海啸等）和某些社会现象（如战争、戒严等）的发生，让行政机关无法正常履行其职能。在这样的情况下，行政机关失去了作为的可能，我们也无法要求行政机关在这样极其特殊而且不以人的意志为转移的情况下正常履行职能。

逾期未作为。行政不作为在客观上具体表现为行政主体在程序上逾期有所不为，它不仅表现为行政主体在程序上有所不为，而且该不为已经逾期。①行政主体在行政行为的实体内容上可能会表现出"为"与"不为"，例如予以处罚或不予处罚，予以颁发许可证或不予颁发许可证；在行政程序上也可能会表现为"为"与"不为"，例如，行政许可机关对行政相对人提出颁发许可证的申请作出了明确的答复行为，并对予以受理的申请作出了明确的决定，这就是程序上的"为"；而行政许可机关对相对人提出颁发许可证的申请不予理睬，或虽已受理，但不予审查，更谈不上决定，或虽已受理、审查，但拖延不作出决定等则都是程序上的"不为"。除此之外，行政不作为在客观上不仅表现为行政主体在程序上不为，而且该不为的状态已经逾期，即行政主体及其工作人员在程序上的不为已经超过法定或者合理时限。

行政不作为会危及政府公信力和信誉。政府的合法性及政府公务员的权威性离不开公众的支持、信任与尊重。行政不作为造成社会公共利益和公众利益受到损害，必然导致政府公信力的下降，造

① 周佑勇：《行政不作为构成要件的展开》，载《中国法学》2001年第5期。

成公众与政府间关系的恶化，长此以往将发生严重的不良后果。①除此之外，一旦政府部门在投资、服务、审批等行政环节中推诿扯皮、以权谋私，会严重影响行政效率和相对人合法权益的实现与保护。

二、本案中对行政不作为的认定

依据上述构成要件，我们来判断本案中天津社保基金中心是否构成行政不作为。首先，从我国现行的社会保险管理、服务体制来分析其是否有法定义务。社会保险指的是一种为那些暂时失去工作岗位、因身体健康问题造成损失、永久丧失劳动能力的人提供基本生活保障或补偿的一种制度。社会保险的计划者和主办者都是政府，通过强制某一群体将其部分收入以税、费等形式变成社会保险的基本资金，社会保险是可以再次进行分配的制度，主要是为了社会的秩序和稳定。②社会保险具有互济性，政府、用人单位和个人按照一定的比例分担某一项社会保险的资金缴纳，也有个别社会保险险种不需要个人分担资金，比如工伤保险。由于社会保险涉及公共资金的投入以及需要国家强制力来保证用人单位和公民个人的参与，所以社会保险领域公权力介入的程度是不同于商业保险的，我国在社会保险领域建立了远比商业保险监管更为复杂的行政管理体制。

《社会保险法》第七条规定，国务院社会保险行政部门负责全国的社会保险管理工作，国务院其他有关部门在各自的职责范围内负责有关的社会保险工作。县级以上地方人民政府社会保险行政部门负责本行政区域的社会保险管理工作，县级以上地方人民政府其他有关部门在各自的职责范围内负责有关的社会保险工作。根据该

---

① 刘政利、朱哲：《论行政不作为及其治理》，载《理论探讨》2013 年第 6 期。

② 李梦慧、田蕾：《关于社会保险管理体制的探讨》，载《劳动保障世界》2013 年第 7 期。

条的规定，各级的人力资源和社会保障部门是社会保险的主管部门，负责管理一定范围内的社会保险事务。根据《社会保险法》第八条的规定，社会保险经办机构提供社会保险服务，负责社会保险登记、个人权益记录、社会保险待遇支付等工作。社会保险经办机构主要负责其所在的统筹区域内的社会保险档案建立与管理、支付社会保险待遇、提供社会保险咨询服务等职能。同时，《社会保险法》第八十二条还规定，任何组织或者个人有权对违反社会保险法律、法规的行为进行举报、投诉。社会保险行政部门、卫生行政部门、社会保险经办机构、社会保险费征收机构和财政部门、审计机关对属于本部门、本机构职责范围的举报、投诉，应当依法处理；对不属于本部门、本机构职责范围的，应当书面通知并移交有权处理的部门、机构处理。有权处理的部门、机构应当及时处理，不得推诿。

天津市社会保险基金管理中心是天津市社会保险的经办机构，按照《社会保险法》的规定，应当受理其职责范围内的举报、投诉，而天津市人力资源和社会保障局下达的文件《关于社会保险举报投诉案件受理查处职责分工的通知》中，也规定了天津社保基金中心应当受理和查处有关"用人单位未按时足额缴纳社会保险费的举报、投诉"，故被告天津市社会保险基金管理中心应对原告2013年9月25日向其邮寄送达的要求被告履行法定职责，对于原告社会保险缴费基数偏低和少缴、漏缴问题进行强制征缴的请求，作出明确处理，但其未在60天内作出答复。天津社保中心逾期未履行其法定义务。从本案基本案情中，未看到有可以阻碍天津社保基金中心正常履行"受理投诉并处理"法定义务的因素存在，其本身具备履行职责的可能。综上，天津社保基金中心的行为构成了行政不作为。

基于行政管理复杂性和法律规定不明确，在职权边界不清晰的情况下，行政机关之间应当主动沟通联系，共同协调解决，不能互相推诿，甚至和老百姓"捉迷藏"。社会保险待遇涉及千家万户，关乎个人生老病死，无论是社保机关还是经办机构都必须积极履责，方为责任政府应有之义。人民法院对于行政主体在诉讼中隐瞒其与有关单位之间关于职权划分的相关文件的，应依法制裁，必要时可向纪检监察部门通报反映；在行政主体相互推诿，均否认具有相应法定职责的情况下，可依法将相关行政主体都列为被告，共同参加诉讼，通过庭审举证、质证和辩论，最终确定履责主体。同时，为保证履责判决的及时履行，可以在判决时一并明确不履行判决的法定后果，既督促行政主体尽快履责，也有利于保障生效裁判的迅速执行。

11. 行政机关不作为的赔偿责任

—— 张美华等五人诉甘肃省天水市公安局麦积分局行政
不作为赔偿案

案件索引：甘肃省天水市麦积区人民法院（2009）麦行赔初字
第 3 号

基本案情

2006 年 3 月 3 日凌晨 3 时许，被害人刘伟洲（麦积区道南办事处干部）路过麦积区桥南伯阳路农行储蓄所门前，苏福堂、吴利强、佟彬拦截抢劫，用匕首在其右大腿外侧及左臀部各刺一刀，在逃离现场前又在其背部刺一刀。刘伟洲被刺伤后喊叫求救，被个体司机胡东海看见，胡东海即用手机于 4 时 02 分 24 秒给"110"打电话报警（时长 63 秒）。"都市丽人"美容中心经理梁英见刘伟洲在店外马路上半卧招手求救，满地是血，便用固定电话先后于 4 时 13 分 55 秒（时长 31 秒）、4 时 20 分 53 秒（时长 110 秒）打电话报警，"110"让给"120"打，"120"让给"110"打，梁英于 4 时 24 分 20 秒（时长 79 秒）第三次给"110"打电话报警，"110"值班接警员接警后既未及时出警也未及时处警。直至 6 时许又有人就此事再次拨打"110"报警，"110"值班接警人员才通知出警，于 6 时 23 分 35 秒

175

电话指令桥南派出所出警。此时被害人刘伟洲因失血过多已经死亡。经法医鉴定：被害人刘伟洲系被他人持锐器刺破股动脉，致失血性休克死亡。麦积区法院（2007）麦刑初字第 4 号刑事判决书、天水市中级人民法院（2007）天刑二终字第 01 号刑事裁定书认定天水市公安局麦积分局干警高玉芳犯玩忽职守罪，免予刑事处罚。

被害人刘伟洲的法定继承人张美华等五人认为麦积分局作为保护人民生命财产安全、打击犯罪的国家行政机关，不履行法定职责，在接警两个多小时后不出警造成刘伟洲未及时得到救助，失血过多死亡。其行为严重损害了公民的合法权益，并于 2009 年 1 月 16 日以公安机关行政不作为为由向麦积公安局提出行政赔偿的申请，麦积公安局在接到赔偿申请后于 2009 年 3 月 13 日作出不予行政赔偿的决定。张美华等五人遂于 2009 年 4 月 27 日向甘肃省天水市麦积巴人民法院提起行政赔偿诉讼，请求判令被告麦积公安局赔偿刘伟洲死亡赔偿金和丧葬费 498,640 元，被抚养人生活费 26,959.95 元。

被告麦积分局辩称：原告没有证据证明被害人刘伟洲的死亡事实是由于民警的处警违规行为造成的。甘肃省天水市中级人民法院（2006）天刑一初字第 24 号刑事附带民事判决书及甘肃省高级人民法院（2006）甘刑一终字第 279 号刑事裁定书均认定，被害人刘伟洲的死亡原因确系苏福堂、吴利强等持锐器刺破股动脉造成。刘伟洲的死亡与处警行为没有必然因果关系。原告诉公安局赔偿被害人刘伟洲的死亡赔偿金等 525,599.95 元没有事实根据。且天水市中级人民法院判决已经确定由苏福堂、吴利强、佟彬三被告共同全额赔偿，故原告的赔偿主张系重复请求。依据有关法律规定，请求人民法院依法驳回。

天水市中级人民法院（2006）天刑一初字第 24 号刑事附带民事判决书、甘肃省高级人民法院（2006）甘刑一终字第 279 号刑事裁定书裁定，由被告人苏福堂、吴利强、佟彬三被告赔偿刘伟洲死亡赔偿金161,736.40元、丧葬费7,269.50元、被害人之父赡养费30,932.86元、被害人之母赡养费36,391.60元、被害人之女抚养费9,793.80元、被害人之子抚养费16,323元，共计262,647.16元（已付1,000元）。2008年6月3日天水市中级人民法院作出（2008）天执字第29号民事裁定书，裁定被告人苏福堂（已被执行死刑）应付的赔偿款终结执行，被告人吴利强、佟彬靠父母养活，无财产可供执行赔偿款，执行程序终结。

另查明，麦积区道南街道办事处依照麦积区人事局2006年11月28日麦区人事发〔2008〕124号《关于王巨仓等九名同志后事处理的通知》，给原告发放刘伟洲丧葬费3个月全工资（1,056元×3）、10个月基础工资（868元×10）及抚恤金1,200元，共计13,048元。给被害人刘伟洲父母每月发放遗属补助180元（从2006年4月至终身），给被害人刘伟洲之女刘沛每月发放遗属补助160元（从2006年4月—2008年9月满18周岁），给被害人刘伟洲之子刘宇每月发放遗属补助160元（从2006年4月—2010年11月满18周岁）。

判决与理由

甘肃省天水市麦积区人民法院依照《国家赔偿法》第二条、第三条第（五）项、第十三条、第二十七条第一款第（三）项、第二款，《行政诉讼法》第六十七条第一款、第二款、第六十八条之规定，判决如下：

一、由被告天水市公安局麦积分局于本判决生效之日起三十日内赔偿原告张美华、刘宇、刘沛、刘忠议、张凤仙116,916元；

二、驳回原告刘宇、刘沛、刘忠议、张凤仙关于生活费的赔偿请求。

如不服本判决，可自判决书送达之日起十五日内提出上诉，向本院递交上诉状，并按对方当事人的人数递交副本，上诉于甘肃省天水市中级人民法院。

《人民警察法》规定，人民警察的任务是维护国家安全，维护社会治安秩序，保护公民人身安全、人身自由和合法财产，保护公共财产，预防、制止和惩治违法犯罪活动。在遇到公民人身、财产安全受到侵犯或者处于其他危难情形时，应当立即救助；对公民提出解决纠纷的要求，应当给予帮助；对公民的报警案件，应当及时查处。

本案中，被害人刘伟洲被刺伤，个体司机胡东海、"都市丽人"美容中心经理梁英等人先后5次报警（时间长达两个多小时），但被告麦积公安局接警人员接警后未及时出警。后被害人刘伟洲因失血过多，致失血性休克死亡。首先，被告麦积公安局作为国家公安部门，根据《中华人民共和国人民警察法》规定，在被害人刘伟洲被刺伤且他人报警后，负有法定的出警、救助义务。但被告麦积公安局并未以积极的方式履行相应的职责，即在接到报警后并未及时出警，其行为违反其法定职责，构成行政不作为。且上述事实已被生效的天水市中级人民法院刑事裁定书确认，被告麦积分局的具体工作人员因此被认定构成玩忽职守罪，受到了相应的刑事处分；其次，被害人刘伟洲在被刺伤后，并未直接死亡，而是因未能获得本可获得的及时救助而导致失血性休克死亡。即被害人刘伟洲最终死亡结果的发生与被告麦积分局接警后不及时出警的行政不作为之间具有一定的因果关系。综上所述，被告麦积分局在接到报警后未及时出警的行为，违反其法定职责，构成行政不作为，该行政不作为与被害人刘伟洲死亡的损害结果之间存在一定的因果关系。根据《最高人民法院关于公安机关不履行法定行政职责是否承担行政赔偿责任问题的批复》，由于公安机关不履行法定行政职责，致使公民、法人和其他组织的合法权益遭受损害的，应当承担相应的行政赔偿责任。故被告麦积分局应当对被害人刘伟洲承担相应的行政赔偿责任。被告麦积分局所持刘伟洲的死亡与其处警行为没有必然因果关系的辩解理由不能成立。原告张美华、刘宇、刘沛、刘忠议、张凤仙作为被害人刘伟洲的法定继承人，有获得被告麦积分局行政赔偿的权利，其赔偿请求应予支持。

关于行政赔偿数额，《国家赔偿法》第二十七条第一款（三）项、第二款规定，行政机关侵犯公民生命健康权造成死亡的，应当支付死亡赔偿金、丧葬费，总额为国家上年度职工年平均工资的20倍。对死者生前扶养的无劳动能力的人，还应当支付生活费。生活费的发放标准参照当地民政部门有关生活救济的规定办理。被扶养的人是未成年人的，生活费给付至18周岁止；其他无劳动能力的人，生活费给付至死亡时止。根据国家统计局公布的统计数据，原告张美华、刘宇、刘沛、刘忠议、张凤仙主张的2007年全国在岗职工年平均工资为24,932元，20倍为498,640元。本案中即为2008年，而2008年全国在岗职工年平均工资为29,229元，20倍为584,580元。另根据最高人民法院《关于公安机关不履行法定行政职责是否承担行政赔偿责任问题的批复》，确定公安机关行政不作为承担行政赔偿的数额，应当考虑该不履行法定行政职责的行为在损害发生过程和结果中所起的作用等因素。造成被害人刘伟洲死亡的直接原因是苏福堂等人刺伤，该损害结果与被告麦积分局行政不作为的行为有一定的因果关系，但被告麦积分局行政不作为的行为并非主要原因，仅是使被害人刘伟洲丧失了可能被救助的时机。故被告麦积分局仅对被害人刘伟洲丧失了可能被救助的时机承担相应的赔偿责任，综合本案具体案情，以20%为宜。即赔偿数额为584,580元的20%即

116,916元。关于被害人刘伟洲被扶养人的生活费，本应亦由被告麦积分局按照相应的标准给付。但因被害人刘伟洲的生前所在单位（麦积区道南街道办事处）已依据相关政策发放，根据行政赔偿损益相抵的原则，即行政赔偿以填补受害人的损失为宗旨，就此部分损失，因原告方已通过抚恤途径获得赔偿，故可折抵被告麦积分局的赔偿责任。综上，原告张美华、刘宇、刘沛、刘忠议、张凤仙的部分赔偿请求成立，应予支持。

评　析

本案的争议焦点在于公安机关是否就不履行法定职责承担行政赔偿责任及责任承担标准问题。

一、不履行法定职责致害的行政赔偿依据

在法律依据层面上，《国家赔偿法》第三条第（五）项"造成公民身体伤害或者死亡的其他违法行为"、第四条第（四）项"造成财产损害的其他违法行为"，形成了对行政赔偿范围肯定性列举的开放式结构。《行政诉讼法》第七十四条第二款第（三）项规定，被告不履行或者拖延履行法定职责，判决履行没有意义的，人民法院判决确认违法。《行政诉讼法》第七十六条规定，人民法院判决确认违法，且行政行为对原告造成损失的，依法判决被告承担赔偿责任。因此，《国家赔偿法》虽然未明文规定不履行法定职责致害赔偿，但通过法律解释，不履行法定职责致害的各种情形，皆可纳入国家赔偿范围。①

---

① 沈岿：《论怠于履行职责致害的国家赔偿》，载《中外法学》2011年第1期。

在司法解释层面上，《最高人民法院关于公安机关不履行法定行政职责是否承担行政赔偿责任问题的批复》（法释〔2001〕23号）指出："由于公安机关不履行法定行政职责，致使公民、法人和其他组织的合法权益遭受损害的，应当承担行政赔偿责任。在确定赔偿的数额时，应当考虑该不履行法定职责的行为在损害发生过程和结果中所起的作用等因素。"该司法解释对公安机关不履行法定职责致害赔偿，作出了统一的、明确的规定。无论是公安机关不作为直接致害，还是与自然原因、受害人自身原因或者第三人过错侵权相结合致害，都应当承担适当的赔偿责任。

二、不履行法定职责致害行政赔偿的构成要件

明确了不履行法定职责致害应纳入国家赔偿范围后，认定个案中的不履行法定职责是否应承担行政赔偿责任就需要对其是否满足构成要件进行分析。行政机关就不履行法定职责承担行政赔偿责任的构成要件有三个：不履行法定职责成立、行政相对人的合法权益受到损害、不履行法定职责与损害结果之间有因果关系。

（一）不履行法定职责成立

不履行法定职责是指行政主体负有法律、法规以及规章设定的职责，有义务、有能力履行而没有履行或不彻底履行的行为或事实状态。不履行法定职责的成立需要有两个条件：

1. 行政主体对行政相对人的申请负有法定职责，这里的法定职责可以扩大理解。因为行政主体在享有某项职权的同时，也应当承担职权所派生出的责任，所以，行政主体一般具有与职权范围相对应的保护行政相对人合法权益的责任。

2. 行政主体对行政相对人拒绝履行、不适当履行或者拖延履行法定职责。拒绝履行，是指行政主体以明示的方式否定了行政相对人提出的申请或保护要求。不适当履行是指行政主体虽然实施了履

行法定职责的行为，但是没有达到履行目的的情形。拖延履行是指行政主体在法定期限或者合理期限内既不办理也不拒绝或毫无理由推诿不管的状态。

被告麦积分局作为国家公安部门，根据《中华人民共和国人民警察法》规定，在被害人刘伟洲被罪犯刺伤他人报警后，负有法定的出警、救助义务。但被告麦积公安局违法拖延出警，未及时履行保护公民人身安全的义务，构成了不履行法定职责。

（二）相对人的合法权益受到损害

"有损害才有赔偿"，相对人受到损害同样也是不履行法定职责行政赔偿责任的构成要件。相对人受到损害的对象应当为合法权益，否则，行政机关不承担行政赔偿责任。合法权益的范围很广，是否任何合法权益受到行政不作为的侵害都可以得到赔偿？考虑到我国经济发展水平尚处初级阶段，国库承受能力有限，法制基础较为薄弱等因素，在合法权益及其损害的界定上存在以下双重限制：

1. 合法权益的范围局限于人身权和财产权。按照《国家赔偿法》关于行政赔偿范围的规定，可赔偿的合法权益局限于财产权和人身权两种，其他权益如政治权利、受教育的权利等受到行政不作为侵害时，尚不能引起行政赔偿责任。

2. 合法权益损害的内容限于实际损失，而不包括可得利益的损失。实际损失包括人身权益的损害、现有财产权益的损害和必须得到法律充分保障的财产权益的损害。可得利益指的是虽然受到法律保护但其实现仍需要借助其他条件的利益，不属于不作为行政赔偿责任的范围。比如，受害人因行政主体不履行法定职责而无法履行与第三人之间的合同，对于由此而失去的利益是不能主张行政赔偿的。

（三）不履行法定职责与损害之间的因果关系

因果关系要件在不履行法定职责致害行政赔偿责任诸要件中，

最容易产生分歧，因此，明确不履行法定职责与受害人损害后果之间的因果关系的确定标准，在司法审查实践中具有特别重要的意义。

由于不履行法定职责虽然也有单独成为致害原因的情况，但更多的是与其他致害原因并存，共同造成损害的发生或扩大，"替代法"更适合于此情况下事实上因果关系的判断。"替代法"的思路为设想以一个合法行为替换行为人的侵权行为，如果该替代没有影响损害结果，那么加害人的行为与损害结果之间不存在因果关系；反之，如证明侵权人以合法方式行为，损害结果便无从发生，则认为行为与损害结果之间存在因果关系。判断不履行法定职责与损害后果之间的因果关系，不应以"不履行法定职责导致了损害后果的发生"这个事实因果关系的判定来理解，而应当以"如果行为人达到了应有的注意义务标准，实施了其应实施的作为义务，是否可以避免损害结果的发生"这个角度来解释。在多数情况下，不履行法定职责不是损害后果的直接原因，因此，要证明不履行法定职责与损害后果之间有因果关系较为困难。所以，受害人只须证明：被告不履行法定职责；被告不履行法定职责只是加大了损害发生的盖然性或者说如果被告认真履行法定职责，则极可能避免损害的发生。[1]

本案中，被害人刘伟洲在被罪犯刺伤后，并未直接死亡，而是因未能获得本可获得的及时救助而导致失血性休克死亡。按"替代法"理论，若这时公安机关接警后及时出警，将被害人送往医院，可能就不会出现被撞之人死亡的后果，也即被告不履行法定职责加大了损害发生的盖然性。因此，本案中被告不履行法定职责与被害人死亡后果之间有一定的因果关系。

---

① 王丽英：《公安行政失职国家赔偿的认定》，中国法制出版社 2010 年版。

三、关于赔偿责任的确定

不履行法定职责致害行政赔偿责任的确定,视不同情形的因果关系而有所不同。行政主体不履行法定职责与第三人过错侵权共同致害的情况,类似于民法上的无意思联络的数人侵权。无意思联络的数人侵权,也称无过错联系的共同致害,是指数个行为人事先既没有共同故意,也没有共同过失,只是由于行为在客观上的联系,而共同造成同一个损害结果。一般情况下,应该由各侵权人对各自的行为后果承担按份责任,而不是连带责任。既不能令部分侵权人负全部赔偿责任,同时,也不存在侵权人内部的追偿关系。因此,当行政主体不履行法定职责与第三人侵权形成无意思联络数人侵权,而受害人请求国家赔偿时,通常情况下,国家赔偿请求的审理者,可以根据不履行法定职责的过错程度和原因力大小,确定国家应当承担的赔偿份额或比例。①最高人民法院在《关于公安机关不履行法定行政职责是否承担行政赔偿责任问题的批复》中也采纳了此观点,确定公安机关行政不作为承担行政赔偿的数额,应当考虑该不履行法定行政职责的行为在损害发生过程和结果中所起的作用等因素。

本案中,造成被害人刘伟洲死亡的直接原因是罪犯刺伤,该损害结果与被告麦积分局不履行法定职责有一定的因果关系,但被告麦积分局不履行法定职责并非主要原因,仅是使被害人刘伟洲丧失了可能被救助的时机。故被告麦积分局仅对被害人刘伟洲丧失了可能被救助的时机承担相应的赔偿责任,综合本案具体案情,以 20%为宜。

四、关于调解结案

《行政诉讼法》第六十条规定:"人民法院审理行政案件,不适

---

① 沈岿:《论怠于履行职责致害的国家赔偿》,载《中外法学》2011 年第 1 期。

用调解。但是，行政赔偿、补偿以及行政机关行使法律、法规规定的自由裁量权的案件可以调解。调解应当遵循自愿、合法原则，不得损害国家利益、社会公共利益和他人合法权益。"行政诉讼的目的之一在于从根本上解决矛盾纠纷，而行政调解制度可以最大化地实现这一目的。本案二审法院在查明事实、分清责任的基础上，主持达成调解协议并制作了行政赔偿调解书，既维护了法律的权威，也有利于切实保障当事人的合法权益。

12. 依法行政与审慎监管的平衡

——蔡平诉广州市交通委员会交通管理处罚案

案件索引:广州铁路运输第一法院（2016）粤 7101 行初 1979 号；广州铁路运输中级法院（2017）粤 71 行终 786 号

基本案情

2016 年 4 月 17 日，一名乘客通过"滴滴打车"软件与蔡平取得联系，约定蔡平驾车将该乘客从广州市海珠区琶洲附近运送至广州市天河区棠下村，由乘客支付车费。当蔡平驾驶自己所有的小汽车（车牌号为粤 H ×××××，车辆使用性质为非营运），将该乘客搭至广州市天河区棠下村时，被广州市交通委员会（以下简称广州市交委）执法人员发现。经当场调查，"滴滴打车"软件平台乘客端显示当次车费为 16.7 元，蔡平无法向广州市交委执法人员出示车辆的道路运输经营许可证。广州市交委执法人员当场制作了《现场笔录》及《询问笔录》，并作出粤穗交强措〔2016〕00137660号《行政强制措施决定书》，依据《道路运输条例》第六十三条的规定，对涉案车辆予以扣押。蔡平拒绝在上述文书上签名。同月20 日，广州市交委向蔡平送达粤穗交违通〔2016〕Y20160418015号《违法行为通知书》，告知蔡平涉嫌未取得道路客运经营许可，擅自从事道路客运经营，拟处 3 万元罚款。同日，蔡平向广州市交委提交陈述申辩。2016 年 5 月 13 日，广州市交委作出粤穗交强处〔2016〕Y20160418015 号《行政强制措施处理决定书》，决定解除粤H×××××号车辆的扣押，并通过 EMS 邮寄当天送达给原告蔡平。5 月 16 日，广州市交委作出粤穗交罚〔2016〕Y20160418015 号《行政处罚决定书》，认定蔡平未取得道路客运经营许可，擅自从事道路客运经营，违反了《道路运输条例》第十条、《道路旅客运输及客运站管理规定》第十二条之规定，依据《道路运输条例》第六十四条及《道路旅客运输及客运站管理规定》第八十四条第（一）项的规定，决定给予蔡平责令停止经营，处 3 万元罚款的行政处罚。蔡平不服，于 2016 年 5 月 24 日向广州市政府申请复议。广州市政府于 7 月 21 日作出穗府行复〔2016〕550 号行政复议决定，根据《行政复议法》第二十八条第一款第（一）项的规定，决定维持广州市交委 2016 年 5 月 16 日作出的粤穗交罚〔2016〕Y20160418015 号行政处罚决定。蔡平不服，遂向原审法院提起行政诉讼，请求依法撤销被告广州市交委和广州市政府分别作出的行政处罚决定和行政复议决定。

判决与理由

一审法院依照《行政诉讼法》第七十条第（二）（六）项及第七十九条的规定，判决如下：一、撤销被告广州市交委作出的行政处罚决定；二、撤销被告广州市政府作出的行政复议决定。

二审法院认为原审判决认定事实清楚，实体处理适当，依照《中华人民共和国行政诉讼法》第八十九条第一款第（一）项之规定，判决驳回上诉，维持原判。

二审案件受理费 50 元由上诉人广州市交通委负担。

一审法院审理认为，《道路运输条例》第七条规定，县级以上地方人民政府交通主管部门负责组织领导本行政区域的道路运输管理工作。县级以上道路运输管理机构负责具体实施道路运输管理工作。《广东省出租汽车管理办法》第三条第一款规定，县级以上人民政府交通运输主管部门负责本行政区域内的出租汽车行业管理工作。被告广州市交委作为广州市交通运输行政主管部门，具有履行行政区域内的道路运输及出租汽车行业的行政执法职责。

本案中，原告蔡平与乘客通过网络约车软件（"滴滴打车"）取得联系后，使用未取得运营证的车辆将乘客从广州市海珠区琶洲附近送至广州市天河区棠下村，网络约车软件计算了待支付车费。被告市交委针对该网约车的运输经营行为，以原告违反了《中华人民共和国道路运输条例》第十条及《道路旅客运输及客运站管理规定》第十二条的规定，给予了行政处罚。本案涉及三个主要问题：一是原告行为的性质；二是原告的行为是否构成违法；三是原告违法行为的法律责任承担问题。

第一，关于原告行为的性质问题。网络预约车经营行为的定性问题是本案的重点，直接关系到本案的法律适用和责任承担。《中华人民共和国道路运输条例》第二条规定：道路运输经营包括道路旅客运输经营和道路货物运输经营；《道路旅客运输及客运站管理规定》第三条规定：道路旅客运输经营是指用客车运送旅客、为社会公众提供服务、具有商业性质的道路客运活动，包括班车（加班车）客运、包车客运、旅游客运；《道路运输条例》第八十二条明确规定：出租车客运和城市公共汽车客运的管理办法由国务院另行规定。国务院办公厅《关于深化改革推进出租汽车行业健康发展的指导意见》（国办发〔2016〕58 号）认为出租汽车服务主要包括巡游出租汽车和网络预约出租汽车等方式，明确将网络预约车经营行为定性为出租汽车服务经营范围；交通运输部、工信部等七部委联合发布的《网络预约出租汽车经营服务管理暂行办法》，将网约车经营服务定义为以互联网技术为依托构建服务平台，整合供需信息，使用符合条件的车辆和驾驶员，提供非巡游的预约出租汽车服务的经营活动；《广东省出租汽车管理办法》第二条第二款规定，出租汽车是指具有合法营运资格，按照乘客意愿提供客运服务，以行驶里程或者时间计费的5座以下的小型客车。从上述规定可以看出，网络预约车经营属于预约出租汽车营运，依照《道路运输条例》第八十二条的规定，出租车客运管理不属于《道路运输条例》调整范围。被告认为原告蔡平的行为违反了《道路运输条例》第十条和《道路旅客运输及客运站管理规定》第十二条的规定属于定性错误，依据《道路运输条例》第六十四条和《道路旅客运输及客运站管理规定》第八十四条第（一）项的规定对原告蔡平作出行政处罚，属于适用法律错误。

第二，关于原告的行为是否构成违法的问题。《广东省出租汽车管理办法》第十二条规定，出租汽车经营者应当持道路运输经营许可证，依法向工商行政管理部门办理有关登记手续。未取得出租汽车经营许可并办理工商登记的，不得从事出租汽车经营活动。《广州市出租汽车客运管理条例》第十条规定，从事出租汽车经营的，应当依法取得市交通行政主管部门核发的出租汽车经营资格证、车辆运营证，出租汽车驾驶员应当依法取得市交通行政主管部门核发的驾驶员客运资格证。本案原告蔡平既未取得市交通行政主管部门核发的出租汽车经营资格证、车辆运营证，也未取得驾驶员客运资格证，其营运行为违反了上述法律的规定，构成违法。

第三，关于原告违法行为的法律责任承担问题。网络预约出租车是传统的出租汽车行业与互联网相融合的新的商业模式，网络预约出租车经营行为是司机个体与网约车平台共同实施的行为。本案原告以自己所有的私家车加入"滴滴打车"平台，在该平台注册成功后，通过该平台提供的供需信息，并以该平台提供的联系方式联系乘客，搭乘乘客，并通过该平台结算费用，乘客支付的费用由该平台与原告蔡平依协议分成提取，原告的经营行为由"滴滴打车"平台和作为驾驶员的原告两个主体共同完成，"滴滴打车"平台是运输服务的提供者，应该承担承运人责任和相应的法律责任。原告蔡平作为提供网约车服务的驾驶员，仅实施了出租车客运经营行为中的部分行为，被告广州市交委对"滴滴打车"平台与原告共同实施和完成的违法经营行为进行查处时，完全忽视了对"滴滴打车"平台的调查和处理，将违法经营行为的责任和后果全部归咎于原告一方，既事实不清，又显失公平。

网约车客运与传统的巡游出租汽车客运一样，应当受到有效的监管，确保在法律框架内依法有序发展，对发现的违法行为，应当依法予以处罚。行政处罚应当以事实为依据，法律责任与违法行为的事实、性质、情节以及社会危害程度相当，应当遵循比例原则。《行政处罚法》第二十七条规定："当事人有下列情形之一的，应当依法从轻或者减轻行政处罚：（一）主动消除或者减轻违法行为危害后果的；（二）受他人胁迫有违法行为的；（三）配合行政机关查处违法行为有立功表现的；（四）其他依法从轻或者减轻行政处罚的。违法行为轻微并及时纠正，没有造成危害后果的，不予行政处罚。"因此，对于网约车的行政处罚应当综合考虑网约车这种共享经济新业态的特殊背景，即使经营者有非法营运的行为，但该行为的社会危害性较小，在处罚时应综合考虑其从事该行业的背景、时间、订单数、总金额等因素。在网络预约出租车的市场占有率、获利情况、对传统巡游出租车的影响等因素均不明朗的情形下，被告广州市交委没有衡量在资源重新配置中获益者与受损者之间利益比例，对网络预约出租车驾驶员进行处罚，由其成为全部的受损方，明显不当。

网络预约出租车是一种新的服务业态，相关法律对网约车的规定不明确，网络预约出租车这种新的交通服务模式在交通管理领域处于模糊状态，直至 2016 年国务院办公厅《关于深化改革推进出租汽车行业健康发展的指导意见》（国办发〔2016〕58 号）致力于积极稳妥地推进出租汽车的行业改革，推动了传统巡游出租车和网络预约出租车经营两种业态的融合发展；随后，交通运输部、工信部等七部委联合发布的《网络预约出租汽车经营服务管理暂行办法》明确了网约车的发展定位，确定有序发展网约车；交通监管部门对网络预约出租车的发展一直持支持、鼓励与引导的态度。对伴随科技进步与市场经济发展而出现的被广大老百姓普遍接受且没有社会危害性的新型行业，应当给予适度的理解和宽容。出租汽车是城市综合交通运输体系的组成部分，是城市公共交通的补充，为了构建多样化、差异化出行服务体系，更好地满足人民群众出行需求，国家一直在推进出租汽车行业结构改革。广州市网络预约出租车的出现，为广州市民提供了安全、便捷、舒适、经济的出行服务，较好解决了广州市民出行难的问题，也缓解了广州市公共交通压力。在法律规定不明确、监管规范不到位、社会负面影响不明显的情况下，不宜从严定性、从重处理，将新生事物抹杀在成长过程中不利于社会主义市场经济的发展和社会的进步。综上，被告广州市交委对原告蔡平作出的行政处罚事实不清，定性错误，适用法律错误，处罚明显不当，应予撤销。被告广州市政府作出维持原行政处罚的行政复议决定错误，应当予以撤销。

上诉人广州市交委不服，提起上诉称：一、原审判决引用事后文件及法规认定上诉人适用法律错误，做法不适当。本案案发时间为 2016 年 4 月 17 日，同年 5 月 16 日上诉人作出处罚决定，而原审判决引用的国务院办公厅《关于深化改革推进出租汽车行业健康发展的指导意见》（国办发〔2016〕58 号）、交通运输部等七部委联合印发《网络预约出租汽车经营服务管理暂行办法》印发时间分别是 2016 年 7 月 26 日、2016 年 7 月 27 日，实施时间均为同年 11 月 1 日，按照"法不溯及既往"原则，原审判决引用上述文件及规章作为对过去行为的认定依据并不适当。二、将本案的网约车运营行为认定为出租车客运依据不足。在关于网约车相关规定出台前，广州市出租车行业管理的主要法规为《广州市出租汽车客运管理条例》和《广东省出租汽车管理办法》。当时出租车客运仅有巡游出租汽车一种模式，未将网约车纳入出租汽车管理，因此原审判决将本案发生时的网约车运营行为定性为出租汽车客运行为依据不足，广州市交委根据《中华人民共和国道路运输条例》《道路旅客运输及客运站管理规定》认定为道路旅客运输在当时是准确的，并无不当。三、本案的法律责任界定清晰，原审判决关于法律责任共同承担的认定并不准确。案发时，没有相关法律法规将网约车平台界定为承运人，即便按照最新的网约车规定也是网约车平台与驾驶员各自承担法律责任。四、《道路运输条例》第六十四条对于未经许可擅自从事道路旅客运输的处罚额度为"没有违法所得或违法所得不足 2 万元的，处 3 万元以上 10 万元以下的罚款"，上诉人对被上诉人的处罚 3 万元是依据处罚下限处理，并未违反"比例原则"对其从重处罚。五、原审判决中网约车"较好地缓解了出行难问题""将新生事物抹杀在成长过程中不利于社会主义市场经济的发展和社会的进步"的判断存在片面性。实际中网约车也存在明显安全问题，网约车的无序发展增加城市交通拥堵。上诉人作为交通行业主管部门，在国家相关管理规定未明晰前对网约车加强监管，是履行自身职责的体现。综上，上诉人作出的行政处罚并无不当。请求二审法院撤销原审判决，维持上诉人依法作出的行政处罚决定。

被上诉人蔡平未向法院提交书面的答辩意见，其在庭审过程中口头答辩称，自己并没有非法营运，而是以非盈利为目的顺路搭载他人，也没有收取乘客费用。广州市交委作出的行政处罚决定没有依据，原审判决撤销其处罚决定正确，应予维持。

原审被告广州市人民政府也未向法院提交书面答辩意见，其在庭审中表示，自己的意见与广州市交委上诉意见一致。

庭审中，蔡平称其是通过下载网约车平台"滴滴打车"APP，经由滴滴打车平台分配，以个人所有的小汽车搭载乘客的，广州市交委对此并不否认。

二审法院认为网络预约出租汽车是近年来城市客运领域中出现的一种新的服务业态，是基于资源共享理念，以互联网技术为依托，通过整合私有小汽车资源和公众出行需求，使用符合条件的车辆和驾驶员，为公众提供非巡游的预约汽车服务，实现两者快速有效匹配的一种新型共享经济模式。网络平台运营商、私有小汽车业主或者驾驶员，以及乘客是这一新型共享经济模式的三个基本主体要素。相较传统的巡游出租汽车经营模式，网络预约出租汽车无疑是一种全新的出租汽车服务模式，必然对现行的城市客运出租汽车市场产生各种积极或者消极的影响。上诉人作为对城市汽车客运市场负有管理职责的行政机关，其对网络预约出租汽车这一新生事物进行严格依法规范管理，二审法院持毫无保留的支持和鼓励态度。但是，基于以下两个原因，二审法院对于上诉人广州市交委作出的涉案行政行为不能支持：

第一，网络预约出租汽车是在"互联网＋"理念下形成的一种新型的共享经济模式，这种模式下的司机通过网络平台获取服务信息，并且在提供运输服务后通过网络平台分配收益。司机虽然没有取得相应的旅客运输行政许可，但是其与传统的未取得旅客运输行政许可而从事旅客运输活动的单个非法营运行为（俗称"黑车"）存在重要区别：对于后者，早已有相应的法规规章予以约束和规范；而对于前者这种新型的出租汽车服务模式，本案争议行政行为作出的当时并没有任何相应的法律、法规、规章，甚至规范性文件进行规范。对于这一点，上诉人也在上诉状中坦承，"上诉人对被上诉人作出处罚决定是在 2016 年 5 月 16 日，而此时国家及省、市网约车相关文件及规章均未出台。"上诉人并认为，将本案的网约车运营行为认定为出租车客运，依据不足。法治之对于公众而言，其基本原则为"法无禁止即可为"，面对尚无法律、法规或者规章、文件规范的新生事物，作为行政机关的上诉人可以从提供服务或者指引的角度，引导公民、法人或者其他组织有序经营。而上诉人直接将刚刚出现，法律性质并不明确的网络预约出租汽车这一新生事物定性为"非法营运"，并适用《道路运输条例》第六十四条的规定，将被上诉人的营运行为混同为一般违法从事客运经营的行为作出处罚，并不符合法治的基本原理和原则。基于同样理由，《广州市出租汽车客运管理条例》仅仅是规范传统巡游出租汽车运营行为的法律依据，并无涉及网络预约出租汽车这一新生事物的内容，故原审判决适用该条例，认定被上诉人蔡平的载客行为违法亦属不当，应予纠正。

第二，网络平台运营商、司机以及乘客是网络预约出租汽车这一新的共享经济模式的三方参与主体，前两者为共同不可分割的一方主体，向第三方即乘客提供一项预约运输服务。根据上诉状的内容，上诉人对于蔡平从事的是网络预约出租汽车服务这一事实应当十分清楚，但其仅对提供服务的司机作出处罚，而至今未对网络平台运营商作出处理，存在选择性执法的问题。上诉人认为，"本案发生时，国家、省、市网约车相关规定并未出台，没有相关法律法规规定将网约车界定为承运人。若当时将网约车平台和原告都界定为运输服务提供方，并共同承担未经许可从事道路客运经营的法律责任，法律依据不足。"二审法院认为，上诉人的上述认识，正好说明了其已经意识到，对网络预约出租汽车服务的提供者作出处罚缺乏充分的法律依据，但其仍将网约车平台运营商和司机割裂开来，仅对司机一方作出处理令人遗憾，是错误的。

被上诉人的行为既然不存在违法问题，本案也就没有了适用比例原则的空间，原审判决的该部分内容存在理据不够充分和评价不适当的问题。但是，原审判决撤销上诉人作出的行政处罚决定，以及原审被告作出的行政复议决定结果正确，应予维持。

评　析

一、分享经济的发展及其规制

分享经济在现阶段主要表现为利用网络信息技术，通过互联网平台将分散资源进行优化配置，提高利用效率的新型经济形态。[①] 分享经济作为全新的经济模式，打破了传统法律意义上的经营权的边界，对于以政府为中心的传统监管体制构成严峻挑战。如果将分享经济拉回到传统管制体系中，无异于削足适履，但是任由分享经济发展，市场失灵甚至失控都是难以预料的。分享经济的迅速发展打破了依据传统经济模式构建起来的法律制度的平衡，倒逼监管体系

---

① 2017年7月3日，国家发展改革委联合中央网信办、工业和信息化部、人力资源社会保障部、税务总局、工商总局、质检总局、国家统计局，印发《关于促进分享经济发展的指导性意见》。

的重构和法律制度的完善。由于分享经济的发展加快触及传统的行政和行业壁垒，众筹金融的法律风险、网约车的合法性、不正当竞争、雇佣与劳动关系、消费者保护、用户隐私和数据安全等监管难题均引起较多讨论。[①]

传统经济模式下，政府通过设置市场准入门槛、监督经营行为等发挥主导作用。我国目前的事前许可加事后处罚体制是根据行政管理部门在现实社会中的管理权限划分管理职责，搬到互联网上以后，无法适应网络环境。每当出现一种新技术新业态，就必须不断划分管理职责，重新确定主管部门，否则就会无人管理或者争权夺利。[②]分享经济的发展促使我们重新思考现行的行政许可的监管模式的目的及其可能的替代方式。以出租车行业为例，存在出租公司经营资格许可、出租车辆的运营许可、司机的客运许可三重行政许可。[③]现行《道路运输条例》第八条规定了出租车公司的经营许可，第九条规定了驾驶员的客运许可。[④]2014 年交通运输部《出租

---

① 沈岿：《互联网经济的政府监管原则和方式创新》，载《国家行政学院学报》2016 年第 2 期。

② 周汉华：《论互联网法》，载《中国法学》2015 年第 3 期。

③ 2004 年《国务院对确需保留的行政审批项目设定行政许可的决定》（国务院令 412 号）中规定出租汽车经营资格证、车辆运营证和驾驶员客运资格证的核发，由县级以上地方人民政府出租汽车行政主管部门负责发放行政许可。

④ 《道路运输条例》第八条：申请从事客运经营的，应当具备下列条件：（一）有与其经营业务相适应并经检测合格的车辆；（二）有符合本条例第九条规定条件的驾驶人员；（三）有健全的安全生产管理制度。第九条规定：从事客运经营的驾驶人员，应当符合下列条件：（一）取得相应的机动车驾驶证；（二）年龄不超过 60 周岁；（三）3 年内无重大以上交通责任事故记录；（四）经设区的市级道路运输管理机构对有关客运法律法规、机动车维修和旅客急救基本知识考试合格。

汽车经营服务管理规定》第八条规定了出租汽车经营许可条件。^①整合《道路交通运输条例》和《出租汽车经营管理规定》中规定的出租车经营许可条件，其中核心要件有三个，车辆、驾驶员、制度。第一个要件是车辆，有三个要素与经营有关，一是车辆权属，二是车辆质量和安全状况，三是车辆提供服务的可能性。车辆所有权是归属于出租车公司还是私人并不必然影响公共安全，事实上，有些城市也存在私人所有的出租车。当然作为上路行驶的车辆，无论是出租车还是私家车，都必须经过车辆检验等法定审核程序，以确保安全，这种针对车况和安全的检测与车辆所有权无关。滴滴公司等互联网平台公司虽然并不拥有车辆的所有权，但是通过和个人车主签署协议，享有车辆的调配权，可以为乘客服务。第二个条件是制度。无论是出租车公司还是网络平台公司都具备进行必要安全保障的条件。出租车公司和网络平台公司都可以通过完善安全管理制度，提高安全保障。对比出租车经营许可中的各项条件，滴滴专车等平台公司和出租车公司最大的区别在于第三个要件，即驾驶员及其资格许可。出租车公司的驾驶员除了机动车驾驶证之外，还需要具备道路运输行业的资格。2006年交通部发布《道路运输从业人员管理规定》，其中规定经营性道路旅客运输驾驶员应当符合下列条件：（一）取得相应的机动车驾驶证1年以上；（二）年龄不超过60周岁；（三）3年内无重大以上交通责任事故；（四）掌握相关道路旅客运输法规、机动车维修和旅客急救基本知识；（五）经

---

① 申请出租汽车经营的，应当根据经营区域向相应的设区的市级或者县级道路运输管理机构提出申请，并符合下列条件：（一）有符合机动车管理要求并满足以下条件的车辆或者提供保证满足以下条件的车辆承诺书：1.符合国家、地方规定的出租汽车技术条件；2.有按照第十三条规定取得的出租汽车车辆经营权。（二）有取得符合要求的从业资格证件的驾驶人员。（三）有健全的经营管理制度、安全生产管理制度和服务质量保障制度。（四）有固定的经营场所和停车场地。

考试合格，取得相应的从业资格证件。其中前三个条件，掌握相关道路旅客运输法规、机动车维修和旅客急救基本知识，既可以通过设定资格考试证明，也可以通过日常培训实现。而且这些知识和技能需要经常更新，并非通过了考试就可以一劳永逸，仍然需要不断通过培训提高。综合以上分析可知，乘客安全的保障并非必须通过多重许可才能实现。因此，目前实行的经营许可和从业人员的双重许可并存的必要性值得怀疑。①本案的争议就是由于原告没有取得《广东省出租汽车管理办法》规定的多重行政许可。国家发展和改革委员会2017年发布《关于促进分享经济发展的指导性意见》中提出："按照'鼓励创新、包容审慎'的原则，发展与监管并重，积极探索推进，加强分类指导，创新监管模式，推进协同治理，健全法律法规，维护公平竞争，强化发展保障，充分发挥地方和部门的积极性、主动性，支持和引导各类市场主体积极探索分享经济新业态新模式。""鼓励创新、包容审慎"的原则就是引导政府监管体制改革，从标准设计看，市场准入的"高门槛"容易引发限制竞争的效果。如果网约车监管承继出租客运管理的模式，通过对运营车辆、驾驶员和平台准入限制试图实现市场的风险识别和秩序安全，过高的准入要求与网约车发展初期的平民化、共享性有所违背。②笔者建议将双重乃至多重政府行政许可变革为单层政府许可，将其他依赖多种审批实现的目标转化为加强司机培训或者事中、事后监管措施来保障，从而适应弱化事前行政审批，强化事中、事后监管措施的模式变革。减少行政许可层次和类型，弱化事前审批，

---

① 王敬波：《面向分享经济的合作规制体系构建》，载《四川大学学报（哲学社会科学版）》2020年第4期。

② 刘乃梁：《包容审慎原则的竞争要义——以网约车监管为例》，载《法学评论》2019年第5期。

将行政许可与培训、监管等多种方式相结合。改革现行以政府为中心的规制体系，建立政府、平台、用户、公众共同参与的合作规制体系。创新监管方式，构建信息规制和信用管理协调运行的监管体系。

二、对待新经济模式的司法态度

网约车作为互联网和技术革命的直接产物以令人惊喜的方式改变了人们的交通出行，但是在对传统出租车行业带来巨大冲击的同时，也对现行法律制度、行政执法、司法带来直接的挑战。行政机关在罚与不罚之间纠结，因此引发的诉讼案件也让法院颇费思量。广州铁路运输中级法院关于广州交通委员会与蔡平行政处罚案件的裁判是在法治的稳定性与经济发展的变革性之间寻求平衡。法院在面对新技术发展所体现的开放、开明，面对游走在法律模糊地带的新经济模式所秉持的包容、审慎，都是值得鼓励的有益探索。一审和二审的判决说理殊途同归。虽然选择的路径不同，但是一审和二审判决都试图在现行法律制度的严密体系中为网约车的发展找到一丝缝隙。类似的问题和努力在"美国伊利诺伊州运输贸易协会诉芝加哥"案中，也可以看到。美国伊利诺伊州运输贸易协会对芝加哥市政府颁布的规制网约车的规则不服，认为有违法律上的平等保护原则，向法院提起诉讼。[①] 虽然中美的案件起因不同，但是中美法官面对的都是由于互联网行业发展带来的企业竞争所引发的权利冲突和监管困境。首先，中美法官都注意到网约车是一场技术革命，在判决中对比网约车和传统出租车行业的不同。广州铁路运输法院的二审判决书中写道：网络预约出租汽车是在"互联网＋"理念下形

---

① 关于波斯纳法官判决的引用，除非另有注明，皆引自施立栋译：《波斯纳法官谈网约车的规制——伊利诺伊州运输贸易协会诉芝加哥案》，载《苏州大学学报》2017年第4期。

成的一种新型的共享经济模式，这种模式下的司机通过网络平台获取服务信息，并且在提供运输服务后通过网络平台分配收益。在这种模式下，司机虽然也没有取得相应的旅客运输行政许可，但是其与传统的未取得旅客运输行政许可而从事旅客运输活动的单个非法营运行为（俗称"黑车"）存在重要区别：对于后者，早已有相应的法规规章予以约束和规范；而对于前者这种新型的出租汽车服务模式，本案争议行政行为作出的当时并没有任何相应的法律、法规、规章，甚至规范性文件进行规范，因此并不违法。美国波斯纳法官在比较了优步（Uber）和出租车的差异之后，也指明："出租车行业与网约车行业之间有太多的差异点了，这足以证成对这两类车辆采取不同规制方案的正当性，从而消解原告提出的平等保护主张。"其次，对于新技术和新商业模式，法官都主张给予必要的包容。一审判决明确"这种伴随科技进步与市场经济发展而出现的被广大老百姓普遍接受且没有社会危害性的新型行业，应当给予适度的理解和宽容"。又言及"在法律规定不明确、监管规范不到位、社会负面影响不明显的情况下，不宜从严定性、从重处理，将新生事物抹杀在成长过程中不利于社会主义市场经济的发展和社会的进步"。虽然一审判决书中对于网约车的评价被二审法院认为并不妥当，但是面对新技术革命，美国波斯纳法官也不禁感慨："事实上，当新技术或者新商业模式诞生时，通常的结局是旧技术或商业模式退居二线甚至消亡。如果认为旧事物的权利人拥有排除新生事物进入既有市场之宪法性权利，那么经济发展的进程就会逐渐停顿下来。我们可能仍然停留在依靠马匹和马车出行的年代，而不会有出租车；可能仍然停留在依赖计算尺测度的年代，而不会有计算机。过气之物会要主张要求平等对待的权利。"再次，差异化设计分类监管是传统行业与新兴行业矛盾的平衡之术。波斯纳法官提出"本案涉及的平等保护问题的核心争点在于，对芝加哥市出租车和网约车分别制定不同的管理规则，此种差异化的规则设计究竟是任意武断的还是合情合理的"。

市场和技术都是不可阻挡的力量。网约车合法化过程绝不仅仅是一个对新生事物的简单制度回应，而是展现了当下信息技术革命对法律规制模式的挑战和突破。随着智能互联网的加速发展，这种挑战和突破的速度会更快、数量会更多、可复制性和连锁性会更强，甚至还会出现叠加效应，法律规制所面临的变革压力也就会更大。[①]如何在不同的利益冲突中，坚守法律原则，顺应未来发展，寻找多元利益的最大公约数，实现法律的良性运行，无疑是对立法者的立法技术、政府的监管能力以及法官的裁判艺术的巨大考验。

---

① 马长山：《智慧社会建设中的"众创"式制度变革——基于"网约车"合法化进程的法理学分析》，载《中国社会科学》2019年第4期。

13. 行政处罚明显不当的司法审查

——方林富炒货店诉西湖区市场监督管理局行政处罚案

案件索引：浙江省杭州市西湖区人民法院（2016）浙 0106 行初 240 号；浙江省杭州市中级人民法院（2018）浙 01 行终 511 号

基本案情

方林富和庞清连系夫妻。2014 年 10 月 28 日，庞清连取得个体工商户营业执照，经营范围包括预包装食品、散装食品的零售等。2015 年 11 月 5 日，西湖区市场监管局接到消费者投诉举报后到原告位于杭州市西湖区西溪路 78 号的店铺进行现场检查，发现原告店铺西侧墙上印有两块"方林富炒货店杭州最优秀的炒货特色店铺""方林富杭州最优秀的炒货店"内容的广告；店铺西侧柱子上印有一块"杭州最优炒货店"字样的广告牌；店铺展示柜内放置有两块手写的商品介绍板，上面分别写了"中国最好最优品质荔枝干"和"2015 年新鲜出炉的中国最好最香最优品质燕山果子"的内容，展示柜外侧的下部有一块广告，上面写了"本店的果子，不仅是中国最好吃的，也是世界上最高端的果子"；对外销售果子所使用的包装袋上印有"杭州最好吃的果子"和"杭州最特色炒货店铺"的内容。西湖区市场监管局认为原告在其经营场所内外及包装袋上发布广告，并使用"最好""最优""最香""最特色""最高端"等绝对化宣传用语，违反了《中华人民共和国广告法》（以下简称《广告法》）第九条第（三）项规定，根据《广告法》第五十七条第（一）项、《杭州市规范行政处罚自由裁量权的规定》第九条的规定，依法从轻处罚，决定：责令原告停止发布使用绝对化用语的广告，并处罚款 20 万元，上缴国库。原告不服，于 2016 年 3 月 29 日向杭州市市场监管局申请行政复议，杭州市市场监管局作出复议决定，维持原处罚决定。原告不服，于 2016 年 8 月 19 日诉至法院。原告诉称，一、被诉处罚决定认定事实不清。处罚决定认定"最好""最优""最香""最特色""最高端"违反了《广告法》第九条第（三）项的规定，但没有明确"最特色"的用语是违反了"国家级"还是"最高级"抑或"最佳"等用语的规定。二、被诉处罚决定适用法律错误。原告使用的"杭州最优秀的炒货特色商铺""杭州最优秀的炒货店""杭州最优炒货店""杭州最特色炒货店铺"用语均是在介绍经营场所，不是介绍商品或服务，不能适用《广告法》进行定性处罚。三、被诉处罚决定对象错误。原告是个体工商户，其行政责任应由经营者承担，处罚对象应是经营者庞清远。四、原告的违法情节轻微，原告只在自己店里发布广告，且广告持续时间较短，设置展示柜广告仅一个月时间，外墙广告仅 3 天。被告西湖区市场监管局对原告处以 20 万元罚款畸重。诉请判令：一、撤销被告西湖区市场监管局作出的行政处罚决定；二、撤销被告杭州市市场监管局作出的复议决定；三、本案诉讼费由被告承担。

被告西湖区市场监管局辩称，被诉处罚决定认定事实清楚、证据确凿，被诉处罚决定适用法律法规正确。被告根据本案实际情况依据《广告法》第五十七条规定，对原告罚款 20 万元，已是在《广告法》规定幅度内最轻的行政处罚，处罚合法，裁量得当。被告作出处罚决定程序合法。被告于 2015 年 11 月 5 日收到消费者投诉后立案调查。调查取证工作由两名具有执法资质的工作人员进行。被告作出处罚前，告知了原告依法享有的权利，并应原告申请，举行了听证。经集体讨论后，被告于 2016 年 3 月 22 日作出被诉处罚决定并送达原告。请求驳回原告的诉讼请求。

判决与理由

依照《行政诉讼法》第七十七条、第七十九条之规定，一审法院判决：一、变更杭州市西湖区市场监督管理局于 2016 年 3 月 22 日作出的（杭西）市管罚处字〔2015〕534 号行政处罚决定中"处以罚款 20 万元"为"处以罚款 10 万元"；二、撤销杭州市市场监督管理局于 2016 年 8 月 10 日作出的（杭）市管复决字〔2016〕139 号行政复议决定。案件受理费 50 元，由被告杭州市西湖区市场监督管理局和杭州市市场监督管理局各负担 25 元。二审法院维持了一审判决。

一审和二审法院认为，根据《广告法》第六条第二款规定，被告西湖区市场监管局作为行使工商行政管理职能的部门，具有对本行政区域内的广告进行监督管理的法定职权。《广告法》第二条第一款规定："在中华人民共和国境内，商品经营者或者服务提供者通过一定媒介和形式直接或者间接地介绍自己所推销的商品或者服务的商业广告活动，适用本法。"原告发布"中国最好最优品质荔枝干""2015 年新鲜出炉的中国最好最香最优品质燕山果子""杭州最好吃的果子"属于对商品直接介绍；原告发布"方林富炒货店杭州最优秀的炒货特色店铺""方林富杭州最优秀的炒货店""杭州最优炒货店""杭州最特色炒货店铺"属于对店铺的介绍,均属于《广告法》的调整范畴。《广告法》中的"介绍"包括直接介绍商品或者服务,也包括介绍企业形象等间接宣传,因为间接宣传的目的和作用仍然是使消费者对企业认可,从而购买其商品或者服务。原告关于"杭州最优秀的炒货特色店铺"等介绍店铺形象的宣传用语不受《广告法》调整的主张,不能成立。

《广告法》第九条第(三)项规定:广告不得有下列情形:……(三)使用"国家级""最高级""最佳"等用语;……。该项规定禁止使用的广告用语,不仅包括已列举的"国家级""最高级""最佳",还包括与这些用语表达含义相当的绝对化用语。本案中,被告西湖区市场监管局提交的案涉现场及包装袋照片、询问笔录等证据可以证明原告发布的广告内容违反了《广告法》第九条第(三)项的规定,原告的违法事实成立。"杭州市西湖区方林富炒货店"系个体工商户营业执照上登记的字号,被诉处罚决定以该字号为被处罚人,并无不当。原告关于处罚对象错误的意见,不予采纳。根据《广告法》第五十七条第(一)项规定,发布有《广告法》第九条规定的禁止情形的广告的,由工商行政管理部门责令停止发布广告,对广告主处20万元以上100万元以下的罚款,情节严重的,并可以吊销营业执照。故被诉处罚决定责令原告停止发布使用绝对化用语的广告,有相应的事实和法律依据。关于罚款数额,原告主张被告对其处以20万元罚款畸重。法院认为,罚款是行政处罚的种类之一,对广告违法行为处以罚款,除了应适用《广告法》的规定,还应遵循《行政处罚法》的规定。《行政处罚法》第四条第二款规定了过罚相当原则,即"设定和实施行政处罚必须以事实为依据,与违法行为的事实、性质、情节以及社会危害程度相当";第五条规定了处罚与教育相结合原则,即"实施行政处罚,纠正违法行为,应当坚持处罚与教育相结合，教育公民、法人或者其他组织自觉守法"。《行政处罚法》第二十七条第一款规定了从轻、减轻的情形："当事人有下列情形之一的，应当依法从轻或者减轻行政处罚：（一）主动消除或者减轻违法行为危害后果的；（二）受他人胁迫有违法行为的；（三）配合行政机关查处违法行为有立功表现的；（四）其他依法从轻或者减轻行政处罚的。"第二款规定了不予处罚的情形："违法行为轻微并及时纠正，没有造成危害后果的，不予行政处罚。"其中"从轻处罚"是指在最低限以上适用较低限的处罚，"减轻处罚"是指在最低限以下处罚。具体到本案，被告西湖区市场监管局适用了从轻处罚，将罚款额度确定为《广告法》规定的最低限，即 20 万元。法院作为司法机关，对行政机关的裁量，一般予以认可，但是，根据《行政诉讼法》第七十七条第一款规定，行政处罚明显不当的，人民法院可以判决变更。本案 20 万元罚款是否明显不当，应结合《广告法》禁止使用绝对化用语所需要保护的法益，以及案件的具体违法情形予以综合认定。《广告法》是一部规范广告活动，保护消费者合法权益，促进广告业健康发展，维护社会经济秩序的法律。该法明确禁止使用"国家级""最高级""最佳"等绝对化用语。在广告中使用绝对化用语，不仅误导消费者，不当刺激消费心理，造成广告乱象，而且贬低同行，属于不正当的商业手段，扰乱市场秩序。原告的广告违法行为既要予以惩戒，同时也应过罚相当，以起到教育作用为度。根据案涉违法行为的具体情况来考量违法情节及危害后果。首先，原告系个体工商户，在自己店铺和包装袋上发布了相关违法广告，广告影响力和影响范围较小，客观上对市场秩序的扰乱程度较轻微，对同行业商品的危害较小。其次，广告针对的是大众比较熟悉的日常炒货，栗子等炒货的口感、功效为大众所熟悉，相较于不熟悉的商品，广告宣传虽会刺激消费心理，但不会对消费者产生太大误导，商品是否其如商家所宣称"最好"，消费者自有判断。综合以上因素，法院认为原告的案涉违法行为情节较为轻微，社会危害性较小，对此处以 20 万元罚款，在处罚数额的裁量上存在明显不当。根据本案前述具体情况，法院将罚款数额变更为 10 万元。关于复议决定，《行政诉讼法》第七十九条规定："复议机关与作出原行政行为的行政机关为共同被告的案件，人民法院应当对复议决定和原行政行为一并作出裁判。"故案涉行政复议决定也应予以撤销。

评　析

一、行政处罚法与广告法的适用

本案涉及违法广告的行政处罚，涉及两部法律规定，一部是《广告法》，另一部是《行政处罚法》。在法律适用选择上，需要进一步区分为案件事实认定法律适用、具体法律规则和法律原则选择等两个问题的分析。

《广告法》是关于广告业管理的一般法，《行政处罚法》是关于行政处罚的基本法。对于广告的管理规则以及违法广告的认定，涉及比较强的专业性，属于行政权范畴，应当优先适用《广告法》的规定。本案中对店铺和商品的介绍内容均由原告发布用以直接或间接介绍自己所售卖的商品，应当认定为《广告法》第二条所称之广告活动，且明显违反《广告法》第九条第（三）项的规定，可以适用《广告法》第五十七条第（三）项的规定作出处理。

涉及行政处罚形式和量罚额度的法律适用，《广告法》相对于《行政处罚法》而言，其关于行政处罚的规定属于特别法。按照特别法优于一般法的基本法律原则，对于处罚方式和标准适用《广告法》的规定。根据《广告法》第五十七条第（一）项规定，发布有《广告法》第九条规定的禁止情形的广告的，由工商行政管理部门责令停止发布广告，对广告主处 20 万元以上 100 万元以下的罚款，情节严重的，并可以吊销营业执照。从形式法治的角度看，行政处罚决定事实清楚，于法有据。引起争议的是《广告法》没有规定惩罚和教育相结合、罚过相当等行政处罚的基本原则，也没有规定从轻、减轻或者不予处罚的情形。《行政处罚法》规定的法律原则是否适用于广告处罚行为中，即法律原则和法律规则的关系。理论界对此有不同的观点。第一，规则优先的理论。规则优先是处理行政法规则与行政法原则关系的一个传统理论或者说一个最为基本的理论。强调的是法律规范对行政主体行为方式的约束力和强制力。行政主体不能在舍弃法律规则的情况下追寻行政法原则。第二，原则优先的理论主张在行政法的执行和适用中，行政主体首先应当考虑选择法律原则，其次才是规则的选择问题。第三，原则制约规则的理论。该理论认为行政法原则与行政法规则在适用中的具体表现只是它们的外在形式，而从本质上讲，行政法原则与行政法规则存在逻辑上的关联性。一方面二者存在于一个法律体系乃至于法律典则之中，另一方面二者不仅仅是名称上和规范形式上的区分，而是一种相互贯通的关系形式。在这个贯通的关系形式中，行政法原则处于相对较高的地位，而行政法规则则处于相对较低的地位。第四，原则补充规则的理论。即指在行政法的规制过程中，规则是设定权利和义务的主流规范，是调整行政关系以及社会关系的最基本的行为准则。而原则不是基本规范和主要规范，它仅仅起到对规则进行补充的作用，行政主体在有明确的法律规则可以适用时，只能选择具体的法律规则，不能超越法律规则，选择法律原则。[①] 笔者认为无论是强调原则优先规则还是规则优先原则，都过于绝对，还是应当采取区分的方式进行判断。随着行政法治逐步从形式法治向实质法治方向发展，在实质法治目标下依法行政，不仅限于依成文法行政，也包括依法律原则行政。行政机关作出行政行为不仅需要有明确的法律依据，也需要遵循法治的基本原则。法律原则正发挥着矫正法律规则和为行政裁量寻找边界的功能。"当我们说某一原则是我们法律制度的原则时，它的全部含义是：在相关的情况下，官员们在考虑决定一种方向或另一种方向时，必须考虑这一原则。"[②] 对于行政处罚法、行政许可法、行政强制法等行政行为的基本法中所确定的法律原则应当起到规制行政法规则的作用，如处罚和教育相结合原则对于所有的行政处罚都应当适用。公开、公平、公正以及便民等行政许可法确立的法律原则可以适用于所有的行政许可行为。由于行政处罚是最为典型的负担性行政行为，法律原则就显得更为重要。《广告法》第五十七条规定了该种广告违法行为的一般情形和情节严重情形，该条没有明确惩罚和教育相结合原则，也没有规定过罚相当原则，但是《行政处罚法》作为基本法，其所规定的过罚相当原则、处罚与教育相结合原则也应适用于广告行政处罚行为中。

《行政处罚法》第二十七条规定了依法应当从轻、减轻或者不予行政处罚的法定情形。这里的"从轻、减轻或者不予行政处罚的情形"并不属于法律原则，而是法律实施的具体规则。该法律适用规则是否也应适用于广告处罚行为中，是一个需要进一步讨论的问题。

---

① 关保英：《行政法原则与行政法规则关系的实在法向度》，载《甘肃社会科学》2016 年第 2 期。

② 〔美〕罗纳德·德沃金：《认真对待权利》，信春鹰等译，中国大百科全书出版社 1998 年版，第 43 页。

二、行政裁量及其司法审查

社会之所以高度关注本案，一个很重要的因素是处罚决定不符合社会公众所认知的合理性，一个小炒货店仅仅因为使用了几个"最"字就被处罚二十万元，社会公众认为处罚过重，这就涉及法律意义上的行政处罚及其裁量因素。行政裁量的本质是行政机关享有的、不受他方任意干涉的、专业的、首要的判断权，这一判断权是行政机关独立行政、实现管理职能的基本保障。作为常规处罚考量因素的主要有：案件具体事实、违法行为的社会危害性和违法行为人的主观过错等。具体到本案中，原告发布的广告确实违法，广告违法行为显然具有一定的社会危害性。原告虽然表达了知错即改的态度，但是在整改中并不彻底。由此可见，原告的违法行为不具备不予处罚的法定情形，对其实施行政处罚以示惩戒仍属必要。但是也应注意到，案涉广告由原告自行制作发布，主要在店铺内外展示，与通过大众传媒发布方式存在较大差异，对消费者的误导程度和范围有限。虽有社会危害性但并不严重，行政机关如果选择减轻处罚，则比在法定罚款额度内选择从轻处罚更加符合过罚相当原则。

行政裁判尊重行政权的专业与效能，对于明显不当的行政行为，可以依据《行政诉讼法》第七十条规定撤销或者变更。但是"明显不当是一项极具不确定性的标准，同样存在着判断上的困难"。[①] 通常意义上的司法变更行政决定是在成文法明确规定的处罚形式和幅度范围内进行的。假如本案中行政机关处以罚款 30 万元，法院可以改变为 20 万元，但是本案的情况是行政机关选择的本来就是最低的罚款额度，法院是否可以超越成文法明确规定的处罚额度下限直接进行变更判决，是否会构成司法权对行政权的僭越，仍然有值得讨

---

① 施立栋：《绝对化广告用语的区分处罚》，载《法学》2019 年第 4 期。

论的空间，笔者对此持与法院不同的态度，认为法院不应超越成文法明确规定的范围进行变更。当然，需要讨论的还有《广告法》的立法缺陷，虽然可以理解为通过制定比较严厉的处罚措施，从而实现对于违法广告的严格监管，但是其立法过于粗疏的漏洞仍然是存在的。过罚相当原则只是原则性规定，缺乏具体的判断标准，难以为具体案件提供分析工具。司法机关只能进行个案审查，并不能提供行政裁量基准。一个更为科学的路径是优化立法，提高立法精细化的程度。如果《广告法》对于违法使用绝对化广告用语的违法行为及其法律责任，针对不同类型的商户、不同损害后果等进行更加细致的分类，区分设定处罚方式和罚款额度，其立法的科学化程度显然会更高，也有利于降低和减少行政执法和司法中的困惑。

14. 规范性文件的审查

——陈爱华诉江苏省南京市江宁区住房和城乡建设局不履行房屋登记法定职责案

案件索引：南京市江宁区人民法院（2013）江宁行初字第 049 号，南京市中级人民法院（2013）宁行终字第 56 号

基本案情

南京市江宁区双龙大道 833 号南方花园 A 组团 23-201 室房屋所有权人为曹振林。2011 年 5 月 23 日，曹振林亲笔书写遗嘱，将该房产及一间储藏室（8 平方米）以及曹振林名下所有存款、曹振林住房中的全部用品无条件赠给原告陈爱华。后曹振林于 2011 年 6 月 22 日在医院去世。2011 年 7 月 22 日，原告经江苏省南京市南京公证处作出公证，声明接受曹振林的全部遗赠。2011 年 8 月 3 日，原告携带曹振林遗嘱、房产证、公证书等材料前往被告区住建局下设的房地产交易中心办理房屋所有权转移登记被拒绝。2011 年 10 月 10 日，原告向被告提出书面申请要求被告依法为其办理房屋所有权转移登记，被告于 2011 年 10 月 27 日书面回复，以"遗嘱未经公证，又无'遗嘱继承公证书'"为由不予办理遗产转移登记。综上，原告认为被告强制公证的做法，与我国现行的《继承法》《物权法》《公

证法》等多部法律相抵触。故向法院提起行政诉讼，要求法院确认被告拒为原告办理房屋所有权转移登记的行为违法，责令被告就涉案房屋为原告办理房屋所有权转移登记。

判决与理由

南京市江宁区人民法院依照《行政诉讼法》第五十四条第（二）项、第（三）项之规定，于 2013 年 7 月 24 日判决如下：

一、撤销被告区住建局于 2011 年 10 月 27 日作出的《关于陈爱华办理过户登记申请的回复》。

二、责令被告区住建局在本判决书发生法律效力后 30 日内履行对原告陈爱华办理该涉案房屋所有权转移登记的法定职责。

区住建局不服一审判决，向南京市中级人民法院提起上诉，审理过程中，上诉人区住建局同意为被上诉人陈爱华办理涉案房屋登记手续并申请撤回上诉，南京市中级人民法院于 2013 年 10 月 8 日裁定如下：准予上诉人区住建局撤回上诉。

南京市江宁区人民法院一审认为，根据相关法律法规规定，房屋登记，由房屋所在地的房屋登记机构办理。被告区住建局作为房屋登记行政主管部门，负责其辖区内的房屋登记工作。本案中，曹振林书面遗嘱的真实性已进行司法鉴定，南京师范大学司法鉴定中心出具的鉴定结论为：曹振林该书面遗嘱中"曹振林"签名与提供的签名样本是同一人书写。

《行政诉讼法》第五十二条规定："人民法院审理行政案件，以法律和行政法规、地方性法规为依据。地方性法规适用于本行政区域内发生的行政案件。"及第五十三条规定："人民法院审理行政案件，参照国务院部、委根据法律和国务院的行政法规、决定、命令制定、发布的规章以及省、自治区、直辖市和省、自治区的人民政府所在地的市和经国务院批准的较大的市的人民政府根据法律和国务院的行政法规制定、发布的规章。"另《物权法》第十条规定:"国家对不动产实行统一登记制度。统一登记的范围、登记机构和登记办法,由法律、行政法规规定。"《继承法》第十六条第三款规定:"公民可以立遗嘱将个人财产赠给国家、集体或者法定继承人以外的人。"第十七条第二款之规定:"自书遗嘱由遗嘱人亲笔书写,签名,注明年、月、日。"另《房屋登记办法》第三十二条规定:"发生下列情形之一的,当事人应当在有关法律文件生效或者事实发生后申请房屋所有权转移登记……(三)赠与……。"且《房屋登记办法》并无规定,要求遗嘱受益人须持公证机关出具的遗嘱公证书才能办理房屋转移登记。

本案中,《联合通知》是由司法部和建设部联合发布的政府性规范文件,不属于法律、行政法规、地方性法规或规章的范畴,其规范的内容不得与《物权法》《继承法》《房屋登记办法》等法律法规相抵触。行政机关行使行政职能时必须符合法律规定,行使法律赋予的行政权力,其不能在有关法律法规规定之外创设新的权力来限制或剥夺行政相对人的合法权利。行政机构以此为由干涉行政相对人的合法权利,要求其履行非依法赋予的责任义务,法院不予支持。故,被告依据《联合通知》的规定要求原告必须出示遗嘱公证书才能办理房屋转移登记的行为与法律法规相抵触,对该涉案房屋不予办理房屋所有权转移登记的具体行政行为违法。

评　析

一、人民法院审理行政案件的法律适用

根据《行政诉讼法》第六十三条的规定,人民法院审理行政案件,以法律和行政法规、地方性法规为依据。地方性法规适用于本行政区域内发生的行政案件。人民法院审理行政案件,参照规章。根据《立法法》的规定，法律是指全国人大及其常委会依据宪法,遵循法定立法程序制定的规范性文件。行政法规是国务院依据宪法和法律的有关规定，为领导和管理国家各项行政工作，依照法定程序制定的规范性文件，其法律效力地位仅次于宪法和法律，在全国范围内具有普遍约束力。行政规章是由法定的行政机关，依照法定权限和程序制定的规范性文件。行政规章分为部门规章和地方政府规章。根据《立法法》的规定，部门规章是由国务院各部、委员会、中国人民银行、审计署和具有行政管理职能的直属机构，根据法律和国务院的行政法规、决定、命令，在本部门的权限范围内制定的。地方政府规章是由省、自治区、直辖市和设区的市的人民政府，根据法律、行政法规和本省、自治区、直辖市的地方性法规制定的。《行政诉讼法》规定的是"参照"规章，按照一般的理解，"参照"的规格比"依据"要低一些，对于那些符合法律和法规的规章，人民法院在审查依据规章作出的行政行为时，就应该适用规章；如果行政机关的行政行为是依据不符合法律、法规或者法律原则的规章作出的，人民法院就不应该适用该规章，但是法院无权在判决书中宣布该规章无效。

二、规范性文件在行政诉讼中的地位

根据《行政诉讼法》第十三条的规定，规范性文件是指规章效

力之下的行政机关制定、发布的能反复适用、具有普遍约束力的文件。人民法院在审判过程中，经审查认为被诉行政行为依据的具体应用解释和其他规范性文件合法、有效并合理、适当，可以作为参考。但是如果规范性文件违反上位法或者违法减损当事人的权利，增加当事人的义务，该规范性文件不能作为审理依据。本案中，虽然行政机关南京市江宁区住房和城乡建设局（以下简称江宁区住建局）在作出行政行为时依据的是司法部、建设部的《联合通知》，但是由于该《联合通知》在性质上只是一般规范性文件，故人民法院在审理江宁区住建局不予办理不动产变更登记的行政行为时，依据的是包括《行政诉讼法》《继承法》《物权法》在内的三部法律以及作为行政规章的《房屋登记办法》，而这三部法律和一部规章中都没有规定"遗嘱受益人须持公证机关出具的遗嘱公证书才能办理房屋转移登记"，《联合通知》中的相关规定实际上增加了行政相对人的义务，违反法律原则，人民法院应当主动排除适用该《联合通知》。

三、行政诉讼附带审查规范性文件

对行政规范性文件的附带审查是我国行政诉讼制度的新发展。2014 年修订的《行政诉讼法》在第五十三条规定：公民、法人或者其他组织认为行政行为所依据的国务院部门和地方人民政府及其部门制定的规范性文件不合法，在对行政行为提起诉讼时，可以一并请求对该规范性文件进行审查。根据《行政诉讼法》的规定，规范性文件审查是应当"一并请求"的附带审查。附带审查是附属诉讼，只能依附于具体行政行为引起的行政案件，而不能独立成诉。法院只能结合案件对规范性文件进行具体性而不能脱离案件进行抽象性审查。①最高人民法院在 2018 年实施的《最高人民法院关于适用〈中华人民共和国行政诉讼法〉的解释》②中，对规范性文件的审理规则进行了规定：人民法院对规范性文件进行一并审查时，可以从规范性文件制定机关是否超越权限或者违反法定程序、作出行政行为所依据的条款以及相关条款等方面进行。这为人民法院进行规范性文件附带审查的审查内容提供了指引。另外，司法解释还规定了"规范性文件不合法"的认定标准，包括：超越制定机关的法定职权或者超越法律、法规、规章的授权范围的；与法律、法规、规章等上位法的规定相抵触的；没有法律、法规、规章依据，违法增加公民、法人和其他组织义务或者减损公民、法人和其他组织合法权益的；未履行法定批准程序、公开发布程序，严重违反制定程序的；其他违反法律、法规以及规章规定的情形。上述规定不仅为人民法院认定行政规范性文件合法与否提供了指引，更为重要的是，随着附带性审查的不断应用，该认定标准能通过法院的裁判而成为约束行政规范性文件制定机关的规则，为其他有权限审查规范性文件合法性的机关提供了参照标准。

除此之外，该司法解释还对人民法院认定为不合法的规范性文件的处理作出了规定。人民法院经审查认为行政行为所依据的规范性文件合法的，应当作为认定行政行为合法的依据；经审查认为规范性文件不合法的，不作为人民法院认定行政行为合法的依据，并在裁判理由中予以阐明。作出生效裁判的人民法院应当向规范性文件的制定机关提出处理建议，并可以抄送制定机关的同级人民政府、

---

① 王红飞、廖希飞：《行政诉讼中规范性文件附带制度研究》，载《行政法学研究》2015 年第 6 期。

② 2017 年 11 月 13 日由最高人民法院审判委员会第 1726 次会议通过，自 2018 年 2 月 8 日起施行。

上一级行政机关、监察机关以及规范性文件的备案机关。规范性文件不合法的，人民法院可以在裁判生效之日起三个月内，向规范性文件制定机关提出修改或者废止该规范性文件的司法建议；规范性文件由多个部门联合制定的，人民法院可以向该规范性文件的主办机关或者共同上一级行政机关发送司法建议。人民法院认为规范性文件不合法的，应当在裁判生效后报送上一级人民法院进行备案。涉及国务院部门、省级行政机关制定的规范性文件，司法建议还应当分别层报最高人民法院、高级人民法院备案。上述规定规范了人民法院在认定规范性文件不合法之后的处理方式，通过司法建议、向上级法院备案，可以真正盘活该项制度，通过司法的力量进一步提升行政机关在依法制定规范上的能力。

本案涉及的是不动产登记的统一登记制度。国家对不动产实行统一登记制度，统一登记的范围、登记机构和登记办法，由法律、行政法规规定。司法部、建设部《联合通知》不属于法律、行政法规、地方性法规、规章的范畴，且与《物权法》《继承法》《房屋登记办法》等有关法律法规相抵触，不能成为房屋登记主管部门不履行房屋登记法定职责的依据，因此本案排除了对《联合通知》这一违法的规范性文件的适用。

行政公益诉讼

15. 怠于履行职责的行政公益诉讼

——吉林省延吉市人民检察院因延吉市环境保护局怠于履行职责提起公益诉讼案

案件索引：吉林省敦化市人民法院（2017）吉 2403 行初 12 号行政判决；吉林省延边朝鲜族自治州中级人民法院（2018）吉 24 行终 114 号

基本案情

2015 年 3 月 30 日，延吉市环保局作出的处罚决定查明：恒盛公司以口头协议的方式雇用个体运输户张福国，从粉煤灰产生单位龙华公司将约 1.3 万吨左右暂时不利用的粉煤灰运输并擅自倾倒在小营镇东光村南山沟处。运输过程中，在去往南山沟的道路两侧有沿途丢弃、遗撒的现象。南山沟倾倒粉煤灰现场未建设贮存设施和无害化处理。市环保局认为恒盛公司违反了《固体废物防治法》第十七条第一款的规定，依据该法第六十八条第二项、第八项的规定，作出如下行政处罚：1. 责令恒盛公司立即停止违法行为，在 2015 年 3 月 31 日前将小营镇东光村南山沟擅自倾倒粉煤灰处恢复原状；2. 罚款 8 万元。该决定书于当日送达后，恒盛公司当日缴纳罚款 8 万元。但恒盛公司在清运约 4000 吨粉煤灰后，约在 2015 年 5 月中旬停止了清运。2015 年 4 月 3 日，市环保局召开会议讨论决定联系法院、检察院共同处理案涉事宜。2015 年 8 月 28 日，市环保局召开整治粉煤灰专题会议，决定成立由局长任组长的粉煤灰工作领导小组，研究部署具体工作。2015 年 9 月 11 日，市环保局出台《关于成立粉煤灰专项整治领导小组的通知》，对小组成员各自职责和具体工作进行了安排。2015 年 9 月 22 日、10 月 19 日、11 月 5 日、12 月 11 日、2016 年 1 月 4 日、1 月 6 日，市环保局分别召开会议讨论研究粉煤灰治理事宜。

2016 年 3 月 24 日，市检察院向市环保局发出延市检行公建〔2016〕1 号《检察建议书》，建议其"立即采取有效措施，依法确保《2001 号处罚决定》确定的延吉市小营镇东光村南山沟处限期恢复原状"，并要求一个月内将办理结果作出书面回复。2016 年 4 月 22 日，市环保局作出《关于延吉市检察院检察建议处理情况的回复》，称：收到检察建议后，环保局领导班子高度重视，立即向主管市长作了专题汇报，同时成立了以局长为组长的专案工作领导小组，对现场和 2001 号处罚决定卷宗进行复查，同时开展了系列改正措施，于 2016 年 3 月 18 日召开了专案工作会议，责成工作人员实地监察，发现因为当时处于化冰期，土路泥泞，车辆无法通行，且表层覆盖大量建筑垃圾。2016 年 3 月 25 日，市环保局组织恒盛公司与两位村民到现场调查，因是雨天，路面较为湿滑，运输存在安全隐患，经与村民协调同意，待路面方便时，继续清运粉煤灰。2016 年 4 月 11 日，市环保局组织相关人员进行现场调查后责令恒盛公司在 4 月 15 日开始清运，在 6 月 30 日前对所倾倒剩余的粉煤灰全部清运完毕，事后对现场做好防流失措施。2016 年 4 月 11 日，市环保局对粉煤灰污染下游排洪沟和刘艳鲜家深井水水质 7 项进行了监测，经监测该水质 7 项都已达到地下水质量三类标准。2016 年 4 月 18 日，市环保局在多次联系后，与环保部环境规划院环境风险与损害鉴定评估研究中心签订《环境损害评估技术合同》，并支付了 6 万元的评估费用。同期，根据环境损害评估内容的要求，市环保局委托吉林省环保厅的监测部门对粉煤灰倾倒现场按照鉴定规范及监测点位、粉煤灰的成分等进行了选点与采样，2016 年 4 月 22 日前已完成采样，并支付了 2 万元的鉴定费。在《关于市检察院检察建议处理情况的回复》中，市环保局还说明了未恢复原状的原因：1. 恒盛公司原有的 2 个贮灰罐爆炸，导致 2014 至 2015 年产生的粉煤灰无法存放；2. 因市环保局监管力度不够，导致恒盛公司着重考虑经济因素，在 2015 年 5 月中旬停止了清运；3. 延吉市目前没有规划性应急贮灰场所，产灰单位龙华公司经州政府协调拟在图们市磨盘山附近建立一个应急事故贮灰场，后因村民上访停建。又因与龙华公司签订粉煤灰买卖合同的四家有处理资质的单位在冬季处于停产状态，导致出现恒盛公司擅自倾倒粉煤灰的情况；4. 2015 年 5 月市环保局时任局长接受相关部门调查，同时分管领导因工作调整，监督不全面。分管领导与相关政法部门协调，因当时尚无明确的国家评估规定，无法提供评估文件。目前未清运的原因是由于 2016 年 4 月 15 日正要清运时，国家正在修建乡间农机道路，不允许通行。后经市环保局多次协调沟通，终于征得小营镇政府的同意，让其先清运粉煤灰后修路。2016 年 4 月 25 日开始，市环保局每天早晚两次对清运现场进行监管。至 2016 年 5 月 24 日止，东光村南山沟处共转移粉煤灰 12800 吨。2016 年 6 月初，恒盛公司停止清运。市环保局经调查，认定因为沈阳铁路局铁路下穿隧道施工和国家招投标修建的东光村机耕路施工单位拦截清运车辆拒绝其通行。小营镇政府项目办反馈因道路维修后有两个月的养生期和一年的质保期。市环保局与恒盛公司多次与小营镇政府联系清运事宜，但都被拒绝。而且恒盛公司只承认往南山沟处倾倒了 1.3 万吨且已清运完毕。

在 2001 号处罚决定认定的 1.3 万吨粉煤灰清除后，市环保局发现南山沟处仍有污染物（粉煤灰、炉渣和建筑垃圾）存在，故市环保局再次进行了调查。于 2016 年 8 月 31 日对南山沟的承包人张伟进行了调查询问。于 2016 年 9 月 4 日对运输户张福国进行了调查询问，调查中张福国称粉煤灰清运中间部分存在极大安全隐患，需要填埋土石方进行作业。市环保局于 2016 年 9 月 7 日对产生污染单位龙华公司的安监部主要负责人王洪森、发展规划部主要负责人付延军进行了现场调查，于 2016 年 9 月 8 日对恒盛公司经理李晓东进行调查询问，于 2016 年 9 月 9 日对张福国、张伟再次进行调查询问，于 2017 年 2 月 16 日对王洪森再次进行调查询问。2016 年 10 月 24 日，市环保局对张伟下达了《责令改正违法行为决定书》，责令其在三个月内清除小营镇东光村南山沟处违法倾倒的粉煤灰和雨季流失的粉煤灰，并要求在清除过程中不得产生二次污染。

2016 年 7 月 23 日，最高人民检察院对市检察院的请示作出批复，同意提起本案行政公益诉讼。2016 年 7 月 29 日，市检察院向延吉市人民法院提起行政公益诉讼。后经指定管辖，原审法院于 2017 年 2 月 17 日对该案立案受理。2017 年 2 月 23 日，市环保局对龙华公司、张福国均作出《责令改正违法行为决定书》和《行政处罚事先（听证）告知书》。同日，市环保局对张伟作出《行政处罚事先（听证）告知书》。2017 年 3 月 16 日，张福国、张伟、龙华公司、恒盛公司向市环保局出具《关于小营镇东光村南山沟处倾倒粉煤灰的整改承诺》，承诺在 2017 年 3 月 15 日至 2017 年 4 月 25 日期间力争完成清运工作。2017 年 4 月 19 日，市环保局对龙华公司作出延市环罚告字〔2017〕031 号《行政处罚决定书》，对其处以警告和罚款十万元的行政处罚；对张伟作出延市环罚告字〔2017〕032 号《行政处罚决定书》，对其处以警告和罚款四万元的行政处罚；2017 年 5 月 3 日，市环保局对张福国作出延市环罚告字〔2017〕030号《行政处罚决定书》，对其处以警告和罚款三万元的行政处罚。张福国、张伟、龙华公司均已缴纳了罚款。2017年9月1日，小营镇东光村南山沟处违法倾倒的粉煤灰被全部清理完毕。2018年1月18日，原审法院再次开庭，市检察院认可市环保局已经督促恒盛公司等将小营镇东光村南山沟处违法倾倒的粉煤灰全部清理完毕，并撤回第二项"判令市环保局对上述行政处罚决定所涉违法行为依法继续履行职责"的诉讼请求。在原审法院充分释明后，市检察院表示不撤回起诉。

判决与理由

一审法院判决：一、准予市检察院撤回"判令市环保局对上述行政处罚决定所涉违法行为依法继续履行职责"的诉讼请求；二、驳回市检察院"确认市环保局作出行政处罚决定后未依法履行职责违法"的诉讼请求。

二审法院驳回上诉，维持原判。

一、一审判决理由

（一）关于本案的起诉条件

市检察院认为市环保局于2015年3月30日作出处罚决定后，未依法履行法定职责，在其向市环保局发出检察建议后一个月内，该处罚决定书仍未履行完毕。市检察院以此为由提起本案行政诉讼，起诉时提供了起诉状、初步证明材料等，原审法院予以立案符合法律和司法解释规定的形式要件。

（二）关于本案被诉行政行为的合法性

本案的争议焦点是：市环保局在接到检察建议后一个月内，是否依法履行 2001 号处罚决定规定的法定职责。按照行政行为合法性审查的一般原则，对被诉行政行为合法性的评判，应当遵循主、客观相统一的原则。具体到行政公益诉讼案件中，如果行政机关在检察建议后一个月内，主观上未能充分认识行政执法存在的问题和不足，客观上未能积极采取有效措施改正错误和依照法定程序在合理期限内履行职责，致使国家和社会公共利益仍处于受侵害状态，那么应当认定行政机关未依法履行法定职责；反之，则不应认定。具体到本案，首先，从主观上考量：1. 市环保局在 2016 年 3 月 24 日收到检察建议前，即多次组织召开专题会议研究粉煤灰治理问题，制定具体方案，安排专人实地检查，从主观上始终未放弃粉煤灰治理工作。2. 在收到检察建议后，市环保局对检察建议给予高度重视，及时纠正此前存在的监督检察不及时的问题，先后多次与包括市检察院在内的相关部门和人员沟通协调粉煤灰的处理问题。经现场调查后责令恒盛公司实施清运，对案发地区的水质进行监测，与相关部门签订《环境损害评估技术合同》，委托环境监测部门对粉煤灰倾倒现场进行鉴定。故根据以上事实能够认定，市环保局在接到检察建议后始终高度重视并推进粉煤灰治理工作，主观上不存在"拒不纠正违法行为"和"不履行法定职责"。其次，从客观上分析：1.《行政强制法》第五十三条规定："当事人在法定期限内不申请行政复议或者提起行政诉讼，又不履行行政决定的，没有行政强制执行权的行政机关可以自期限届满之日起三个月内，依照本章规定申请人民法院强制执行。"第五十四条规定："行政机关申请人民法院强制执行前，应当催告当事人履行义务。催告书送达十日后当事人仍未履行义务的，行政机关可以向所在地有管辖权的人民法院申请强制执行；执行对象是不动产的，向不动产所在地有管辖权的人民法院申请强制执行。"依照以上规定，本案中，市环保局作出处罚决定后，因被处罚的恒盛公司并没有拒不履行该处罚决定书确定义务的意思表示和行为，故市环保局不具备向人民法院申请强制执行的条件。即使已经超过了向人民法院申请强制执行的法定期限，该行政处罚决定依然具有法律效力，市环保局督促恒盛公司自动履行并不违反法律规定。2.在粉煤灰清运过程中，因受化冰期季节影响、雨天路面湿滑运输存在安全隐患、防止二次污染、修建乡间农机道路、铁路隧道施工等多方面客观因素影响，给粉煤灰的清运工作带来诸多不利影响，导致检察建议发出后两个月内处罚决定确定的约1.3万吨粉煤灰才被全部清运完毕。市环保局在收到检察建议后一个月内未将粉煤灰清运完毕，确属客观原因所致。3.处罚决定认定的1.3万吨粉煤灰已经清运完毕后，市环保局发现案发现场还存有大量粉煤灰、炉渣及建筑垃圾。市环保局及时重启调查处理程序，经多次调查确定了新的违法行为人，并最终于2017年9月1日督促违法行为人全部清理完毕。市环保局的上述做法符合相关法律规定。因此，能够认定市环保局在收到检察建议后，对于检察建议之外的粉煤灰的清理亦依法在合理期限内履行了法定职责。4.本案审理过程中，《最高人民法院、最高人民检察院关于检察公益诉讼案件适用法律若干问题的解释》于2018年3月2日发布实施，按照该司法解释第二十四条的规定："在行政公益诉讼案件审理过程中，被告纠正违法行为或者依法履行职责而使人民检察院的诉讼请求全部实现，人民检察院撤回起诉的，人民法院应当裁定准许；人民检察院变更诉讼请求，请求确认原行政行为违法的，人民法院应当判决确认违法。"本案中，处罚决定中涉及的1.3万吨之外的粉煤灰，不属该处罚决定规定的履行义务，市检察院提起本案不履行法定职责之诉也未包含此部分。因此，在检察机关提起本案行政公益诉讼之前，被诉行政机关即已经履行了案涉处罚决定的全部事项。本案不适用上述司法解释规定的"在行政公益诉讼案件审理过程中，被告纠正违法行为或者依法履行职责而使人民检察院的诉讼请求全部实现"的情形。综上，市环保局在收到检察建议后，主观上没有怠于履行法定职责的故意或过失，客观上积极采取有效措施，克服不利因素，在合理期限内依法履行了法定职责。在市检察院提起诉讼前即已经使其诉讼请求得以全部实现。市检察院在提起本案行政诉讼前，已丧失本案诉的利益。庭审中，市检察院请求撤回"判令市环保局对上述行政处罚决定所涉违法行为，依法继续履行职责"的诉讼请求，符合法律规定，应予准许。市检察院要求确认市环保局不履行法定职责的诉讼请求不能成立。

（三）一审特别说明的问题

一审法院特别指出：市环保局在作出处罚决定后，尽管存在诸多客观原因，但确有一段时期疏于监管被处罚人履行清理义务，尽管后期及时予以纠正，特别是在收到检察建议后能够及时正确履行法定职责，本院对市环保局在履行职责中存在的问题仍应予以指正。市环保局相关领导被立案调查也不能成为其未及时履行法定监管职责的正当理由。原审特别说明：一方面，公益诉讼制度的设立目的和意义在于维护国家和社会公共利益。本案中，检察机关发现行政机关执法中存在问题并发出检察建议，督促行政机关及时正确地履行了法定职责，彰显了公益诉讼制度的立法目的及意义；而另一方面，行政诉讼制度设立的目的、意义和功能在于解决行政争议、保护合法权益和监督依法行政。因此，诉讼只是手段而并非目的。行政公益诉讼尽管有其自身特点，但仍属行政诉讼制度调整范畴。故行政公益诉讼制度功能的发挥，也应当遵循行政诉讼制度目的和手段之间的基本原则和一般关系；再者，行政资源和司法资源亦属于公共利益之一。在强调发挥公益诉讼制度功能的同时，也应当兼顾其他公共利益的保护，避免公共资源的无谓消耗。在检察机关提起公益诉讼前，行政机关已经纠正违法行为或履行法定职责的，或者已经依法履行职责并采取有效措施但因行政执法程序及执法条件所限尚未完全消除违法后果的，检察机关提起类似本案行政公益诉讼并无实质意义。事实证明，公益诉讼制度的目的和意义并非一定要通过进入诉讼程序方能实现，公益诉讼的价值更不能以司法裁判的数量和检察机关胜诉的比例来衡量。无论是审判机关还是检察机关、行政机关等，依法保障和推进公益诉讼制度，维护国家和社会公共利益，都是各方应尽的法定职责，而非某一机关一家之事。

上诉人市检察院的主要上诉请求及理由：一、原审对检察机关的公益诉讼请求并未进行审理。在本案中，不论是诉前检察建议，还是提起行政公益诉讼，检察机关所指向的问题都是"恢复原状"，包括但不限于1.3万吨粉煤灰的清运工作。原审没有就"恢复原状"的诉讼请求进行审理，导致判决结果与实际情况严重不符。原审错误地将"恢复原状"的案件标的更换为"清运1.3万吨粉煤灰"，从而导致将行政机关对"恢复原状"的监管行为变为对"1.3万吨粉煤灰清运"的监管，只谈粉煤灰清运，不谈公益恢复，完全背离了本案作为公益诉讼的目的和意义。清运粉煤灰与恢复原状是部分与整体的关系。本案所涉地域系水土保持林，恢复原状固然要先清运倾倒在其上的粉煤灰，但是，还有使地表土壤具备植被生长条件、补植植被等其他的大量工作要做，清运只是第一步，但绝不是全部，因此，仅就粉煤灰是否得到清运就判断市环保局是否依法履职是错误的，与检察机关的公益诉求完全不一致。关于1.3万吨粉煤灰数量的确定问题，也恰恰是市环保局未依法履行职责的主要内容之一。该数量是违法行为人在市环保局调查时自认的数量，市环保局并没有进行相应的确切的调查。在本案诉讼过程中，市环保局在全面履行职责后调查的事实是，本案所涉的粉煤灰均为违法行为人倾倒。这些都足以说明原行政处罚决定存在重大错误。对违法事实的确认本身就是行政机关履行职责的法定内容，原审绕开这一事实，仅认定 1.3 万吨粉煤灰清运的事实，而对造成无法恢复原状的且属于市环保局监管职责内容的其他粉煤灰归到不属于本案之诉一列，属于认定事实明显错误。二、原审对市环保局主观上不存在拒不纠正违法行为和不履行法律职责的认定错误。本案提起公益诉讼之前，市环保局一直没有积极履行监管恢复原状的主观意愿，一直处于怠于履行法定职责的状态。本案倾倒粉煤灰的行为发生在 2014 年，至检察机关在 2016 年 3 月发出检察建议，时隔一年多的时间里市环保局只收缴了罚款，仅仅局限在开会研究问题，并没有作出其他跟进监管行为，罚款并不能从根本上解决问题，更不能从根本上恢复原状，不能以开了多少次会议来代替其监管行为。直到检察机关起诉时行政处罚和检察建议中提出的恢复原状仍未落实。三、原审对市环保局在客观上的分析是错误的。违法行为人于 2015 年 5 月清运了 4000 吨粉煤灰或即停止清运，违法行为人在 2016 年 6 月初也向市环保局表示只承认往南山沟倾倒了 1.3 万吨，且已清运完毕为由拒绝继续清运，这足以说明违法行为人已经作出不履行"恢复原状"的明示。在恒盛公司明示不"恢复原状"后，行政机关放着法律法规明确规定的"申请人民法院强制执行"和"代履行"等措施不用，而要采取"并不违反法律规定"的"督促恒盛公司自动履行"，是违法的行为。市环保局对张伟、张福国、龙华公司等当事人作出的行政处罚决定，并不是"新的违法行为人"，而是原行政处罚认定事实不清和遗漏共同违法人员的结果，并不存在所谓的"新的违法行为人"。四、原审认定"对于检察建议之外的粉煤灰的清理亦依法在合理期限内履行了法定职责"，是错误的，于法无据的。检察建议针对的是"恢复原状"的这一整体的公益结果,而不是清理粉煤灰这个实现公益结果的过程之一;"合理期限"于法无据。五、原审需要指出和说明的问题,本院不同意,与本案无关。请求二审法院撤销原判,依法改判,支持检察机关的诉讼请求。被上诉人市环保局与被上诉人恒盛公司均未作出书面的答辩意见。

二、二审判决理由

(一)关于上诉人市检察院主张的原审审理标的问题

最高人民法院《人民法院审理人民检察院提起公益诉讼案件试点工作实施办法》第十一条规定,人民检察院认为在特定领域负有监督管理职责的行政机关或者法定授权的组织违法行使职权或不履行法定职责,造成国家和社会公共利益受到侵害,向人民法院提起行政公益诉讼,符合《行政诉讼法》第四十九条第(二)项、第(三)项、第(四)项规定的,人民法院应当登记立案。最高人民检察院《人民检察院提起公益诉讼试点工作实施办法》第二十八条第一款规定,人民检察院在履行职责中发现特定领域负有监督管理职责的行政机关违法行使职权或者不作为,造成国家和社会公共利益受到侵害,公民、法人和其他社会组织由于没有直接利害关系,没有也无法提起诉讼的,可以向人民法院提起行政公益诉讼。最高人民法院、最高人民检察院《关于检察公益诉讼案件适用法律若干问题的解释》第二十一条规定,人民检察院在履行职责中发现特定领域负有监督管理职责的行政机关违法行使职权或不作为,致使国家利益和社会公共利益受到侵害的,应当向行政机关提出检察建议,督促其依法履行职责,行政机关不依法履行职责的,人民检察院依法向人民法院提起诉讼。依照以上司法解释的规定,检察机关提起行政公益诉讼针对的被诉行政行为包括"违法行使职权"和"不作为""不履行法定职责"。市检察院向市环保局发出的检察建议的主要内容是:恒盛公司擅自将约 1.3 万吨粉煤灰倾倒在南山沟，市环保局作出处罚决定后，对恒盛公司逾期不履行恢复原状置之不理，属行政不作为。建议市环保局立即采取有效措施，依法确保处罚决定确定的南山沟处限期恢复原状。市检察院在原审的主要诉讼理由和请求是：第三人恒盛公司将近 1.3 万吨粉煤灰擅自倾倒在小营镇东光村九组集体所有林地内。被告市环保局作出处罚决定后，未督促第三人履行行政处罚决定，未在法定期限内向人民法院申请强制执行。检察建议后，绝大部分粉煤灰仍然堆放在原处，生态环境被破坏的事实仍处于持续状态。故请求：确认市环保局作出处罚决定后，未依法履行职责违法；判令延吉市环境保护局对上述行政处罚决定所涉违法行为，依法继续履行职责。

根据以上事实，市检察院诉前向市环保局发出的检察建议和向原审法院起诉，针对的都是市环保局作出处罚决定后，未依法监管违法行为人恒盛公司对处罚决定确定的倾倒约 1.3 万吨粉煤灰处恢复原状的不作为行为。而且既然检察建议程序是法定的诉前程序，检察建议与检察机关此后提起诉讼针对的违法行为也应当是一致的，即检察机关起诉的范围应当与检察建议一致。如按上诉人市检察院所称，其提起诉讼针对的不仅是处罚决定认定的约 1.3 万吨粉煤灰的清理并恢复原状，而是包括了清理全部粉煤灰，那么事实上处罚决定认定约 1.3 万吨粉煤灰本身即认定事实错误。在市环保局未重新查明事实作出处罚决定前，建议市环保局依据处罚决定履行监管恒盛公司清理全部粉煤灰恢复原状，没有事实和法律依据；如果市检察院认为市环保局作出的处罚决定认定事实错误，应当建议其依法纠正违法行为，撤销该行政处罚决定或另行作出处罚决定，并依照正确的行政决定履行监管职责。而本案市检察院提起的系行政机关作出处罚决定后，不履行监管处罚决定执行的法定职责之诉。故上诉人市检察院主张其提起诉讼针对的不仅是处罚决定认定的约 1.3 万吨粉煤灰的清理并恢复原状，而是包括了清理全部粉煤灰，该主张与事实不符。原审据此所作的认定，证据充分，事实清楚。需要说明的是，尽管原审法院对审理标的做了前述认定，但原审法院仍将南山沟处全部粉煤灰的清理和恢复原状、及时彻底消除违法后果、维护公共利益作为本案的关注点，并认定"市环保局在收到检察建议后，对于检察建议之外的粉煤灰的清理亦依法在合理期限内履行了法定职责"。上诉人市检察院提出的所谓原审法院"绕开"约 1.3 万吨粉煤灰之外违法倾倒行为，该上诉主张明显与事实不符，不予支持。

（二）关于上诉人市检察院提出的恢复原状的判定问题

上诉人市检察院主张："本案所涉地域系水土保持林，恢复原状固然要先清运倾倒在其上的粉煤灰，但是，还有使地表土壤具备植被生长条件、补植植被等其他的大量工作要做，清运只是第一步，但绝不是全部，因此，仅就粉煤灰是否得到清运就判断市环保局是否依法履职是错误的，与检察机关的公益诉求完全不一致。"二审法院认为，原审认定：2017 年 9 月 1 日，小营镇东光村南山沟处违法倾倒的粉煤灰被全部清理完毕。在原审审理中，上诉人市检察院对上述事实也予以认可，并据此自愿请求撤回"判令市环保局对上述行政处罚决定所涉违法行为，依法继续履行职责"的诉讼请求。原审法院亦准予其撤回该项诉讼请求。首先，以上事实足以证明上诉人市检察院在原审对市环保局已经履行了恢复原状法定职责是认可的，否则也不会主动撤回该项诉请请求；其次，如果按照上诉人市检察院所讲，清运全部粉煤灰只是恢复原状的第一步，后续还应恢复土壤和植被，市环保局尚未全部履行法定职责，那么上诉人市检察院在此种情况下主动撤回"要求市环保局继续履行监管职责"的诉讼请求本身即是不依法履行检察监督职责的违法行为。再次，上诉人市检察院在诉前检察建议和原审诉讼中对此并未提出主张，也未提交相关的法律依据证明清运粉煤灰后期的恢复植被是否属被上诉人市环保局的法定职责范围。故上诉人市检察院提出的该上诉主张，二审法院不予支持。

（三）关于上诉人市检察院提出的市环保局在检察建议后履职行为的合法性问题

一审认定：市环保局在收到检察建议后，主观上没有怠于履行法定职责的故意或过失，客观上积极采取有效措施，克服不利因素，在合理期限内依法履行了法定职责。法院认为，原审基于法律人正常的理性思维和日常经验法则以及行政执法实际所做的认定和判断，证据充分，事实清楚，合法合理。

（四）关于上诉人市检察院提出的原审需要指出和说明的问题与本案无关

上诉人市检察院对原审指出和说明的问题包括：1.市环保局在履行职责中存在的问题；2.公益诉讼制度的设立目的、意义和功能发挥。二审法院认为，首先，原审对市环保局在履行职责过程中存在的问题予以指正，既是本案相关事实的组成部分，也是督促行政机关依法正确履职的法律指引，更是实现公益诉讼的目的之一。上述内容不可谓与本案无关；其次，人民法院作出的裁判，不仅是解决个案争议的司法裁判载体，更是宣传法律、教育公众的重要形式。设立公益诉讼制度在于维护国家和社会公共利益，而公益诉讼制度本身目前尚属新生事物，需要通过更广泛地途径向包括本案双方当事人在内的社会公众加以宣传、释明和指导、教育。原审法院结合本案对公益诉讼制度的目的、意义和功能发挥所作的特别说明，契合立法本意，符合司法实际。各方当事人即使有不同理解，亦应当遵照执行。

（五）二审法院认为需要说明问题

根据行政诉讼法和试点期间有关公益诉讼司法解释及此后相关司法解释的规定，人民法院在审理诸如本案上诉人市检察院提起的不履行法定职责之诉讼案件中，基本包括三种裁判情形：1.经人民法院审理查明行政机关存在不履行法定职责的违法行为的，人民法院依照法律及司法解释的规定判决其依法履行法定职责；2.经人民法院审理查明行政机关存在不履行法定职责的违法行为，但判决其继续履行已无实际意义的，或者被诉行政机关在诉讼中纠正违法行为、依法履行职责而使人民检察院的诉讼请求全部实现，人民检察院变更诉讼请求，请求确认原行政行为违法的，人民法院即应当判决确认被诉行政机关在检察建议后未依法履行法定职责的相关行为违法；3.经人民法院审理查明被诉行政机关不存在不履行法定职责的违法行为，人民检察院诉请被诉行政机关履行法定职责理由不成立的，则判决驳回其诉讼请求。因此，在"不履行法定职责"之诉中，被诉行政机关是否存在未依法履行法定职责的违法行为，只是人民法院判断被诉行政机关应否履行法定职责的事实基础和前提，而不能成为单独的诉请和判项。上诉人市检察院在原审主动撤回"要求市环保局继续履行监管职责"的诉讼请求后，"不履行法定职责"之诉即已审理终结。确认"市环保局未依法履行职责违法"的诉讼请求更无独立存在的依托和诉讼价值。还需说明的是：案涉违法倾倒的粉煤灰已被全部清理，如果上诉人市检察院认为相关行政机关存在未履行后续监管恢复土壤和植被职责的违法行为，应当依法继续履行检察监督职责，并可依法提出检察建议或提起诉讼。而本案中，上诉人市检察院在原审已经撤回要求市环保局继续履行监管职责诉讼请求情况下，仍提起上诉要求法院确认"市环保局作出处罚决定后未依法履行职责违法",该主张就案涉的环境公益保护而言并无实际意义。正如原审裁判所言:"检察机关提起类似本案行政公益诉讼并无实质意义。公益诉讼制度的目的和意义并非一定要通过进入诉讼程序方能实现,公益诉讼的价值更不能以司法裁判的数量和检察机关胜诉的比例来衡量。"综上,原审认定主要事实清楚,适用法律正确,审判程序合法,裁判结论正确。上诉人市检察院的上诉请求没有事实和法律依据,不予支持。

评　析

一、行政公益诉讼的概念与功能

公益诉讼制度的概念虽然可以追溯至古罗马时代,但却是从20世纪60年代的美国才开始明确并使用的。比照私益诉讼中民事诉讼和行政诉讼的分类,一般依据被诉对象的不同也将公益诉讼分为民事公益诉讼和行政公益诉讼,前者是针对公共利益直接破坏者进行的诉讼,后者是针对公共利益监管者的诉讼。行政公益诉讼的案件事实与起诉者之间没有直接的法律上的利害关系,所谓法律上的利害关系即指行政相对方所诉求的合法权益与被诉行政行为具有法律上的因果关系。因此,行政公益诉讼可界定为以保护公共利益为目的,依法由法律授权的不具有直接利害关系的原告,对违法行政致使公共利益受到侵害的行政监管部门提起的行政诉讼。

创设行政公益诉讼制度源于公共利益保护中存在的不足。一般来说,政府是行政利益的代表者,从理论上说,政府也应代表国家利益和社会公共利益,但从现实的角度看,政府通常代表的是较为短期、局部的国家利益,而经常与国家的长期性利益、全局性利益发生冲突。每届政府都有法定的任期，也都有任期内的特定执政理念和目标。这些理念和目标经常与国家长期的利益存在矛盾。不仅如此，那些根据行政区划建立起来的地方政府，经常保护的是局部的地方性利益，与国家的整体利益往往并不一致。近年来，在地方发展与环境和资源保护、追求地方税收提高与食品药品安全、追求"短平快"的地方政绩与国有资产保护和国有土地转让等领域，就存在着地方局部利益与国家利益的突出矛盾。至于政府利益与社会公共利益的矛盾，就更是经常发生了。无论是国有土地使用权出让、国有资产保护、食品药品安全，还是生态环境和资源保护，都存在少数地方政府为了实现自身利益而侵害特定人或者不特定人利益的典型事件。为避免国家利益和社会公共利益受到损害，并在这种损害发生后最大限度地对国家利益加以补救，法律授权合适的主体诉诸司法程序，通过行政公益诉讼阻止并纠正那些侵害国家利益的行为。[①]本案中，违法企业用翻斗车在两个月间将近 1.3 万吨粉煤灰擅自倾倒在集体林地内。行政机关虽然作出了行政处罚决定，但违法企业仅缴纳了罚款，未履行粉煤灰的移除义务，对环境违法行为并未纠正，对生态环境的损害在持续之中，行政机关既未再督促该公司履行行政处罚决定，也未在法定期限内申请人民法院强制执行。检察院提出公益诉讼，督促其履行，以实现公共利益的目标。

二、行政公益诉讼的制度建构

行政公益诉讼作为一种学理主张早已有之，在司法实践中也有探索，在规范确立上最早见于 2005 年 12 月 3 日《国务院关于落实科学发展观加强环境保护的决定》中提出的"研究建立环境民事和行政公诉制度""推动环境公益诉讼"。但直到中国共产党十八届四

---

① 陈瑞华：《论检察机关的法律职能》，载《政法论坛》2018 年第 1 期。

中全会提出要探索建立行政公益诉讼制度，制度建构和法律实践才真正驶入快车道。2015 年 7 月 1 日全国人大常委会授权最高人民检察院在部分地区开展公益诉讼试点。2015 年 7 月 2 日，最高人民检察院发布《检察机关提起公益诉讼改革试点方案》，在安徽、内蒙古等 13 个省、自治区、直辖市开展检察机关提起公益诉讼试点。经过近两年的实践，行政公益诉讼制度的优越性逐步显现，在此基础上，2017 年 6 月 27 日第十二届全国人大常委会第二十八次会议通过"关于修改《中华人民共和国行政诉讼法》的决定"在第二十五条增加一款，作为第四款："人民检察院在履行职责中发现生态环境和资源保护、食品药品安全、国有财产保护、国有土地使用权出让等领域负有监督管理职责的行政机关违法行使职权或者不作为，致使国家利益或者社会公共利益受到侵害的，应当向行政机关提出检察建议，督促其依法履行职责。行政机关不依法履行职责的，人民检察院依法向人民法院提起诉讼。"

三、检察机关在公益诉讼中的职能定位

我国宪法确立了检察机关的"法律监督"地位，但是，检察机关所从事的监督不是通常所说的"一般监督"，行政公益诉讼制度的建立，使检察机关的法律监督落实到了具体"行政监督"职能上。在行政公益诉讼制度中，检察机关可以有效弥补相对人诉讼能力的不足，以国家法律监督机关的名义，向行政机关提出检察建议，责令其履行职责，纠正行政违法行为；而在这种检察建议遭到拒绝之后，检察机关可以直接提起公益诉讼，并出庭支持诉讼，将原来的"民告官"变成"官告官"，有效地督促法院对行政机关的行政违法行为加以审理，并作出责令其履行法律职责的裁判结论；在获得法院生效裁判文书之后，检察机关还可以督促法院将其作为执行的依据，从而以国家强制力，强令行政机关履行职责，终止或纠正其继续实

施侵犯相对人合法权益的行为。检察机关在公益诉讼中的这些作用，可以对行政机关的行政违法行为构成强有力的制衡；在发现其不法行为的前提下，督促其及时加以纠正，或者申请法院以国家强制力对行政机关加以谴责或者作出制裁。显然，检察机关在对行政机关进行法律监督方面，获得了一些新的权力，也拥有了新的制约手段。[①]本案中，检察院向行政机关发出了检察建议，督促其立即采取有效措施，制止生态环境损害的继续。在行政机关未采取有效措施，生态环境破坏仍处于持续状态的情况下，检察机关向人民法院提起行政公益诉讼，通过具体的"行政监督"实现了宪法赋予的法律监督职能。

《最高人民法院最高人民检察院关于检察公益诉讼案件适用法律若干问题的解释》第四条规定，"人民检察院以公益诉讼起诉人身份提起公益诉讼，依照民事诉讼法、行政诉讼法享有相应的诉讼权利，履行相应的诉讼义务，但法律、司法解释另有规定的除外。"司法解释明确了人民检察院在公益诉讼中的地位是"公益诉讼起诉人"。从理论上看，检察机关的公益诉讼人身份改变了行政诉讼当事人的概念。我国行政诉讼制度采用日本法模式将诉讼实施权与当事人适格等同，这种做法与德国存在差异。在 2017 年《民事诉讼法》的修改中，规定"对污染环境、侵害众多消费者合法权益等损害社会公共利益的行为，法律规定的机关和有关组织可以向人民法院提起诉讼。人民检察院在履行职责中发现破坏生态环境和资源保护、食品药品安全领域侵害众多消费者合法权益等损害社会公共利益的行为，在没有前款规定的机关和组织或者前款规定的机关和组织不提起诉讼的情况下，可以向人民法院提起诉讼。前款规定的机关或者组织提

---

① 陈瑞华：《论检察机关的法律职能》，载《政法论坛》2018 年第 1 期。

起诉讼的，人民检察院可以支持起诉"。由此可见，民事公益诉讼中，检察机关经法律授权可以享有片面的诉讼实施权。所谓片面实施权是指检察机关享有与法律规定的其他机关、有关组织竞合的诉讼实施权，彼此并不互相排斥。因此，检察机关在民事公益诉讼中享有的诉讼实施权不会对其他机关或有关组织的诉权造成侵蚀。另一方面，检察机关是法律授权的公益诉讼人，其提起诉讼是一种履职表现，其履职范围和程序由法律明确规定。而检察官出庭行为是一种职务委托的公法行为，不应以民事授权委托关系来界定。[1]

---

[1] 刘艺：《检察公益诉讼的司法实践与理论探索》，载《国家检察官学院学报》2017 年第 2 期。

16. 行政公益诉讼适用的领域

——贵州省榕江县人民检察院诉栽麻镇人民政府怠于履行保护古村落职责案

案件索引：贵州省黎平县人民法院（2019）黔 2631 行初 7 号

基本案情

贵州省榕江县栽麻镇境内的宰荡侗寨和归柳侗寨均系以侗族人口为主的少数民族村寨，分别于 2012 年和 2016 年被列入第四批"中国传统村落"名录。2018 年 4 月，榕江县检察院对全县 16 个中国传统村落进行了为期两个月的深入调查走访，发现栽麻镇的上述两个侗寨在列入中国传统村落名录数年后，村头寨尾仍未看到"中国传统村落"的保护标识，村民翻修旧房、新建住房处于无序状态，私自占用农田、河道溪流建房，大量修建的水泥砖房取代民族传统木质瓦房，严重破坏了中国传统村落的整体风貌，损害了国家和社会公共利益。

2018 年 5 月 7 日，县检察院向镇人民政府发出检察建议，建议对中国传统村落侗寨依法履行保护、监管职责。镇人民政府未对检察建议作书面回复。县检察院分别于 7 月 3 日、7 月 18 日两次向该镇政府催办，仍未予回复。此后，该县检察院多次派员回访，发现传统村落遭受破坏情况没有得到纠正，并在继续恶化。2018年12月28日，县检察院向黎平县人民法院（此类案件由该法院集中管辖）提起行政公益诉讼，请求确认栽麻镇人民政府不依法履行对中国传统村落监管职责的行为违法；要求镇人民政府对破坏中国传统村落整体风貌的违法行为继续履行监管职责。2019年2月27日，黎平县法院采取巡回法庭方式到榕江县公开开庭审理本案，并当庭作出判决，全部支持检察机关诉讼请求，镇人民政府当庭表示不上诉。榕江县人民政府高度重视该案，通知涉及传统村落保护和具有监管职责的14个乡镇、9个职能部门、部分传统村落村支"两委"负责人参加了庭审旁听。案件进入诉讼程序后，栽麻镇人民政府制定了整改方案，县相关职能部门积极支持配合，共同对两个传统村落进行整治，拆除了多处违章建筑，取得了一定成效。

判决与理由

根据《行政诉讼法》第六十二条、第七十二条第二款第（三）项的规定，判决：确认被告榕江县栽麻镇人民政府对中国传统村落宰荡侗寨和归柳侗寨监管不依法履职的行为违法；被告对破坏中国传统村落整体传统格局、历史风貌和空间尺度等违法行为应继续履行监管职责。

法院认为，根据《城乡规划法》第二条第二款规定：城乡规划包括城镇体系规划、城市规划、镇规划、乡规划和村庄规划。城市规划、镇规划分为总体规划和详细规划。详细规划分为控制性详细规划和修建性详细规划。规划区是指城市、镇和村庄的建成区以及因城乡建设和发展需要，必须实行规划控制的区域。规划区的具体范围由有关人民政府在组织编制的城市总体规划、镇总体规划、乡规划和村庄规划中，根据城乡经济社会发展水平和统筹城乡发展的需要划定。第六十五条规定：在乡、村庄规划区内未依法取得乡村建设规划许可证或者未按照乡村建设规划许可证的规定进行建设的，由乡、镇人民政府责令停止建设、限期改正；逾期不改正的，可以拆除。《贵州省传统村落保护和发展条例》第四条规定：传统村落所在地的县级以上人民政府应当将传统村落保护和发展工作纳入国民经济和社会发展规划，制定传统村落保护和发展措施，建立协调机制，解决传统村落保护和发展中的重大问题。县级以上人民政府住房和城乡建设行政主管部门负责传统村落保护和发展工作。文化（文物）、财政、国土资源、农业、旅游、规划、民族宗教、扶贫开发、民政、环境保护、林业、公安（消防）、发展改革等部门根据各自职责，共同做好传统村落保护和发展工作。乡镇人民政府负责本行政区域内传统村落保护和发展的具体工作，参与传统村落保护和发展规划编制并组织实施，指导村民委员会开展传统村落保护和发展工作。第二十九条规定：传统村落应当整体保护，保持传统格局，历史风貌和空间尺度，不得改变与其相互依存的自然景观和环境。传统村落保护范围内，禁止进行下列活动：（一）开山、采石、开矿等破坏传统格局和历史风貌的活动；（二）占用或者破坏保护和发展规划确定保留的森林、耕地、湿地、林地绿地、河道水系、路桥涵垣等自然景观、历史环境要素；（三）建设生产易燃、易爆物品工厂，或者设置储存易燃、易爆物品仓库；（四）擅自新建、改建、扩建建（构）筑物；（五）法律、法规禁止的其他活动。

基于上述法律和地方性法规规定，栽麻镇人民政府负责本行政区域内传统村落的保护和发展，栽麻镇人民政府加大了管理力度，对部分违章建筑物进行了拆除，取得一定的效果。但其辖区传统村落中仍然有相当多的违章建筑没有得到整改。公益诉讼人请求确认被告不履行监管职责的行为违法和要求被告继续履行监管职责的理由成立，法院予以支持。

评　析

一、有序扩大公益诉讼的受案范围

《行政诉讼法》第二十五条规定："人民检察院在履行职责中发现生态环境和资源保护、食品药品安全、国有财产保护、国有土地使用权出让等领域负有监督管理职责的行政机关违法行使职权或者不作为，致使国家利益或者社会公共利益受到侵害的，应当向行政机关提出检察建议，督促其依法履行职责。行政机关不依法履行职责的，人民检察院依法向人民法院提起诉讼。"从行政公益诉讼的实践来看，目前的行政公益诉讼案件主要以生态环境和资源保护为主，但随着公益诉讼的发展，一些新类型案件也开始出现，例如城市建设领域公益诉讼案件、税务行政公益诉讼案件、财政公益行政诉讼案件等不同领域的案件均有出现，扩大行政公益诉讼的受案范围已经成为大势所趋。检察行政公益诉讼的范围不再局限于《行政诉讼法》明确列举的事项，这也进一步说明检察公益诉讼是有治理内涵的司法体制创新，体现了我国国家治理体系和治理能力现代化所具有的在执政党领导下，改革与建构并重，注重社会主义公益保护，兼具国家主导与半开放性等特征。① 首先，公共利益不是一成不变的，具

---

① 刘艺：《论国家治理体系之下的检察公益诉讼》，载《中国法学》2020 年第2 期。

有发展性、延展性，特别是其内容随经济社会发展不断变化，因此
纳入公益诉讼的范围也必然呈现出逐渐扩大的趋势。社会公共利益
本身所具有的广泛性、多元性及多层次性，使得涉及公共利益的诉
讼纠纷必然呈现出相同的特点。其次，公共利益是一种社会主体平
等参与利益分享的社会秩序。①公共利益是整体的而不是局部的利益，
公共利益归属于社会主体，但又不被任何主体而单独占有，甚至关
于公共利益的归属主体在数量上无法予以精确化。检察机关提起行
政公益诉讼实质是对"诉的利益"理论进行了扩展，是该理论在行
政公益诉讼领域的演变与强化，"诉的利益"理论的内涵与诉讼主体
的变化是与行政权力不断扩展相适应的，检察机关提起行政公益诉
讼，以抗衡行政机关的行政违法行为和不作为，是基于保护国家和
社会公共利益需要，并不是基于维护个人利益或者与个人利益直接
相关的利益需要，其打破了传统诉权理论。如果依据传统诉之利益
的观念和标准审查，很多新型诉讼很可能因欠缺诉的利益而被拒之
门外，得不到司法救济。②因此基于裁判解决诉讼纠纷保护权益和形
成政策导向的功能，逐渐克服诉的利益理论的消极影响，而尽量充
实扩大诉的利益，以扩大诉的利益保护范围和解决纠纷的作用。第三，
相对于我国刚刚起步的行政公益诉讼范围，美国、日本、印度、韩国、
德国及我国台湾地区的公益诉讼涵盖的领域非常宽泛，包括公民基
本权利、文化遗产保护、教育与性别歧视、重大项目资金使用、违
法发放抚恤金及其他社会福利案件等多个方面。

我国目前的公益诉讼的范围还是比较有限的，随着社会的发展，
扩大行政公益诉讼范围将成为必然的选择。例如，妇女、儿童、老

---

① 蔡恒松：《论公共利益的主体归属》，载《前沿》2010 年第 15 期。

② 金文彪：《公益诉讼与我国传统诉讼理念的冲突与平衡》，载《环境公益诉讼》，法律出版社 2007 年版，第 283 页。

年人及残疾人等弱势群体的利益，如果不能妥善及时处理，则有可能转化为群体性事件，激化社会矛盾，可以将其归结为须特殊保护界别的利益，并作为公共利益的特殊存在形式，纳入检察机关可以提起行政公益诉讼的案件范围。再如，规范性文件的性质决定了其与国家和社会公共利益密切相关，一旦规范性文件本身是违反宪法和法律规定的，或者是违反法定程序的，则会给公共利益造成重大损失，或者使公共利益处于被侵害的风险状态。对于规范性文件的监督，目前主要有政府主导的规范性文件的合法性审查、行政复议的附带审查和行政诉讼的附带审查等方式，但是实际效果有限。将行政规章以下的规范性文件纳入行政公益诉讼受案范围，有助于加大规范性文件审查力度，避免违法的规范性文件成为阻碍依法行政的制度性障碍。

二、提高检察机关的行政专业能力

检察行政公益诉讼的本质是在宪法规定框架下，以维护国家和社会公共利益为目标，检察权、行政权、审判权相互监督制约的关系通过诉讼体现出来一种表现形式。行政事务具有较强的专业性，无论是明确行政机关履职的依据还是认定行政行为违法或者不当都需要建立在全面了解相关法律制度和行政权运行规律的基础上。检察机关提起行政公益诉讼体现了检察机关的法律监督功能，也是司法权对行政权的控制与平衡。一方面，司法权需尊重行政权的"专业性"，另一方面，涉及面日益广泛的行政公益诉讼对检察机关的行政专业能力提出严峻的挑战，检察机关需要不断提高行政专业能力。检察机关不仅需要对于不同行政管理领域相关的法律法规和政策有比较深入的了解，还需要了解不同行政管理领域的基本规律，否则不仅无法发现案件来源，更无法让行政机关信服。

首先，提高检察机关发现案件来源的能力。在浩如烟海的行政事务和相对封闭的行政管理中发现违法行为的线索本身就是一个难题。要解决行政公益诉讼案件线索，检察机关应当加强内外沟通协作机制，扩大调查核实渠道发现案源。其一，建立内部沟通协作机制。检察机关民事行政部门要加强与检察机关内部的控告、申诉、侦查监督、公诉、案件管理办公室等部门建立联动协作机制，对于相关行政违法行为线索，建立线索登记、分流、移送、办理、反馈等相关机制，形成监督合力。其二是健全完善刑事司法与行政执法相衔接工作机制以及对重大事项、行政处罚的通报制度，对重大行政措施向检察机关通报。

其次，提高检察机关提出检察建议的专业能力。税收征收、退税、追征等行政行为具有高度专业性和技术性的特点，检察机关在办理行政公益诉讼中需要了解方方面面的行政事务，具有极高的难度。一方面要进一步规范检察机关调取行政执法卷宗、完善调查取证机制。另一方面，借助专业力量提高检察机关的专业能力。例如建立动态调整的专家库，聘任国土资源、环境保护、市场监督等相关领域的专家学者，开展专业技术咨询，确保检察机关开展调查核实、提出检察建议等行为的精准度及专业性，避免"外行监督内行"。

三、强化行政机关公益诉讼的应诉能力

对于大部分行政机关而言，行政公益诉讼是个全新的课题，大部分行政公务人员缺乏对于行政公益诉讼价值和制度的充分认识，这是造成行政机关在行政公益诉讼案件中应对不力的主要原因。虽然大部分行政公益诉讼案件可以通过诉前程序得到较好的解决，但是有些案件中仍然存在行政机关漠视检察建议，甚至不回复检察建议，或者虽然回复检察建议，但是执行不到位的现象。还有相当部分的行政机关对于行政公益诉讼认识不到位，需要尽快完善包括税务机关在内的行政机关诉前和诉讼应对制度。行政机关在接到检察

机关送达的检察建议后，应高度重视，迅速组织专业部门研究应对，并在规定的时限内及时作出回复。对工作中确实存在不依法履职或者违法履职的，应迅速整改，避免检察机关提起行政公益诉讼；对因客观情况难以在短期内整改的，例如企业经济困难无法及时缴纳税款、滞纳金，也应和检察机关做好沟通，避免被错误提起公益诉讼及被错误追究相关人员的渎职责任，从而最大限度地保护国家和社会公共利益，节约司法资源，提高司法效率，更好地配置检察权、行政权与审判权的关系，推进审判权的规范有序运作。

四、推动行政机关积极依法履责

行政公益诉讼产生的根本原因是行政机关的不作为或者乱作为，而通过诉前程序解决矛盾能够实现行政自制、[①]有效发挥行政机关的专业性和主动性。行政机关的自我控制是行政机关通过内部自身运作实现控权效果，防止权力滥用，相对于外部的高成本的监督控制。行政自制具有积极主动、成本低、节约司法资源和社会资源等优点。行政机关通过自身的组织架构、内部规制和行政伦理，可以自发地纠错、监督，自觉地、主动地自我纠正、自我预防，使得行政主体对自身违法或不当行为可以自我发现、自我遏制、自我纠错。[②]在诉前程序中，行政机关如能认真对待检察机关的检察建议或者特定社会组织的法律建议，依法正确履行职责，使检察机关或特定社会组织无需再向法院提起行政公益诉讼，既节约了司法资源，也能使公共利益得到充分保护。

---

① 应松年：《行政公益诉讼试点亟待解决的几个问题》，载《人民论坛》2015年第24期。

② 崔卓兰：《行政自制理论的再探讨》，载《当代法学》2014年第1期。

教育行政诉讼

17. 拒绝授予学位的行政诉讼

—— 田永诉北京科技大学案

案件索引：北京市海淀区人民法院（1998）海行初字第 00142 号；北京市第一中级人民法院（1999）一中行终字第 73 号

基本案情

原告田永于 1994 年 9 月考取北京科技大学，取得本科生的学籍。1996 年 2 月 29 日，田永在电磁学课程的补考过程中，随身携带写有电磁学公式的纸条。考试中，田永去上厕所时纸条掉出，被监考教师发现。监考教师虽未发现其有偷看纸条的行为，但还是按照考场纪律，当即停止了田永的考试。被告北京科技大学根据原国家教委关于严肃考场纪律的指示精神，于 1994 年制定了校发（94）第 068 号《关于严格考试管理的紧急通知》（简称第 068 号通知）。该通知规定，凡考试作弊的学生一律按退学处理，取消学籍。被告据此于 1996 年 3 月 5 日认定田永的行为属作弊行为，并作出退学处理决定。同年 4 月 10 日，被告填发了学籍变动通知，但退学处理决定和变更学籍的通知未直接向田永宣布、送达，也未给田永办理退学手续，田永继续以该校大学生的身份正常参加学习及学校组织的活动。1996 年 9 月，被告为田永补办了学生证，之后每学年均收取田

251

永交纳的学费，并为田永注册、发放大学生补助津贴，安排田永参加了大学生毕业实习设计，由其论文指导教师领取了学校发放的毕业设计结业费。田永还以该校大学生的名义参加考试，先后取得了大学英语四级、计算机应用水平测试 BASIC 语言成绩合格证书。被告对原告在该校的四年学习中成绩全部合格，通过毕业实习、毕业设计及论文答辩，获得优秀毕业论文及毕业总成绩为全班第九名的事实无争议。

1998 年 6 月，田永所在院系向被告报送田永所在班级授予学士学位表时，被告有关部门以田永已按退学处理、不具备北京科技大学学籍为由，拒绝为其颁发毕业证书，进而未向教育行政部门呈报田永的毕业派遣资格表。田永所在院系认为原告符合大学毕业和授予学士学位的条件，但由于当时原告因毕业问题正在与学校交涉，故暂时未在授予学位表中签字，待学籍问题解决后再签。被告因此未将原告列入授予学士学位资格的名单交该校学位评定委员会审核。因被告的部分教师为田永一事向原国家教委申诉，国家教委高校学生司于 1998 年 5 月 18 日致函被告，认为被告对田永违反考场纪律一事处理过重，建议复查。同年 6 月 10 日，被告复查后，仍然坚持原结论。田永认为自己符合大学毕业生的法定条件，北京科技大学拒绝给其颁发毕业证、学位证是违法的，遂向北京市海淀区人民法院提起行政诉讼。

判决与理由

北京市海淀区人民法院于 1999 年 2 月 14 日作出（1998）海行初字第 00142 号行政判决：

一、北京科技大学在本判决生效之日起 30 日内向田永颁发大学本科毕业证书；

二、北京科技大学在本判决生效之日起 60 日内组织本校有关院、系及学位评定委员会对田永的学士学位资格进行审核；

三、北京科技大学于本判决生效后 30 日内履行向当地教育行政部门上报有关田永毕业派遣的有关手续的职责；

四、驳回田永的其他诉讼请求。北京科技大学提出上诉，北京市第一中级人民法院于 1999 年 4 月 26 日作出（1999）一中行终字第 73 号行政判决：驳回上诉，维持原判。

二审法院认为：根据我国法律、法规规定，高等学校对受教育者有进行学籍管理、奖励或处分的权力，有代表国家对受教育者颁发学历证书、学位证书的职责。高等学校与受教育者之间属于教育行政管理关系，受教育者对高等学校涉及受教育者基本权利的管理行为不服的，有权提起行政诉讼，高等学校是行政诉讼的适格被告。

高等学校依法具有相应的教育自主权，有权制定校纪、校规，并有权对在校学生进行教学管理和违纪处分，但是其制定的校规校纪和据此进行的教学管理和违纪处分，必须符合法律、法规和规章的规定，必须尊重和保护当事人的合法权益。本案原告在补考中随身携带纸条的行为属于违反考场纪律的行为，被告可以按照有关法律、法规、规章及学校的有关规定处理，但其对原告作出退学处理决定所依据的该校制定的第 068 号通知，与《普通高等学校学生管理规定》第二十九条规定的法定退学条件相抵触，故被告所作退学处理决定违法。

退学处理决定涉及原告的受教育权利，为充分保障当事人权益，从正当程序原则出发，被告应将此决定向当事人送达、宣布，允许当事人提出申辩意见。而被告既未依此原则处理，也未实际给原告办理注销学籍、迁移户籍、档案等手续。被告于 1996 年 9 月为原告补办学生证并注册的事实行为，应视为被告改变了对原告所作的按退学处理的决定，恢复了原告的学籍。被告又安排原告修满四年学业，参加考核、实习及毕业设计并通过论文答辩等。上述一系列行为虽系被告及其所属院系的部分教师具体实施，但因他们均属职务行为，故被告应承担上述行为所产生的法律后果。

国家实行学历证书制度，被告作为国家批准设立的高等学校，对取得普通高等学校学籍、接受正规教育、学习结束达到一定水平和要求的受教育者，应当为其颁发相应的学业证明，以承认该学生具有相当的学历。原告符合上述高等学校毕业生的条件，被告应当依《中华人民共和国教育法》第二十八条第一款第五项及《普通高等学校学生管理规定》第三十五条的规定，为原告颁发大学本科毕业证书。

学位证书是评价个人学术水平的尺度。被告作为国家授权的高等学校学士学位授予机构，应依法定程序对达到一定学术水平或专业技术水平的人员授予相应的学位，颁发学位证书。依《中华人民共和国学位条例暂行实施办法》第四条、第五条、第十八条第三项规定的颁发学士学位证书的法定程序要求，被告首先应组织有关院系审核原告的毕业成绩和毕业鉴定等材料，确定原告是否已较好地掌握本门学科的基础理论、专业知识和基本技能，是否具备从事科学研究工作或担负专门技术工作的初步能力；再决定是否向学位评定委员会提名列入学士学位获得者的名单，学位评定委员会方可依名单审查通过后，由被告对原告授予学士学位。

评　析

田永诉北京科技大学拒绝颁发毕业证、学位证案是中国教育行政领域里程碑式的经典案件。同时，该案件也在中国行政诉讼历史上产生过巨大影响。2014 年，最高人民法院发布的〔2014〕337 号文件中，将该案例列入第九批指导案例。① 这一经典案件的意义绝不局限于田永的胜诉，而在于突破传统意义上对于行政诉讼是"民告官"诉讼的狭隘认知。该案将学位授予行为纳入行政行为范畴，进而将大学拉入行政诉讼。该案引导法学界深入讨论大学的法律地位并在此基础上推动行政主体理论的完善。田永的胜诉也给高校管理者敲响了警钟，大学和学生之间的纠纷不仅仅只是学校内部的事情，大学并不是法外之地，高等学校的教育自主权并非无限，大学管理者行使教育管理权力要遵守法律，大学自治不能脱离法治的轨道，该案还推进了高等教育领域法治化程度。受教育者的基本权利可以通过行政诉讼的方式得到维护，拓宽了学生维护自身合法权益的途径。

一、颁发毕业证书和学位授予行为的行政性质

该案的首要问题是案件中涉及的拒绝颁发毕业证书和学位证书行为的性质，也就是是否应纳入行政诉讼的受案范围。我国实行学历证书和学位证书的"两证制度"，对于学历证书的颁发主要法律依据是《高等教育法》第二十条规定："接受高等学历教育的学

---

① 最高人民法院指导案例 38 号，最高人民法院审判委员会讨论通过，2014年 12 月 25 日发布。

生，由所在高等学校或者经批准承担研究生教育任务的科学研究机构根据其修业年限、学业成绩等，按照国家有关规定，发给相应的学历证书或者其他学业证书。"第五十八条规定："高等学校的学生思想品德合格，在规定的修业年限内学完规定的课程，成绩合格或者修满相应的学分，准予毕业。"可以看出，对于学历证书的颁发，《高等教育法》确定了三项标准：思想品德合格、符合修业年限、成绩合格（或者修满学分）。对于学位证书颁发的法律依据是《中华人民共和国学位条例》，该法第二条规定："凡是拥护中国共产党的领导、拥护社会主义制度，具有一定学术水平的公民，都可以按照本条例的规定申请相应的学位。"第四条规定："高等学校本科毕业生，成绩优良，达到下述学术水平者，授予学士学位。（1）较好地掌握本门学科的基础理论、专门知识和基本技能；（2）具有从事科学研究工作或担负专门技术工作的初步能力。"第五条规定："高等学校和科学研究机构的研究生，或具有研究生毕业同等学力的人员，通过硕士学位的课程考试和论文答辩，成绩合格，达到下述学术水平者，授予硕士学位：（1）在本门学科上掌握坚实的基础理论和系统的专门知识；（2）具有从事科学研究工作或独立担负专门技术工作的能力。"第六条规定："高等学校和科学研究机构的研究生，或具有研究生毕业同等学力的人员，通过博士学位的课程考试和论文答辩，成绩合格，达到下述学术水平者，授予博士学位：（1）在本门学科上掌握坚实宽广的基础理论和系统深入的专门知识；（2）具有独立从事科学研究工作的能力。（3）在科学或专门技术上做出创造性成果。"可见，根据《学位条例》的规定，学校授予学位的条件主要是学生的学业能力，包括是否掌握基础理论、专门知识和基本技能；是否具备科学研究工作或独立担负专门技术工作的能力；是否在科学或专门技术上做出创造性成果。

在我国现行的法律制度中，高等学校在法律中的定性是事业单位，而非行政机关，在田永诉北京科技大学拒绝颁发毕业证、学位证案中，大学与学生之间发生的纠纷为什么可以列入行政诉讼的范畴，这是法院审理田永案件的大前提。在田永案之前，高等学校和学生之间的纠纷往往通过行政系统的申诉或者信访的形式解决，也有部分通过民事诉讼解决。通过行政诉讼解决的极其少见，主要障碍是高等学校和学生之间的法律关系性质不明。北京海淀区法院在裁判文书中提出：根据我国法律、法规规定，高等学校对受教育者有进行学籍管理、奖励或处分的权力，有代表国家对受教育者颁发学历证书、学位证书的职责。高等学校与受教育者之间属于教育行政管理关系，受教育者对高等学校涉及受教育者基本权利的管理行为不服的，有权提起行政诉讼，高等学校是行政诉讼的适格被告。该案的主审法官饶亚东指出："在法无明文禁止的前提下，我们应当将高等学校在对学生的学籍管理、学历证书、学位证书的颁发方面其履行的职责理解为学校在对学生行使国家公权力，所履行的是国家法律法规授予的权力，是行政法意义上的职责，符合《行政诉讼法》的立法精神，属于《行政诉讼法》所调整的范畴。"[1]

二、学校制定的校规校纪不得违反上位法的规定

北京科技大学拒绝为田永颁发毕业证书和学位证书的原因在于田永受到过学校的退学处分。该退学处分的依据、程序、法律效力的问题也因此成为案件争议的焦点。北京科技大学对田永作出退学决定的直接依据是该校制定的第068号通知。该通知规定，凡考试

---

[1] 饶亚东：《从审判角度谈受教育权的保护与法官责任》，载罗豪才主编：《行政法论丛》第3卷，法律出版社2000年版，第484—500页。

作弊的学生一律按退学处理，取消学籍。在本案中，北京市海淀区法院针对学校制定文件进行了审查，该文件作为对田永做出退学处理的依据的文件，法院并没有因为它涉及学校的教育自主权而放弃审查，法院以"学校依据自己制定的文件对学生作退学处理，直接与《普通高等学校学生管理规定》（以下简称1990年《学生管理规定》）第二十九条规定的法定退学条件相抵触"而宣布其无效。[①]本案引发的理论问题是高等学校制定的校规校纪应当遵循的法律原则，法院可否审查以及审查标准等。

高等学校为了实现教育目标，需要制定规章制度约束学校的成员。对于学校规章制定权的权力来源，理论上至少存在两种学说，一种理论认为大学在向学生提供国家学历教育服务中行使的权力属于公权力，应当得到法律的授权，高等学校也因此成为行政主体中的法律、法规授权组织，因此其制定校规校纪的权力来自国家的授权。另一种理论认为这是组织成员基于契约精神让渡的团体成员的权利，在这种理论下，高等学校作为社会组织之一，其自主管理的权力来自于成员或成员代表的一致同意，而不是学校外部的主体授予的。学校成员通过民主的程序制定规章并共同遵守，民主本身就是产生权威的一种机制。

学校的校规校纪应当遵循法律保留、法律优位的基本原则。关于退学的规定，在国家层面上有教育部门制定的《普通高等学校学

生管理规定》，其中有两个条款涉及退学，第二十九条规定 ① 的退学不是作为处分：按该条规定处理的学生，对学生不是一种处分。② 另一个是作为处分的勒令退学，规定在第六十三条，其中第五款规定违反学校纪律，情节严重者，可以勒令退学或者开除学籍。③

从上述规定可知，关于退学存在两个规定，一个是教育部的部门规章，另一个是北京科技大学的纪律。关于学校针对学生所作的退学处分，是属于大学自治的事项，可以由各个学校自己以校规的形式规定，还是属于法律保留的事项，应由法律明确规定，或由法律作了明确授权以后规定，在理论界存在争议。一种观点认为，退学条件是大学自治的范围，为保障学生学习品质，必须坚守大学自治。

---

① 《普通高等学校学生管理规定》（1990 年国家教育委员会第 7 号令）第二十九条学生有下列情形之一者，应予退学：（一）一学期或连同以前各学期考试成绩不及格课程有三门主要课程或四门（含四门）以上课程不及格者；（二）实行学分制的学校，不及格课程学分达到退学规定学分数者；（三）连续留、降级或留、降级累计超过两次者；（四）不论何种原因，在校学习时间超过其学制两年者；（五）休学期满不办理复学手续者；（六）复学经复查不合格不准复学者；（七）经学校动员，因病该休学而不休学，且在一学年内缺课超过该学年总学时三分之一者；（八）经过指定医院确诊，患有精神病、癫痫等疾病者；（九）意外伤残不能再坚持学习者；（十）本人申请退学，经说服教育无效者。

② 这里指的《普通高等学校学生管理规定》是于 1989 年 8 月 26 日经国家教育委员会办公会议通过，1990 年 1 月 20 日，国家教育委员会第 7 号令。该规定已经废止。教育部于 2005 年制定了新的《普通高等学校学生管理规定》，于 2016 年修订，2017 年 9 月 1 日施行。

③ 《普通高等学校学生管理规定》（1990 年国家教育委员会第 7 号令）第六十三条 有下列情形之一的学生，学校可酌情给予勒令退学或开除学籍的处分：（1）有反对四项基本原则的反动言论和行为者；组织和煽动闹事、扰乱社会秩序、破坏安定团结、侮辱和诽谤他人而坚持不改者；（2）触犯国家刑律，构成刑事犯罪者；（3）破坏公共财产，偷窃国家、集体、私人财物造成严重损失和危害；（4）有偷窃行为而又屡教不改者；酗酒、赌博、打架斗殴，情节严重者；品行极为恶劣，道德败坏者；（5）违反学校纪律，情节严重者；（6）一学期旷课超过五十学时（旷课一天，按实际授课时间计）者。

另一种观点认为应该遵循法律保留原则，由国家教育部门制定规则，而不是学校自主决定的事务。笔者认为应当区分情况，不能一概而论：第一种，对由于品行原因，如在校园内施暴、贩毒、纵火等危害学校校园的秩序以及他人的学习和生活时，为了保障学校的正常环境和他人的学习权利，可以要求学生退学，这种退学具有惩戒性质，和学校的学术自由没有直接关系，不属于大学自治范围的事项，应当实行严格的法律保留，国家法律不仅需要规定惩戒的措施和种类，而且需要规定适用的程序和法律效果。第二种，对由于学习成绩原因，如果学生没有达到学校规定的学业条件，或者完成规定的学业，取得必要的成绩，学校可以要求学生退学，这种性质的退学没有惩戒性质，主要是为了保障学校的教学效果和教学质量，属于学校学术自由问题，是学校自治的范畴，仅需要较低密度的法律保留。

三、退学决定应当遵循正当程序原则

本案中北京科技大学于 1996 年 3 月 5 日认定田永的行为属作弊行为，并作出退学处理决定。同年 4 月 10 日，被告填发了学籍变动通知，但退学处理决定和变更学籍的通知未直接向田永宣布、送达，也未给田永办理退学手续，田永继续以该校大学生的身份参加日常学习及学校组织的活动，直到临近毕业。从案件情况看，北京科技大学的内部管理确实存在疏漏，但是这种管理疏漏造成的后果不应由学生承担，也正是基于正当程序原则的考量，法院认定学校的退学决定没有生效。对比不同时期的《普通高等学校学生管理规定》可以发现，有关处分的程序越来越清晰。例如，1990 年的《学生管理规定》第六十四条规定了"处理结论要同本人见面，允许本人申辩、申诉和保留不同意见。对本人的申诉，学校有责任进行复查"。其程序规定非常简陋。但是 2017 年修订的《普通高等学校学生管理规定》对于程序的规定则细致很多，其中第五十五条明确规定：在对学生作出处分或者其他不利决定之前，学校应当告知学生作出决定的事实、理由及依据，并告知学生享有陈述和申辩的权利，听取学生的陈述和申辩。处理、处分决定以及处分告知书等，应当直接送达学生本人，学生拒绝签收的，可以以留置方式送达；已离校的，可以采取邮寄方式送达；难于联系的，可以利用学校网站、新闻媒体等以公告方式送达。应当说田永案对于教育领域重视正当程序原则起到重要的促进作用。

18. 高等学校处分学生的法律适用

——甘露诉暨南大学案

案件索引：广州市天河区人民法院（2007）天法行初字第 62 号；广东省高级人民法院（2010）粤高法行监字第 6 号；最高人民法院（2011）行提字第 12 号

基本案情

甘露原系暨南大学华文学院语言学及应用语言学专业 2004 级硕士研究生。2005 年间，甘露在参加现代汉语语法专题科目的撰写课程论文考试时，提交了《关于"来着"的历史发展》的考试论文，任课老师发现其提供的考试论文是从互联网上抄袭，遂对其进行批评、教育后，要求重写论文。甘露第二次向任课老师提供的考试论文《浅议东北方言动词"造"》，又被任课老师发现与发表于《江汉大学学报》2002 年第 2 期《东北方言动词"造"的语法及语义特征》一文雷同。2006 年 3 月 8 日，暨南大学作出暨学〔2006〕7 号《关于给予硕士研究生甘露开除学籍处理的决定》，给予甘露开除学籍的处分。甘露不服，向广东省教育厅提出申诉，广东省教育厅于 2006 年 5 月 16 日作出粤教法〔2006〕7 号《学生申诉决定书》，认为暨南大学对甘露作出处分的程序违反《暨南大学学生违纪处分实施细则》第三十三条的规定,影响甘露的陈述权、申诉权及听证权的行使,不符合《普通高校学生管理规定》第五十五条、第五十六条的规定,责令暨南大学对甘露的违纪行为重新作出处理。暨南大学收到广东省教育厅的决定书后,于 2006 年 6 月 1 日将调查谈话通知单送达给甘露母亲赵小曼,并于当天就甘露违纪事件进行调查。2006 年 6 月 2 日,暨南大学华文学院向暨南大学学生违纪处理委员会办公室建议给予甘露开除学籍的处分。6 月 6 日,暨南大学研究生部向学校领导提交有关给予硕士研究生甘露开除学籍处理报告,建议对甘露作出开除学籍的处理。6 月 7 日,暨南大学将违纪处理告知书送达给甘露母亲赵小曼,并制作了告知笔录。2006 年 6 月 13 日,赵小曼将陈述、申辩材料交暨南大学。暨南大学也对甘露陈述申辩作了记录。2006 年 6 月 15 日,暨南大学学生违纪处理委员会召开会议,决定给予甘露开除学籍的处分,并将给予甘露开除学籍处分的意见提交校长办公会议进行讨论。6 月 19 日,暨南大学召开 2006 年第 16 次校长办公会议,会议决定同意给予甘露开除学籍的处分,并制作了暨学〔2006〕33 号《关于给予硕士研究生甘露开除学籍处分的决定》(以下简称开除学籍决定),对甘露作出开除学籍处分。6 月 21 日,暨南大学将处分决定送达给赵小曼。6 月 23 日,暨南大学又通过特快专递 EMS 将开除学籍决定寄送给甘露。2007 年 6 月 11 日,甘露以暨南大学作出的开除学籍决定没有法律依据及处罚太重为由,向广州市天河区人民法院提起行政诉讼,请求撤销暨南大学作出的开除学籍决定并承担案件诉讼费。广州市天河区人民法院以(2007)天法行初字第 62 号行政判决维持了开除学籍决定。

甘露不服提起上诉。广东省广州市中级人民法院认为,广州市天河区人民法院(2007)天法行初字第 62 号行政判决维持暨南大学的开除学籍决定正确。因此,广东省广州市中级人民法院判决驳回甘露上诉，维持原判。后甘露向广东省高级人民法院申请再审，该院以（2010）粤高法行监字第 6 号驳回再审申请通知驳回其再审申请。随后，甘露向最高人民法院申请再审称：其作为暨南大学 2004 级硕士研究生在修读学位课程现代汉语语法专题时，先后两次上交的课程论文存在抄袭现象属实。但该课程考试形式是以撰写课程论文方式进行的开卷考试，抄袭他人论文的行为违反了考试纪律，应按违反考试纪律的规定给予处分。但这种抄袭行为并不是《普通高等学校学生管理规定》第五十四条第（五）项和《暨南大学学生管理暂行规定》第五十三条第（五）项规定所称的"剽窃、抄袭他人研究成果"的违纪行为。暨南大学适用《暨南大学学生管理暂行规定》第五十三条第（五）项规定给予开除学籍处分认定事实不清、适用法律不当、处分程序不合法，且处分明显偏重。请求法院撤销原审判决并撤销开除学籍决定，责令暨南大学重新作出具体行政行为或者直接将开除学籍决定变更为其他适当的处分，同时赔偿因诉讼多年而支出的交通住宿等直接支出费用 89601 元和因丧失学习机会造成的间接损失及精神赔偿 100000 元。

暨南大学答辩称：学期课程论文作为研究生修读课程的考试形式之一，也是研究生在学习期间研究成果的一部分，研究生理应严格认真对待。甘露连续两次的抄袭行为已经严重违反了《高等学校学生行为准则》《普通高等学校学生管理规定》以及《暨南大学学生管理暂行规定》，丧失了作为一名学生所应有的道德品质，应按照《暨南大学学生违纪处分实施细则》进行处理。即便如申请人所述，其行为属于考试作弊行为，而根据《普通高等学校学生管理规定》第五十四条第（四）项的规定："由他人代替考试、替他人参加考试、组织作弊、使用通讯设备作弊及其他作弊行为严重的"，仍然可以给予申请人开除学籍处分。因此，开除学籍决定认定事实清楚、定性准确，适用法律正确。请求本院依法维持原审判决，并驳回甘露在原一、二审期间未曾提出的赔偿请求。

判决与理由

依据《中华人民共和国行政诉讼法》第六十一条第（二）项和《最高人民法院关于执行〈中华人民共和国行政诉讼法〉若干问题的解释》第五十七条第二款第（二）项的规定，最高人民法院判决如下：

一、撤销广东省广州市中级人民法院（2007）穗中法行终字第709号行政判决和广州市天河区人民法院（2007）天法行初字第62号行政判决；

二、确认暨南大学暨学〔2006〕33号《关于给予硕士研究生甘露开除学籍处分的决定》违法。

一、二审案件受理费共计人民币100元，由被申请人暨南大学负担。

本判决为终审判决。

最高人民法院在裁判文书中阐明主要理由：高等学校学生应当遵守《高等学校学生行为准则》《普通高等学校学生管理规定》，并遵守高等学校依法制定的校纪校规。学生在考试或者撰写论文过程中存在的抄袭行为应当受到处理，高等学校也有权依法给予相应的处分。但高等学校对学生的处分应遵守《普通高等学校学生管理规定》第五十五条规定，做到程序正当、证据充足、依据明确、定性准确、处分恰当。特别是在对违纪学生作出开除学籍等直接影响受教育权的处分时，应当坚持处分与教育相结合原则，做到育人为本、罚当其责，并使违纪学生得到公平对待。违纪学生针对高等学校作出的开除学籍等严重影响其受教育权利的处分决定提起诉讼的,人民法院应当予以受理。人民法院在审理此类案件时,应依据法律法规、参照规章,并可参考高等学校不违反上位法且已经正式公布的校纪校规。

《暨南大学学生管理暂行规定》第五十三条第(五)项规定,剽窃、抄袭他人研究成果,情节严重的,可给予开除学籍处分。《暨南大学学生违纪处分实施细则》第二十五条规定,剽窃、抄袭他人研究成果,视情节轻重,给予留校察看或开除学籍处分。暨南大学的上述规定系依据《普通高等学校学生管理规定》第五十四条第(五)项的规定制定,因此不能违背《普通高等学校学生管理规定》相应条文的立法本意。《普通高等学校学生管理规定》第五十四条列举了七种可以给予学生开除学籍处分的情形,其中第(四)项和第(五)项分别列举了因考试违纪可以开除学籍和因剽窃、抄袭他人研究成果可以开除学生学籍的情形,并对相应的违纪情节作了明确规定。其中第(五)项所称的"剽窃、抄袭他人研究成果",系指高等学校学生在毕业论文、学位论文或者公开发表的学术文章、著作,以及所承担科研课题的研究成果中,存在剽窃、抄袭他人研究成果的情形。所谓"情节严重",系指剽窃、抄袭行为具有非法使用他人研究成果数量多、在全部成果中所占的地位重要、比例大、手段恶劣,或者社会影响大、对学校声誉造成不良影响等情形。甘露作为在校研究生提交课程论文,属于课程考核的一种形式,即使其中存在抄袭行为,也不属于该项规定的情形。因此,暨南大学开除学籍决定援引《暨南大学学生管理暂行规定》第五十三条第(五)项和《暨南大学学生违纪处分实施细则》第二十五条规定,属于适用法律错误,应予撤销。一、二审法院判决维持,显属不当,应予纠正。鉴于开除学籍决定已生效并已实际执行,甘露已离校多年且目前已无意返校继续学习，撤销开除学籍决定已无实际意义，但该开除学籍决定的违法性仍应予以确认。对于甘露提出的赔偿要求，最高人民法院认为由于甘露在本院再审期间提出的其在原审期间未提出的赔偿请求，法院依法不予审查。

<hr />

评　析

甘露诉暨南大学一案历时五年，广州市天河区人民法院一审判决甘露败诉，甘露不服提起上诉，广州市中级人民法院二审驳回甘露上诉，维持原判。甘露不服，向广东省高级人民法院申请再审，该院以（2010）粤高法行监字第 6 号驳回再审申请通知驳回其再审申请。甘露又向最高法院提起再审，最高法院最终判决：撤销广东省广州市中级人民法院（2007）穗中法行终字第 709 号行政判决和广州市天河区人民法院（2007）天法行初字第 62 号行政判决；确认暨南大学暨学〔2006〕33 号《关于给予硕士研究生甘露开除学籍处分的决定》违法。在这场旷日持久的诉讼路上，甘露最终胜诉。甘露诉暨南大学案件是 2012 年最高法院公布的指导案例。该案在法学界和教育界都引起很大的争议，即使是行政法学者，对于案件的裁判也存在相互冲突的观点。支持者认为：该裁判明确了学校处分学生的法律适用也应受到必要的限制，不应随意。反对者则认为：该裁判破坏了高等学校的自主性，处分学生的权力属于学校的自治事务。

一、高等学校处分学生的法律适用

该案争议的焦点问题在于暨南大学对甘露作出处分的依据。对于甘露抄袭他人论文作为自己的考试论文的行为，暨南大学认为属于《暨南大学学生管理暂行规定》第五十三条第（五）项《暨南大学学生违纪处分实施细则》第二十五条规定的"剽窃、抄袭他人研究成果"，暨南大学的上述规定依据《普通高等学校学生管理规定》第五十四条第（五）项的规定制定。最高人民法院认为《普通高等学校学生管理规定》第五十四条所称的"剽窃、抄袭他人研究成果"指高等学校学生在毕业论文、学位论文或者公开发表的学术文章、著作，以及所承担科研课题的研究成果中，存在剽窃、抄袭他人研究成果的情形。因此，暨南大学没有认清甘露行为的性质，案件本身存在着事实不清的问题。基于以上事实，最高人民法院最后认为"暨南大学开除学籍决定援引《暨南大学学生管理暂行规定》第五十三条第（五）项和《暨南大学学生违纪处分实施细则》第二十五条规定，属于适用法律错误，应予撤销"并且"确认暨南大学暨学〔2006〕33号《关于给予硕士研究生甘露开除学籍处分的决定》违法"。

本案中甘露"剽窃、抄袭他人研究成果"的行为，从法律上说属于民事侵权行为，侵犯了他人的著作权。在民事侵权行为中，受到侵害的是公民个人的权利。由于甘露的行为发生在课程考试过程中，因此对于甘露的行为可以纳入学校的学业评价体制之中，对剽窃、抄袭他人论文的课程作出不及格的处理。正是由于甘露案件引起的讨论，教育部在2016年修订《普通高等学校学生管理规定》时，对第五十二条进行了明确：学生有下列情形之一，学校可以给予开除学籍处分：……（四）代替他人或者让他人代替自己参加考试、组织作弊、使用通讯设备或其他器材作弊、向他人出售考试试题或答案牟取利益，以及其他严重作弊或扰乱考试秩序行为的；（五）学位论文、公开发表的研究成果存在抄袭、篡改、伪造等学术不端行为，情节严重的，或者代写论文、买卖论文的；……。对比之前的规定，教育部在规章中明确了开除学籍的情形适用于"学位论文、公开发表的研究成果存在抄袭、篡改、伪造等学术不端行为,情节严重的,或者代写论文、买卖论文的行为",比之前的规章更加明确,这也是对甘露案件的回应。

二、高等学校处分学生的裁量权

本案争议的另一个问题是暨南大学对甘露的处分是否违反过罚相当原则。《普通高等学校学生管理规定》第五十四条规定:"学校给予学生处分,应当坚持教育与惩戒相结合,与学生违法、违纪行为的性质和过错的严重程度相适应。学校对学生的处分,应当做到证据充分、依据明确、定性准确、程序正当、处分适当。"第五十一条规定:"对有违反法律法规、本规定以及学校纪律行为的学生,学校应当给予批评教育,并可视情节轻重,给予如下纪律处分:(一)警告;(二)严重警告;(三)记过;(四)留校察看;(五)开除学籍。"第五十二条详细规定了学校可以给予学生开除学籍处分的八种情形。根据法律法规的规定,学校对学生视情节轻重有五种处分形式,暨南大学在处分违纪学生甘露时的法律适用是否恰当?甘露因为两次抄袭他人论文作为自己的考试论文而被暨南大学给予开除学籍的处分是否处罚过重?甘露以暨南大学作出的开除学籍决定没有法律依据及处罚太重为由提起行政诉讼,一审二审都败诉。最高人民法院判决书中对于"情节严重"进行了解释:所谓"情节严重",系指剽窃、抄袭行为具有非法使用他人研究成果数量多、在全部成果中所占的地位重要、比例大,手段恶劣,或者社会影响大、对学校声誉造成不良影响等情形。甘露作为在校研究生提交课程论文,属于课程考核的一种形式,即使其中存在抄袭行为,也不属于该项规定的情形。甘露抄袭他人论文作为结课论文是为了通过考试,获得学分,并没有用于发表,获得学术利益,其严重程度远没有达到"情节严重"。

虽然大学具有较高程度的自治权，对于学生的学业评价也是学校专属权力，学业成绩的评价标准的确定和学术权力的运用更多的是依赖于学术权威或者教师的专业能力、学术修养、人文品格。这种带有高度属人性的判断，是"不可代替的决定"，国家法律承认权力享有者的判断余地，①法院和其他机构对于专业人员基于专业知识所为的决定应予尊重。开除学籍对于学生利益影响严重，从法治主义的精神出发，对于公民的损益性决定，其种类的设定是在"创设"一种限制和剥夺公民权益的手段，学校作为"执法者"不应同时享有"立法者"创设的权力，因此，对于处分种类的设定权不应归属于学校。那被处分行为的设定权呢？相对于处分种类的设定，被处分行为的确定带有一定程度的"特殊性"，也就是说，哪些行为构成对于学校教学秩序的干扰，除了一般原则之外，还需要根据学校不同的情况具体确定。因此，在被处分行为的设定上，学校可以享有一定程度的设定权。但是对于开除学籍处分适用范围，因系属"重大立法事项"，应当严格限制其设定权。公民的受教育权是宪法性权利，与之相对应，并非任何机关都可以决定剥夺公民的受教育权，从最严格的意义来说，只有拥有立法创制权的立法机关才有权决定在何种情况下剥夺公民的受教育权。因此，关于剥夺公民受教育权

---

① 判断余地是指行政机关于适用不确定的法律概念时，因法律适用者不同，在发生同类事件时有不同的解释与认定。既然不确定法律概念之解释与适用，不大可能有单一正确绝对结果，从而存有多数皆可接受之决定可能性时，行政机关所具有的判断标准，非行政法院所能掌握。判断余地的主要类型有：1.不可代替的决定：（1）考试决定（2）学生学业评量（3）公务员法上的判断；2.由独立的专家及委员会作成的评价决定；3.预测决定；4.计划的决定；5.高度专业技术性及政策性之决定。详细参见翁岳生：《行政法与现代法治国家》，台湾大学法学丛书，1976年，第37—109页。

的处分设定应当通过法律进行，即立法机关才有权决定在何种情况下可以剥夺公民的受教育权。教育部作为国家行政机关来决定对于公民受教育权的剥夺已然有悖法治原则，学校更不应享有剥夺受教育权处分的设定权。其他处分，因为不涉及学生受教育权的剥夺，教育行政机关可以设定。

19. 高等学校具有设定学位授予条件的自主权

—— 何小强诉华中科技大学拒绝授予学位案

案件索引：湖北省武汉市洪山区人民法院（2008）洪行初字第81号；湖北省武汉市中级人民法院（2009）武行终字第61号

基本案情

何小强系第三人华中科技大学武昌分校2003级通信工程专业的本科毕业生。第三人华中科技大学武昌分校是独立的事业法人单位，无授予学士学位的资格。1982年1月12日，国务院学位委员会、教育部（82）学位字001号《关于下达首批授予学士学位的高等学校名单的通知》中载明，华中工学院是国务院首批授予学士学位的高等学校。1988年1月华中工学院更名为华中理工大学。2000年5月26日，华中理工大学、同济医科大学、武汉城市建设学院合并，科技部管理学院并入，组建华中科技大学。2003年5月12日，第三人颁发的《华中科技大学武昌分校授予本科毕业生学士学位实施细则》第二条规定"凡具有我校学籍的本科毕业生，符合本《实施细则》中授予条件者，均可向华中科技大学学位评定委员会申请授予学士学位"、第三条"……达到下述水平和要求，经学术评定委员会审核通过者，可授予学士学位。（三）通过全国大学英语四级统

272

考"。2003 年 6 月 27 日，《华中科技大学本科学分制学籍管理条例》第五十七条规定："凡有下列情况之一，学校不授予学士学位：……2.国家大学生英语四级考试不及格。"2006 年 12 月，华中科技大学作出《关于武昌分校、文华学院申请学士学位的规定》，确定"非外国语专业的申请者须通过全国大学外语四级考试"是授予学士学位的必备条件之一。2007 年 6 月 30 日，原告何小强获得华中科技大学武昌分校颁发的《普通高等学校毕业证书》。原告何小强本科学习期间，没有通过全国英语四级考试。华中科技大学武昌分校根据《华中科技大学武昌分校本科毕业生学士学位实施细则》的规定，以原告何小强不符合学士学位授予条件为由，未向被告华中科技大学推荐申请授予学士学位。2007 年 8 月 26 日，原告何小强向被告华中科技大学和第三人华中科技大学武昌分校提出授予工学学士学位的申请。2008 年 5 月 21 日，第三人华中科技大学武昌分校书面答复原告，因其没有通过全国大学英语四级考试，不符合授予条件，被告华中科技大学不能向其颁发学士学位。湖北省武汉市洪山区人民法院据《最高人民法院关于执行〈中华人民共和国行政诉讼法〉若干问题的解释》第三十九条第一款、第五十六条第（一）项之规定，判决如下：驳回原告何小强要求被告华中科技大学为其授予工学学士学位的诉讼请求。何小强因被上诉人湖北省教育厅不履行行政复议法定职责一案，不服武汉市武昌区人民法院（2016）鄂 0106 行初 267 号行政裁定，向湖北省武汉市中级人民法院提起上诉。二审法院裁定：驳回上诉，维持原裁定。

判决与理由

一审法院认为：依据《学位条例》《学位条例暂行实施办法》《国

务院批准首批授予学士学位高等学校名单》的授权，华中科技大学具有授予学士学位的法定职责。何小强以华中科技大学在收到申请之日起六十日内未授予其工学学士学位，向人民法院提起行政诉讼，符合《最高人民法院关于执行〈中华人民共和国行政诉讼法〉若干问题的解释》第三十九条第一款的规定，华中科技大学是本案适格被告。原告何小强是第三人华中科技大学武昌分校的本科毕业生，第三人华中科技大学武昌分校是非授予学士学位的高等院校，依据《中华人民共和国学位条例暂行实施办法》第四条第二款的规定："非授予学士学位的高等院校，对达到学士学术水平的本科毕业生，应当由系向学校提出名单，经学校同意后，由学校就近向本系统、本地区的授予学士学位的高等院校推荐。授予学士学位的高等院校有关的系，对非授予学士学位的高等院校推荐的本科毕业生进行审查考核，认为符合本暂行办法及有关规定的，可向学校学位评定委员会提名，列入学士学位获得者名单。"第三人对该校达到学士学术水平的本科毕业生，向被告推荐，由被告审核是否授予学士学位。被告及第三人均将通过全国大学英语四级考试作为学士学位授予的具体条件之一，没有违反《学位条例》第四条、《中华人民共和国学位条例暂行实施办法》第二十五条的规定。第三人以原告没有通过全国大学英语四级考试，不符合学士学位授予条件为由，没有向被告推荐审核是否授予学士学位，原告要求被告为其颁发工学学士学位证书的诉讼请求，无事实和法律依据。被告在收到原告邮寄送达的申请书后，转交原告所在学校处理，并由第三人书面告知了原告不能授予学位的原因，原告起诉被告不作为的理由不成立，法院不予支持。

二审法院认为，上诉人何小强要求华中科技大学及武昌分校授予其学士学位的诉讼请求已经被人民法院生效判决驳回，本案诉讼标的已为该生效判决所羁束。原审法院多次予以指导和释明告知上诉人何小强修改补正有关内容，何小强没有正当理由直至递交诉状一年后才修改，故其提起本案诉讼时，已超过法定起诉期限且无正当理由。对上诉人何小强提出的行政复议申请，被上诉人湖北省教育厅于 2015 年 5 月 25 日作出了《行政复议不予受理决定书》，认为上诉人何小强提出的行政复议申请不属于行政复议的受案范围，决定不予受理。故上诉人何小强关于被上诉人湖北省教育厅未在法定期限内作出复议决定违法的诉请，没有事实根据。

评 析

一、学位授予属于学业评价权

本案的焦点问题在于高等学校是否有权将四六级考试、违纪次数等作为授予学位的限制性条件，核心是学校设定学位授予条件的自主权问题。高等学校是从事国家学历教育的机构，其所承担的教育职能具有公共服务的性质。国家将其国民教育权授予学校具体行使，学校教育活动的成果以国家认可的学业证书作为载体，这些学业证书带有很强的社会公信力，是社会对于公民受教育程度和能力进行判断的重要依据。为了保证学生受教育权的实现，体现自身职能，各国的高等学校都需要组织教学活动，并对于学生的学业能力进行评价，在此基础上决定学生是否具备获得相应学业证书的能力。学业评价是整个教学活动的主体，考试和论文答辩是学业评价的过程，教师的评分以及评议委员会的评议是学业评价的方式，分数和评议结论是评价权的表现形式。[①] 高等学校学业评价权的运行以学术权力为主，而以行政权力为辅。学术权力的基础在于教育的专业性，而专业性也是学校自主权和大学自治的前提。自治性由于专业性而产生，同时为了保证专业性的实施。没有大学自治，教育的专业性就无法实现；同样，没有专业性，大学的自治也毫无意义。我国现行教育法律中对高等学校授予学位的自主权进行了明确规定。《教育法》第二十二条规定："国家实行学业证书制度。经国家批准设立或者认可的学校及其他教育机构按照国家有关规定，颁发学历证书或者其他学业证书。"第二十三条规定："国家实行学位制度。学位授予单位依法对达到一定学术水平或者专业技术水平的人员授予相应的学位，颁发学位证书。"第二十九条规定："学校及其他教育机构行使下列权利：……（四）对受教育者进行学籍管理，实施奖励或者处分；（五）对受教育者颁发相应的学业证书；……"《学位条例》第八条规定："学士学位，由国务院授权的高等学校授予；硕士学位、博士学位，由国务院授权的高等学校和科学研究机构授予。"从上述法律规定可知，高等学校具有在法律法规范围内授予学位的自主权。

二、学校自治规章与国家法律的关系

大学基于学术自由的需要应当享有较高程度的自主权，但是这并不意味着学校可以"恣意妄为"，自治亦应当在法治之下，学校自主权利的运行也应在国家法律设定的框架内。同时，为了避免国家权力过度干涉大学自主，以致压缩学校的学术空间，侵犯学校的自治权力，国家监督应限制在一定的范围之内。国家监督与高等学校自主权之间应当维持平衡。学校校规校纪和国家法律分属于不

---

① 王敬波：《高等教育领域里的行政法问题研究》，中国法制出版社 2007 年版，第 148 页。

同的规范体系，具有不同的法律效力，二者的关系主要依据法律授权、法律保留原则。法律授权原则从积极"授予"的意义上确定高等学校可以在哪些范围内制定规章。学校的学历教育权力来自于国家的授予，依据国家授权理论，高等学校之所以具有制定自治规章的自主权，来源于国家对高等学校自主权的授予。法律保留原则是从否定的意义上确定哪些领域是国家独占而禁止高校自主立法的。对于不同的事项，同时采用"重要性"和"专业性"两项具体标准作为判断是否属于法律保留事项。第一，基于"重要性原则"，对于特别重要的事项，包括对于公共利益或者对于个人利益产生重大影响的事项，属于法律保留的范畴，例如高等教育关涉公民的受教育的宪法权利，其取得、享有、行使、限制、失去等都对于公民的利益产生重大影响，因此，关涉受教育者权利的重大事项应当属于法律保留事项。基于"专业性原则"，高等学校是教学、研究等专业性事项的最佳决定者。高等学校自主权限的范围与其专业目标密切相关，国家权力不得过度介入和干涉。凡是属于学校自主权限范围内事项，由学校确定，如机构设置、人员任用、学科、专业的设置、教学活动的安排、科研内容、对外交流等具有很强专业特点的事项。[1]

学校的自治规章是一个由不同层级的制度形成的规范体系，其中章程是学校进行内部管理的总原则；是法律、法规在学校内部的自然延伸和组成部分；章程是连接国家法律和学校其他规则之间的桥梁，是学校自主管理、自律及接受监督的基本依据；在学校规章的体系中处于最高地位，是学校内部的"小宪法"，对学校内部机构活动具有确定的规范性；章程是一个学校内部的基础性规范，是其

---

[1] 王敬波：《高等教育领域里的行政法问题研究》，第116页。

他规则的基础，决定一个学校的组织原则、机构设置、权限划分等基本事项。学校制定的关于学位条件、学籍管理以及学生处分等事项的规则是在章程之下形成的校规校纪体系。

三、学校制定学位授予条件应当遵循的原则

学位授予条件的设定权取决于我国学位形态的选择。在国家学位形态下，国家通过立法统一设定学位授予的条件，也就限制了大学进行创制性学位授予条件的设置。但是在大学学位形态下，大学处于主导地位，只要大学不滥用权力，公布并遵守其自身创设的规则，就可以自行设置授予学位的条件，即使该条件高于国家所统一设定的最低条件。[①] 关于学位条件的设定在我国国家法律体系和学校自治规章体系中都有规定。我国实行学历证书和学位证书的"两证制度"，对于学历证书的颁发，主要法律依据是《高等教育法》第二十条："接受高等学历教育的学生，由所在高等学校或者经批准承担研究生教育任务的科学研究机构根据其修业年限、学业成绩等，按照国家有关规定，发给相应的学历证书或者其他学业证书。"第五十八条规定："高等学校的学生思想品德合格，在规定的修业年限内学完规定的课程，成绩合格或者修满相应的学分，准予毕业。"由此可见，对于学历证书的颁发，《高等教育法》确定了三项标准：思想品德合格、符合修业年限、成绩合格（或者修满学分）。对于学位证书的颁发的法律依据是《学位条例》，该法第二条规定："凡是拥护中国共产党的领导、拥护社会主义制度，具有一定学术水平的公民，都可以按照本条例的规定申请相应的学位。"第四条规定："高等学校本科毕业生，成绩优良，达到下述学术水平者，授予学士学位。（1）较好地

[①] 湛中乐、李烁：《论〈学位条例〉修订中的关键问题》，载《中国高教研究》2020 年第 6 期。

掌握本门学科的基础理论、专门知识和基本技能；（2）具有从事科学研究工作或担负专门技术工作的初步能力。"第五条规定："高等学校和科学研究机构的研究生，或具有研究生毕业同等学力的人员，通过硕士学位的课程考试和论文答辩，成绩合格，达到下述学术水平者，授予硕士学位：（1）在本门学科上掌握坚实的基础理论和系统的专门知识；（2）具有从事科学研究工作或独立担负专门技术工作的能力。"第六条规定："高等学校和科学研究机构的研究生，或具有研究生毕业同等学力的人员，通过博士学位的课程考试和论文答辩，成绩合格，达到下述学术水平者，授予博士学位：（1）在本门学科上掌握坚实宽广的基础理论和系统深入的专门知识；（2）具有独立从事科学研究工作的能力；（3）在科学或专门技术上做出创造性成果。"根据《学位条例》的规定，学校授予学位的条件主要是学生的学业能力，包括是否掌握基础理论、专门知识和基本技能；是否具备科学研究工作或独立担负专门技术工作的能力；是否在科学或专门技术上做出创造性成果。《中华人民共和国学位条例暂行实施办法》第二十五条规定："学位授予单位可根据本暂行实施办法，制定本单位授予学位的工作细则。"部门规章授予了高等学校制定关于学位授予工作细则的权限。华中科技大学制定《华中科技大学本科学分制学籍管理条例》第57条和《关于武昌分校、文华学院申请学士学位的规定》就是关于学籍管理和学位授予的工作细则。

学位授予单位设定自身学位授予条件是学位授予单位的学术自主权，但这一行为并不是不受法律调整的自由领域。[①]高校制定的学位授予条件应遵循以下三个原则，第一，不抵触国家法律原则。对

---

① 王霁霞、张颖：《设定学位授予条件的边界与标准——基于近三年34起学位授予案件的分析》，载《学位与研究生教育》2018年第11期。

于国家法律已经进行的规定，高等学校不得作出相反或者与之相抵触的规定。学位条件的设定属于学业评价，而学业评价权是学术权力，在大学自主权范围内。我国各高等学校都根据自己的情况决定授予学位的不同条件，尤其是对于学士学位授予条件。对于学校自行设定的学位授予条件，本案中法院认为："被告及第三人均将通过全国大学英语四级考试作为学士学位授予的具体条件之一，没有违反《学位条例》第四条、《中华人民共和国学位条例暂行实施办法》第二十五条的规定。第三人以原告没有通过全国大学英语四级考试，不符合学士学位授予条件为由，没有向被告推荐审核是否授予学士学位，原告要求被告为其颁发工学学士学位证书的诉讼请求，无事实和法律依据。被告在收到原告邮寄送达的申请书后，转交原告所在学校处理，并由第三人书面告知了原告不能授予学位的原因，原告起诉被告不作为的理由不成立，本院不予支持。"法院的判决书中实际上肯定了高等学校具有设定学位授予条件的自主权。第二，不当连接禁止原则。学校的自治规章是衍生于国家法律的从属性法源，基于学术自由的宪法性原则，高等学校在享有学术自主权的前提下，可以在法律授权的范围内制定本校的学业评价标准，但是这种标准的设定不应超越学术事项的范围，否则即为滥用学术自主权。高等学校在设定学位授予条件时应当衡量该条件与学位授予行为的关联性，对于缺乏关联性的条件，则违反不当连接禁止原则。例如，纪律处分是对于学生品行的否定性评价，和学生的学业能力之间没有直接的联系，因此将学位证书的颁发与品行相联系构成不当连接。再如，有的学校以学生没有交纳学费为由，拒绝向学生颁发学业证书。学生是否按时向学校交纳费用和学生是否违反和学校之间签订的合同，是两种不同性质的法律关系。学校向学生颁发学业证书既是学校的权力也是学校的责任，是公法关系，学生是否交费和是否存在违反合同的情况并非法定的学校颁发证书的前提。将没有事实上的联系的事项连接在一起，违反了行政法上的"不当连接禁止原则"。第三,遵循正当程序原则。学位授予条件的设定应当本着科学、开放、民主的原则,在制定过程中充分尊重教师、学生的意见,保障其参与权。在制定主体上,需要经过学位评定委员会等具有相应学术权力的机构审查通过。

学业成绩的评价标准的确定和学术权力的运用更多的是依赖于学术权威或者教师的专业能力、学术修养、人文品格。这种带有高度属人性的判断,是"不可代替的决定",国家法律承认权力享有者的判断余地,法院和其他机构对于专业人员基于专业知识所为的决定应予尊重,但是这并不意味着可以因此排除司法审查,对于学业评价过程中的行政权力的运用同样属于法律问题,具有可审查性。

20. 正当程序原则的具体应用

——于艳茹诉北京大学取消学位案

案件索引：北京市海淀区人民法院（2015）海行初字第 1064 号；北京市第一中级人民法院（2017）京 01 行终 277 号

基本案情

于艳茹系北京大学历史学系 2008 级博士研究生，于 2013 年 7 月 5 日取得历史学博士学位。2013 年 1 月，于艳茹将其撰写的论文《1775 年法国大众新闻业的"投石党运动"》（以下简称《运动》）向《国际新闻界》杂志社投稿。同年 3 月 18 日，该杂志社编辑通过电子邮件通知于艳茹按照该刊格式规范对《运动》一文进行修改。同年 4 月 8 日，于艳茹按照该杂志社要求通过电子邮件提交了修改稿。同年 5 月 31 日，于艳茹向北京大学提交博士学位论文答辩申请书及科研统计表。于艳茹将该论文作为科研成果列入博士学位论文答辩申请书，注明"《国际新闻界》，2013 年待发"。于艳茹亦将该论文作为科研论文列入研究生科研统计表，注明"《国际新闻界》于 2013 年 3 月 18 日接收"。同年 7 月 23 日,《国际新闻界》（2013 年第 7 期）刊登《运动》一文。2014 年 8 月 17 日，《国际新闻界》发布《关于于艳茹论文抄袭的公告》，认为于艳茹在《运动》一文中大段翻译原作者的论文，直接采用原作者引用的文献作为注释，其行为已构成严重抄袭。随后，北京大学成立专家调查小组对于艳茹涉嫌抄袭一事进行调查。同年9月1日，北京大学专家调查小组召开第一次会议，决定聘请法国史及法语专家对于艳茹的博士学位论文、《运动》一文及在校期间发表的其他论文进行审查。同年9月9日，于艳茹参加了专家调查小组第二次会议，于艳茹就涉案论文是否存在抄袭情况进行了陈述。其间，外聘专家对涉案论文发表了评审意见，认为《运动》一文"属于严重抄袭"。同年10月8日，专家调查小组作出调查报告，该报告提到审查小组第三次会议中，审查小组成员认为《运动》一文"基本翻译外国学者的作品，因而可以视为严重抄袭，应给予严肃处理"。同年11月12日，北京大学学位评定委员会召开第117次会议，对于艳茹涉嫌抄袭事件进行审议，决定请法律专家对现有管理文件的法律效力进行审查。2015年1月9日，北京大学学位评定委员会召开第118次会议，全票通过决定撤销于艳茹博士学位。同日，北京大学作出校学位〔2015〕1号《关于撤销于艳茹博士学位的决定》（以下简称《撤销决定》）。该决定载明："于艳茹系我校历史系2008级博士研究生，2013年7月获得博士学位，证书号为（×××）。经查实，其在校期间发表的学术论文《1775年法国大众新闻业的"投石党运动"》存在严重抄袭。依据《中华人民共和国学位条例》《国务院学位委员会关于在学位授予工作中加强学术道德和学术规范建设的意见》《北京大学研究生基本学术规范》等规定，经2015年1月9日第118次校学位评定委员会审议批准，决定撤销于艳茹博士学位，收回学位证书。"该决定于同年1月14日送达于艳茹。于艳茹不服，于同年1月20日向北京大学学生申诉处理委员会提出申诉。同年3月16日，北京大学学生申诉处理委员会作出〔2015〕3号《北京大学学生申诉复查决定书》，决定维持《撤销决定》。同年3月18日，于艳茹向北京市教育委员会（以下简称市教委）提出申诉，请求撤销上述《撤销决定》。同年 5 月 18 日，市教委作出京教法申字〔2015〕6 号《学生申诉答复意见书》，对于艳茹的申诉请求不予支持。于艳茹亦不服，于同年 7 月 17 日向一审法院提起行政诉讼，请求撤销北京大学作出的《撤销决定》，并判令恢复于艳茹博士学位证书的法律效力。

判决与理由

一审法院依照《行政诉讼法》第六十九条、第七十条第（二）（三）项之规定，判决撤销北京大学作出的《关于撤销于艳茹博士学位的决定》，并驳回于艳茹的其他诉讼请求。二审法院依照《行政诉讼法》第八十九条第一款第（一）项之规定，判决驳回上诉，维持一审判决。

一审法院认为，根据《学位条例》第八条规定，博士学位，由国务院授权的高等学校和科研机构授予。该条例第十七条规定："学位授予单位对于已经授予的学位，如发现有舞弊作伪等严重违反本条例规定的情况，经学位评定委员会复议，可以撤销。"根据上述规定，北京大学作为学位授予机构，依法具有撤销已授予学位的行政职权。因此，北京大学向于艳茹作出的《撤销决定》，属于《行政诉讼法》规定的行政行为；于艳茹不服该《撤销决定》而提起的诉讼，亦属于人民法院行政诉讼受案范围。

《行政诉讼法》第一条规定了该法的立法宗旨是"保证人民法院公正、及时审理行政案件，解决行政争议，保护公民、法人和其他组织的合法权益，监督行政机关依法行使职权……"《行政诉讼法》第六条亦规定："人民法院审理行政案件，对行政行为是否合法进行审查。"因此，行政行为是否合法是人民法院审理行政案件的关键所在。

本案中,北京大学在作出《撤销决定》的过程中,其行为是否合法,是法院应当审查的主要问题。"发展高等教育事业,实施科教兴国战略,促进社会主义物质文明和精神文明建设"是《高等教育法》的立法原则。同时,该法第五条规定:"高等教育的任务是培养具有社会责任感、创新精神和实践能力的高级专门人才,发展科学技术文化,促进社会主义现代化建设。"《学位条例》第三条规定了我国高等教育学位分学士、硕士、博士三级,其中博士学位是最高级。因此,为了培养我国的高级专门人才,促进社会主义现代化建设,高等院校在授予学位,特别是最高级别的博士学位过程中,应当按照科学、严谨的态度和方法,审慎进行处理;对于已授予的学位予以撤销的,亦应遵循正当程序进行,保障相关权利人的合法权益。

《学位条例》及相关法律法规虽然未对撤销博士学位的程序作出明确规定,但撤销博士学位涉及相对人重大切身利益,是对取得博士学位人员获得的相应学术水平作出否定,对相对人合法权益产生极其重大的影响。因此,北京大学在作出被诉《撤销决定》之前,应当遵循正当程序原则,在查清事实的基础上,充分听取于艳茹的陈述和申辩,保障于艳茹享有相应的权利。本案中,北京大学虽然在调查初期与于艳茹进行过一次约谈,于艳茹就涉案论文是否存在抄袭陈述了意见;但此次约谈系北京大学的专家调查小组进行的调查程序;北京大学在作出《撤销决定》前未充分听取于艳茹的陈述和申辩。因此,北京大学作出的对于艳茹不利的《撤销决定》,有违正当程序原则。虽然北京大学当庭辩称此次约谈有可能涉及撤销学位问题,但北京大学未能提供相关证据予以证明。因此,法院对北京大学的上述辩称意见不予采信。

此外,北京大学作出的《撤销决定》中仅载明"依据《中华人民共和国学位条例》《国务院学位委员会关于在学位授予工作中加强

285

学术道德和学术规范建设的意见》《北京大学研究生基本学术规范》等规定",未能明确其所适用的具体条款,故其作出的《撤销决定》没有明确的法律依据,适用法律亦存有不当之处。

综上,北京大学作出的被诉《撤销决定》违反法定程序,适用法律存在不当之处,法院应予撤销。该《撤销决定》被依法撤销后,由北京大学依照相关规定进行处理。于艳茹要求恢复其博士学位证书法律效力的诉讼请求,不属于本案审理范围,法院依法予以驳回。

北京大学不服一审判决,上诉称:1.没有相关法律规定,学校在作出撤销学位决定之前必须听取当事人的陈述与申辩;2.上诉人在作出决定前,曾经约谈过于艳茹,已经给其提供了充分陈述与申辩的机会。没有相关规定要求,上诉人必须向于艳茹说明其学位可能被撤销的后果。而且,约谈属于调查程序,没有必要也不可能向于艳茹提及最终处理结果的问题。于艳茹在受到处分之后,也已向学生申诉受理委员会提出申诉,委员会予以受理并专门召开会议,听取了于艳茹本人的申辩,并进行了讨论;3.尽管《撤销决定》中没有列明具体法律条文,但这不表明相关的法律依据不存在,一审法院以此为由撤销《撤销决定》显属不当。综上,请求依法撤销一审判决。

被上诉人于艳茹表示同意一审判决,请求二审法院维持一审判决。

二审法院认为,结合双方当事人的诉辩主张,本案的争议焦点在于:一、北京大学作出《撤销决定》时是否应当适用正当程序原则;二、北京大学作出《撤销决定》的程序是否符合正当程序原则;三、北京大学作出《撤销决定》时适用法律是否准确。

关于焦点一,正当程序原则的要义在于,作出任何使他人遭受不利影响的行使权力的决定前,应当听取当事人的意见。正当程序原则是裁决争端的基本原则及最低的公正标准,其在我国《行政处罚法》《行政许可法》等基本行政法律规范中均有体现。作为最基本的公正程序规则，只要成文法没有排除或另有特殊情形，行政机关都要遵守。即使法律中没有明确的程序规定，行政机关也不能认为自己不受程序限制，甚至连最基本的正当程序原则都可以不遵守。应该说，对于正当程序原则的适用，行政机关没有自由裁量权。只是在法律未对正当程序原则设定具体的程序性规定时，行政机关可以就履行正当程序的具体方式作出选择。本案中，北京大学作为法律、法规授权的组织，其在行使学位授予或撤销权时，亦应当遵守正当程序原则。即便相关法律、法规未对撤销学位的具体程序作出规定，其也应自觉采取适当的方式来践行上述原则，以保证其决定程序的公正性。

关于焦点二，正当程序原则保障的是行政相对人的程序参与权，通过行政相对人的陈述与申辩，使行政机关能够更加全面把握案件事实、准确适用法律，防止偏听偏信，确保程序与结果的公正。而行政相对人只有在充分了解案件事实、法律规定以及可能面临的不利后果之情形下，才能够有针对性地进行陈述与申辩，发表有价值的意见，从而保证其真正地参与执法程序，而不是流于形式。譬如，《行政处罚法》在设定处罚听证程序时就明确规定，举行听证时，调查人员提出当事人违法的事实、证据和行政处罚建议，当事人进行申辩和质证。本案中，北京大学在作出《撤销决定》前，仅由调查小组约谈过一次于艳茹，约谈的内容也仅涉及《运动》一文是否涉嫌抄袭的问题。至于该问题是否足以导致于艳茹的学位被撤销，北京大学并没有进行相应的提示，于艳茹在未意识到其学位可能因此被撤销这一风险的情形下，也难以进行充分的陈述与申辩。因此，北京大学在作出《撤销决定》前由调查小组进行的约谈，不足以认定其已经履行正当程序。北京大学对此程序问题提出的异议理由不能成立，法院不予支持。

关于焦点三，作为一个对外发生法律效力的行政行为，其所依据的法律规定必须是明确的，具体法律条款的指向是不存争议的。唯有此，相对人才能确定行政机关的确切意思表示，进而有针对性地进行权利救济。公众也能据此了解行政机关适用法律的逻辑，进而增进对于相关法律条款含义的理解，自觉调整自己的行为，从而实现法律规范的指引、教育功能。本案中，北京大学作出的《撤销决定》虽载明了相关法律规范的名称，但未能明确其所适用的具体条款，而上述法律规范的条款众多，行政相对人难以确定北京大学援引的具体法律条款，一审法院据此认定北京大学作出的《撤销决定》没有明确的法律依据并无不当，二审法院予以支持。

评　析

一、正当程序原则在教育领域的适用

正当程序原则作为英美法系重要的一项基本原则，最早起源于英国的"自然正义"原则，"自然正义"原则有两项具体要求：第一，任何人均不得成为自己案件的法官；第二，任何人在遭受不利于自己的处分之前，都应当为其提供公正的听证或听取其意见的机会，公民有为自己辩护的权利。在行政法意义上的正当程序原则，其基本含义主要指行政机关在做出不利于行政相对人的行政行为时，必须严格遵循正当的法律程序，事先通知行政相对人并说明做出行政行为的依据和理由、听取行政相对人的意见和陈述、告知其享有的救济的途径和期限等。与英美法系国家重视程序的传统不同，大陆法系国家更为看重对实体法律规则的构建和完善，这在行政法上就表现为通过制定详细、完善的实体规则对行政主体进行约束和控制，以追求公正合理的结果，换言之传统大陆法系国家更看重结果的实现，而往往忽视了程序本身所具有的价值。正当程序原则之所以能被大陆法系普遍接受和行政权的不断膨胀有着直接的关系。第二次世界大战期间，政府被赋予了更多的自主权力，也获得了更多的自由裁量权，行政权开始覆盖社会的方方面面，面对着不断膨胀的行政权，仅仅通过实体法对其进行事无巨细地控制显然变得不切实际，这种情况下，越来越多的大陆法系国家开始认识到程序不仅仅是实现实体法的一种手段、一种工具，其本身就具有内在的价值，与裁判结果准确性相独立的价值。德国、法国等大陆法系国家进而着手制定自己的行政程序法，正当程序原则在大陆法系国家的地位由此确立。"重实体、轻程序"是中国传统的行政管理理念。1989年《行政诉讼法》出台后，该法第五十四条规定："人民法院可以判决撤销或者部分撤销违反法定程序的行政行为。"行政行为中的程序问题开始逐渐得到重视。1996年颁布的《行政处罚法》是中国第一部规范行政行为运作过程的专门立法，该法整合了实体规范和程序规范，规范行政行为程序的理念也逐渐深入人心。目前正当程序原则被大部分的行政法律、法规和规章所采纳。教育领域中的法律制度体系也不例外。本案中北京大学撤销学位的权力源自《学位条例》的授权，撤销学位直接影响当事人重大权益，理应听取当事人陈述和申辩，甚至应当举行听证。虽然北京大学在作出《撤销决定》前，由调查小组约谈过一次于艳茹，但约谈的内容也仅涉及《运动》一文是否涉嫌抄袭的问题，北京大学并没有提及学位撤销的事项，针对撤销学位决定并没有履行正当程序，本案裁判充分体现了法院对正当程序原则的尊重。

二、正当程序原则的具体规则

正当程序原则主要包含以下三方面的要求。第一，避免偏私，利害关系回避。正当程序要求行政主体在不同的当事人之间保持一种中立的状态，对于事物做出不偏不倚的评价，而不受本身与其中某一方利益的影响，如果行政主体与参与者中的某一方存在利害关系，应主动回避。利害关系回避制度与西方法律建立的基础性恶论息息相关，法律本身并不期待人在有利害关系的情况下始终保持中立并公平地做出行政行为，因此规定行政机关或其工作人员在处理有利害关系的事物时应主动或被动回避。这个要求在我国《公务员法》中得到了明确，其第七十六条规定："公务员执行公务时，有下列情形之一的，应当回避：（一）涉及本人利害关系的；（二）涉及与本人有本法第七十四条第一款所列亲属关系人员的利害关系的；（三）其他可能影响公正执行公务的。"为了避免偏私，仅仅利害关系回避还是不够的，仍存在一些即使无利害关系也会导致结果偏私的情况，比如前期参与调查的人员又主持听证，这样在调查中形成的固有印象容易渗透到最后的决定中去，听证的效果也会大打折扣，应避免此种情况的发生。第二，行政机关说明理由。行政机关做出行政行为，除有特殊规定外，无论是具体行政行为还是抽象行政行为，应采取相应的途径说明理由。比如我国《行政处罚法》第四十四条规定："行政机关在作出行政处罚决定之前，应当告知当事人拟作出行政处罚内容及事实、理由、依据，并告知当事人依法享有的陈述、申辩、要求听证等权利。"第三，听取行政相对人的陈述和申辩。行政机关在做出行政行为时，尤其是不利于行政相对人的行政行为时，行政相对人有陈述和申辩的权利，行政机关应当认真听取，通过这种行政机关和行政相对人之间互动交流的模式，使得行政行为不单单是行政机关意志的体现，也吸收了行政相对人的意志和观点，可以防止行政主体的独断专行，也让行政行为易于被行政相对人理解和接受。对于严重影响行政相对人权益的行政行为，行政机关还应当告知当事人有要求举行听证的权利，当事人要求听证的，行政机关也应当组织听证。需要注意的是，这不是简单要求行政机关机械、走过场地听取行政相对人的申诉和理由就可以了，而是要求在相对人与行政机关之间形成良性的互动和彼此意见的相互沟通。